**GUT ZU WISSEN**

Wenn nicht anders angegeben, sind Maße und Gewichte sowie die Anzahl der Personen nur ungefähr. Die Menge der gesammelten Blätter, Beeren, Früchte etc., die Sie mit nach Hause nehmen, hängt davon ab, wie viele Personen mitessen und ob das Rezept als Snack, Frühstück, Vorspeise oder Hauptspeise gedacht ist.

# WILD KOCHEN

Anette Eckmann
Fotograf Bjarni B. Jacobsen

CHRISTIAN

# ZURÜCK ZUR NATUR

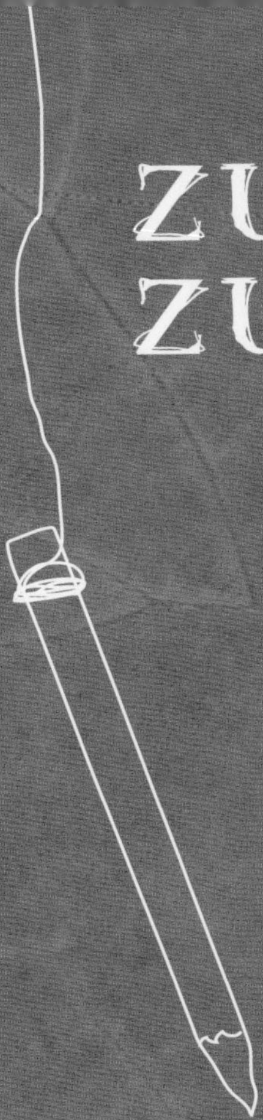

Heutzutage, wo unser Alltag überlastet und mit Terminen angefüllt ist, muss man sich ab und zu selbst Ruhe verordnen. Für mich ist es eine Art Meditation, hinaus in die Natur zu gehen und dabei ihre milden Gaben zu ernten: kostenlose Wildpflanzen für meine Küche. Das erhält mir meine Erdverbundenheit und hilft, die Sinne zu beruhigen. So schaffe ich mir Abwechslung zum aktiven Alltag in der eigenen Firma.

Durch die Welt des Kochens und Backens bekomme ich eine Überdosis Glück. Es ist äußerst belebend sich vorzustellen, dass die einfachen essbaren Dinge aus der Natur, die unsere Großeltern noch kannten und sammelten, auch in modernen Zeiten den Weg in einen Kochtopf finden können. Die meisten dieser wilden Früchte schmecken gut und sind gleichzeitig gesund für den Körper.

Ich genieße z. B. mit geschlossenen Augen eine selbst eingemachte Hagebutten-Salsa und überlege, wo ich die Früchte gesammelt habe und wie das Wetter, die Luft und der Geruch an dem Tag waren. Ich erinnere mich an einen Sommerausflug an die Küste, wo sehr viel wilder, stolzer Meerkohl wuchs und der Boden ein Teppich aus blühendem Thymian schien. Schon bei dem Gedanken daran kann ich ganz »high« werden.

Um dieses Buch zu schreiben, habe ich sechs Jahre gebraucht. Das Thema wurde immer vielschichtiger und ich war oft draußen wegen absurder Details und Zutaten, die entweder eigentlich gar nicht in das Buch sollten oder zu schwer zu finden waren. Aber nun ist es da – mein Herzenskind, meine Passion und Leidenschaft –, voll schöner Bilder, guter Rezepte und einiger Küchenkniffe. Ein moderner Naturführer und ein Wegweiser durch die »Speisekammer der Natur«, begleitet von einer passionierten Amateurköchin, die gerne ihre große Freude, ihr Hobby und ihre Rezepte mit allen teilen möchte, die sich für Kochen und gutes Essen interessieren.

Arbeiten Sie mit dem Buch und denken Sie daran, Familie und Freunde, Kinder und Enkel mit hinaus in die Natur zu nehmen. Bringen Sie die wilden Schätze aus der Natur mit nach Hause. Brauen Sie Getränke, rühren Sie in Töpfen, backen Sie Kuchen und kochen Sie Marmelade. Genießen Sie den Geschmack der Speisen und verwöhnen Sie Körper und Seele mit den leckeren Gaumenfreuden aus der Natur.

GUTES GELINGEN!

ANETTE ECKMANN

# INHALT

TC 26574

## DAS NOTIZBUCH – ANETTES ALMANACH

Denken Sie daran, immer ein Notizbuch mitzunehmen, dann können Sie sich unterwegs etwas aufschreiben. Notieren Sie, wo und wann Sie eine gute Fundstelle für Pflanzen entdeckt haben. Auch Rezeptideen, die Ihnen während des Sammelns einfallen, sollten Sie festhalten. Ich klebe außerdem alle möglichen Zeitschriftenartikel in mein Notizbuch. So habe ich mir im Laufe der Zeit meinen eigenen Almanach geschaffen – einen ganz persönlichen Naturführer, voll mit Tipps, Ausflugsrouten und Erinnerungen an viele schöne Stunden draußen in der Natur.

# EINLEITUNG

**RAUS IN DIE NATUR**

Es ist eine Passion von mir, hinaus in die Natur zu ziehen, um essbare Kräuter, Beeren, Pilze, Nüsse und Früchte zu sammeln. Essbare Pflanzen wachsen überall und gefüllt mit dem Saft und der Kraft der Erde, der Sonne und des Regens können sie den täglichen Speiseplan bereichern. Ich sammle vom frühen Frühjahr bis zum späten Herbst und erlebe ein ganz wunderbares Glücksgefühl, wenn ich auf diese Art meine eigenen Vorräte anlege. Sobald ich draußen in der Natur umherstreife, vergesse ich alles um mich herum. Gleichzeitig bekomme ich viel frische Luft und Bewegung und alle meine Sinne werden angeregt. Das lässt sich gut mit dem modernen Ausdruck **Mentalhygiene** beschreiben. Ein Waldspaziergang ist pure Entspannung – ich gehe oft so weit in den Wald hinein, dass ich fast nicht mehr nach Hause finde.

Frisch gepflückte Wildkräuter und selbst gesammelte Beeren und Früchte sind eine frische, gesunde Ergänzung auf dem täglichen Speiseplan und keinesfalls mit den Kräutern vergleichbar, die man im Supermarkt kaufen kann. Es ist spannend und sehr zufriedenstellend – und sogar kostengünstig –, sich selbst mit essbaren Pflanzen aus der Natur zu versorgen. Ich bin seit Jahren passionierte Pilzsammlerin und der Spätsommer ist meine Lieblingsjahreszeit, denn dann wimmelt es nur so vor Pilzen, Beeren und Früchten. Ich ernte fleißig und lege Vorräte für den Winter an, trockne, koche ein, lege ein oder friere ein.

Mein Interesse für die **wilden Früchte** begann, lange bevor die neue skandinavische Küche in Mode kam. Von klein auf krieche ich durch Gräben und über Böschungen, untersuche Waldböden und probiere alles, um die gesammelten Beeren, Nüsse und Wildkräuter dann in meinen eigenen Rezepten zu verwenden.

Eines meiner Jugendbücher zum Thema Wildblumen ist eine illustrierte Beschreibung unserer häufigsten Wildpflanzen. Ich schaffte es mir schon im Jahr 1978 an, und es war für mich draußen in der Natur unschätzbar – Seite für Seite! Später kamen viele andere gute Bücher hinzu.

**EIN LEBEN MIT DER KOCHKUNST**

Ich habe mich immer für das Kochen und die Kochkunst interessiert. Schon bevor ich in die Schule kam, rührte ich fleißig in Töpfen. Als Erwachsene habe ich viele spannende Restaurants besucht, auch um von anderen zu lernen, und bin viel **durch die Welt** gereist, um meinen Geschmack zu trainieren. Viele Jahre lang habe ich mit Rezepten aus aller Herren Länder experimentiert, mit der klassischen französischen ebenso wie mit der stärker gewürzten orientalischen Küche. Durch mein Interesse für die französische Küche lernte ich, dass Löwenzahnblätter nicht nur essbar sind, sondern dass es auch in Frankreich sehr populär ist, diese zusammen mit knusprig gebratenem geräuchertem Speck zu servieren. Auf Französisch heißt Löwenzahn aufgrund seiner harntreibenden Wirkung übrigens *pissenlit* – »Bettnässer«. (Mehr über Löwenzahn s. S. 123.)

In Falsled Kro auf Fünen (Dänemark) bekam ich vor 25 Jahren ein Sorbet mit frischen **Fichtennadeln**, angerichtet in einer Eisschale in Form eines gefrorenen Rosenblatts. Das war stark, andersartig und inspirierend für mich. Der Besuch des Kurses »Auf offenem Feuer Kochen« brachte mich dazu, Essen über offenem Feuer draußen in der Natur zuzubereiten und dabei die Kräuter zu verwenden, die ich um mich herum finden konnte. Das alles schärfte meine Sinne für die Schatzkammer der Natur.

Die Sommerferien in Ligurien (Italien) vor einigen Jahren warfen mich dann völlig um. Oben in den Bergen entsprangen natürliche Quellen, an denen wilde Kräuter wuchsen, unter anderem eine ganz fantastische Wasserminze. Ich sammelte auch wilden **Borretsch**, den Terry, der lokale Koch, als Ravioli-Füllung zubereitete und für Gnocchi-Teig verwendete. In den Wäldern gab es massenweise essbare Kastanien – ich könnte immer weitererzählen. Es war ein Überfluss an wild wachsenden Delikatessen, aus denen man die schönsten Gerichte zubereiten konnte. Ich war hingerissen und sofort bereit, nach Italien zu ziehen.

## MEIN EIGENER GARTEN

In meinem dänischen Kräutergarten habe ich alles angepflanzt, von Kräutern und Gemüse bis hin zu großem Mangold mit mehrfarbigem Stiel, Koriander, Palmkohl und Paksoi-Kohl, dunkellila, gelbe und weiße Karotten, die alte Kartoffelsorte »Blauer Schwede« sowie alle möglichen Kürbisarten und vieles mehr. Alles angebaut mit Samen, die ich von Reisen durch die ganze Welt mitgebracht oder in Baumschulen und Kräutergärten in Dänemark und Schweden gefunden hatte. Alles landete in meinem Kochtopf und wurde zur Freude und zum Glück für Familie und Freunde zubereitet. Auch das, was viele als Unkraut bezeichnen, wuchs gleich vor meiner Tür. Es wimmelte am Boden direkt vor meinen Augen davon. Nach vielen Jahren verzweifelten Kampfes besonders gegen den **Giersch**, erfuhr ich irgendwann, dass er ein sehr schmackhaftes, essbares Kraut ist.

**If you can't beat it – EAT IT!**

Sobald der erste wilde Giersch aus der Erde kommt, pflücke ich ihn sofort und verwende ihn für Salat, Brot und in hellen Saucen. Selbstverständlich bekommt man den Giersch nicht ganz aus dem Garten heraus, indem man ihn isst, aber es ist lustig, eine verhasste Pflanze als Delikatesse zu verwenden.

Allmählich konnte ich mich nicht mehr auf meinen Garten begrenzen. Wilde **Veilchen** wurden meine nächste Passion, und bald hatte ich einen Blick für die unglaublich vielen schönen Dinge, die uns die Natur auftischt. Als ich Urlaub in Paris machte, fand ich einen Buchladen mit vielen Titeln über Essen mit wilden Kräutern, und plötzlich sah ich noch mehr Möglichkeiten. Heute wohne ich in einer Stadtwohnung ohne Garten, daher wurde es für mich besonders aktuell, mich auf wilde Pflanzen zu stürzen. Man kann sie nämlich überall in der Natur sammeln. Draußen finde ich viele essbare Pflanzen, die den täglichen Mahlzeiten einen besonderen Pfiff geben können. Viele Zutaten aus der großen »Natur-Speisekammer« sind sehr gesund. Es gibt selbstverständlich auch nicht essbare und giftige Pflanzen in der Natur, aber über diese spreche ich in diesem Buch nicht. Wenn ich mir über eine Pflanze im Zweifel bin, lasse ich sie einfach stehen. Das empfehle ich auch Ihnen.

Besonders an den Wochenenden zieht es mich zum Sammeln hinaus in die Natur. Dann streife ich **durch Wälder und Felder, über Wiesen und Strände**. Wilde, essbare Pflanzen wachsen überall und man kann sie in der Regel vom frühen Frühjahr bis zum späten Herbst sammeln. Zu Hause bereite ich aus den gesammelten Pflanzen herrliche Mahlzeiten. Aus Blüten, Früchten und Blättern koche ich Saft und Sirup, aus Kräutern wird Kräuterbutter, Kräutersalz und Kräuterzucker und als Höhepunkt kandiere ich Blüten. Ich bereite Kräutertees zu und stelle Kräuterschnäpse her.

## KRÄUTERSCHNÄPSE

Schlehenschnaps braue ich seit langer Zeit. Bereits Anfang der 1970er-Jahre war ich besessen davon, Kräuterschnaps herzustellen. Damals brauten alle für sich selbst Bier, Wein und Liköre, nicht zuletzt Kräuterschnäpse. Mein Vater war ein Meister darin und in den 1960er-Jahren braute er sogar eigenes Bier, »Müllers Bier«, darauf selbst gedruckte Etiketten mit dem Bild unserer Mühle. Johanniskraut**schnaps** war in der Jugend meines Vaters sehr populär und er erzählte einmal davon, wie er zu viel von dem satansroten Schnaps trank. Diesen Johanniskrautschnaps wollte ich auch ausprobieren, das gab mir den ersten Anstoß.

Mein Garten war immer voll blühender Gänseblümchen und Löwenzahn. Aus beiden Pflanzen, so fand ich heraus, konnte man hervorragend **Schnaps** herstellen. Mein Interesse dafür, Alkohol mit wilden Kräutern zu aromatisieren, zog immer weitere Kreise – ein kleiner Schnaps nch einem üppigen Essen schmeckt einfach zu gut. Mein Schnaps wurde besonders beim traditionellen Brunch am ersten Weihnachtstag von der Familie getestet und laut kommentiert. Ich verwendete die Kräuterschnäpse auch als Geschenke und erfreute auf diese Art viele Menschen. Mit dem Schnaps kann man auch Gerichte oder Marinaden und anderes mehr verfeinern. Zugegeben, es gibt viele Schnapsrezepte für **wilde Pflanzen**. Das liegt daran, dass es wirklich einfach ist, seinen eigenen Schnaps anzusetzen, man erreicht schnell ein gutes Ergebnis. Ich verwende fast immer reinen Wodka für meinen Schnaps. Wodka ist relativ billig und geschmacksneutral. Aber Sie können selbstverständlich auch einen anderen geschmacksneutralen Schnaps verwenden – das ist eher eine Frage von Geschmack und Vorlieben.

## SELBSTVERSORGUNG

Es ist sehr verlockend und gleichzeitig sehr unrealistisch, davon zu träumen, rund ums Jahr Selbstversorger zu sein. Stellen Sie sich vor, man dürfte seine Beute ohne Jagdschein schießen, dürfte wieder Möweneier sammeln, hätte **Bienenstöcke**, immer frisch geangelten Fisch, Uferschnecken und Muscheln am Strand sowie einen Kräutergarten zu bestellen, sein eigenes Korn zu malen und sein tägliches Brot zu backen. Es sollte allen klar sein, dass es nur vernünftig ist und ungeahnte Vorzüge hat, von Produkten zu leben, die vor Ort regional angebaut werden. Ich träume auch davon, in meinem Leben Zeit zu haben für »die ganz große Nummer« – ohne Zweifel. In der Zwischenzeit genieße ich das, was ich habe – das, was zu meinen Füßen liegt. Einen Vorrat in der Natur zu sammeln, verlangt nicht so viel – man muss nur zum richtigen Zeitpunkt losgehen.

## REZEPTE

In diesem Buch habe ich mich darauf konzentriert, meine Rezepte und Erfahrungen mit den Kräutern, Pflanzen, Beeren, Früchten und Pilzen weiterzugeben, die ich selbst am einfachsten im Herbst finde. Es gibt viele essbare Dinge in der Natur, die man nur an wenigen seltenen Stellen findet, und Dinge, die man gut kennen sollte, da es große Verwechslungsmöglichkeiten gibt. Ich möchte unter keinen Umständen meine oder die Gesundheit anderer in Gefahr bringen, daher habe ich entschieden, mich an die guten **Leckerbissen** zu halten, die man verhältnismäßig einfach herstellen kann und bei denen keine Verwechslungsgefahr mit nicht essbaren oder sogar giftigen Pflanzen besteht. Es gibt selbstverständlich einige Ausnahmen, wie Engelwurz, die sehr einzigartig und es wert ist, dass man ihr hinterherreist. Sie sollten auch bei Wiesenkerbel und einigen Pilzen aufpassen – nehmen Sie einen Experten mit auf die ersten Sammeltouren, bis Sie sich mit den Pflanzen auskennen.

Küchentechnisch gesehen ist es für mich kein großer Gewinn, gewöhnliche Pflanzen wie Wegerich, Vogelmiere, Klee oder Hornkraut zu sammeln. Ist man ohnehin auf einer Sammeltour, kann man weniger interessante Pflanzen selbstverständlich mit nach Hause nehmen und in einem Rezept verwenden. Oder sie dienen als lustiges Detail für den optischen Eindruck und die Garnitur. Auch hier gibt es einige Ausnahmen, so kann ich mich z. B. schlecht nicht für den schmucken, blühenden und duftenden Weißdorn begeistern. Sein einziger küchentechnischer Vorzug besteht darin, dass er sehr schön im Tee aussieht.

Meine Rezepte sind keine großen und komplizierten küchentechnischen Abhandlungen, ich habe mich auf die **Lösungen** konzentriert, die einfach zu bewerkstelligen sind und immer funktionieren, auch wenn keine Zeit ist für stundenlanges Hacken und Schneiden. Wichtig war mir außerdem, Rezepte zu entwickeln, die auf bestmögliche Art den Geschmack und die Konsistenz der gesammelten Zutaten hervorheben. Es gibt daher meist Rezepte für raffinierte Beilagen, für einfache kleine Gerichte und für solche, die als Beilage zu ganz alltäglichen Gerichten dienen können.

### MASSE UND GEWICHTE

Es ist immer sehr schwierig für mich, Maße und Gewichte und eine Personenzahl anzugeben, für die die Rezepte reichen. Ich bin der Typ, der mit etwas von dem und etwas von jenem arbeitet. **Ich improvisiere und spüre**, wie viel oder wie wenig ich brauche. Ich schmecke, füge hinzu, probiere weiter. Ich habe daher in allen meinen Rezepten nur ungefähre Maße und Gewichte angegeben. Wie viele letztendlich mitessen können, ist ebenso nur eine vage Angabe. Es kann nötig sein, etwas mehr Brot hinzuzufügen, eine Kartoffel mehr zu kochen oder Pasta dazuzugeben oder das geplante Hauptgericht als Vorspeise zu servieren. Andersherum kann die reiche Ernte einer schönen Naturdelikatesse bedeuten, dass es das Einzige ist, das man essen möchte. Ich will betonen, dass Sie sich im Improvisieren üben und kreativ mit den Produkten umgehen sollten. Auf diese Weise finden Sie selbst Geschmack, Kombinationen und Konsistenzen. Probieren Sie es – trauen Sie sich!

### ÖLE

**Braten und backen** Sie nur mit Ölen, die einen hohen Gehalt an einfach gesättigten Fettsäuren haben. Diese vertragen Hitze am besten, sind jedoch nicht für die Fritteuse geeignet. Ich verwende – soweit möglich – kalt gepresstes Rapsöl, im Prinzip können Sie jedes gute, kalt gepresste Öl verwenden, je nach Geschmack und Belieben. Rapsöl ist geschmacksmäßig etwas gewöhnungsbedürftig, aber es ist für mich wichtig, ein Öl zu verwenden, das regional produziert wird. Rapsöl erinnert etwas an flüssige Butter. Traubenkern-, Mais- und Sonnenblumenöle sind im Geschmack neutraler, daher passen sie z. B. gut in eine Mayonnaise.

### TIPP FÜR EINEN GUTEN START

Wenn Sie Anfänger in der Wildkräuterküche sind, hier noch ein paar Tipps für den Saisonstart: Ich empfehle, einen guten Naturführer anzuschaffen oder in der Bibliothek auszuleihen und diesen an langen Winterabenden durchzulesen. Verwenden Sie auch das Internet, dort findet man oft gute Karten mit den Stellen, an denen die Pflanzen wachsen.

### AUSRÜSTUNG

Wenn sich die **Zeit der ersten Ausflüge** im Jahr nähert, sollten Sie allmählich in Gang kommen und mit dem Sammeln beginnen. Denken Sie immer daran, einen großen Korb mitzunehmen. Auch Papiertüten eignen sich für das meiste. Plastiktüten sollte man nur für zarte Kräuter, die nicht austrocknen dürfen, verwenden. Plastikeimer mit einer Unterlage sind gut geeignet, um Beeren aufzubewahren. Legen Sie ein Stück feuchtes Küchenpapier auf den Eimerboden, so können Sie auch Blüten transportieren. Nehmen Sie ein 1-Liter-Maß mit, wenn Sie Pflanzen pflücken. Dann sehen Sie sofort, wie viel Sie pflücken müssen, um 1 Liter zu erhalten. Ich nehme immer einige alte Zeitungen, eine Küchenrolle und einen mit sauberem Wasser gefüllten Blumensprüher mit, wenn ich mit Rad oder Auto unterwegs bin. Frisch gepflückte Pflanzen, wie Bärlauch und Giersch, besprühe ich leicht mit Wasser und packe das Ganze in feuchte Zeitungen eingewickelt in den Eimer. Das hält die zarten Kräuter frisch und knackig. Ein gutes Messer, eine gewöhnliche Schere und eventuell eine kleine Astschere gehören auch in den »Werkzeugkorb«. Ein paar Gartenhandschuhe, gerne aus weichem Leder, können sehr praktisch sein, besonders wenn man Beeren von dornigen Zweigen erntet. Eine Thermoskanne mit Tee und eine Brotzeit stillen den schlimmsten Hunger auf der Tour. In Sommer nehme ich einige gute botanische Nachschlagewerke mit und zu guter Letzt habe ich immer meine Digitalkamera und mein Notizbuch im Korb.

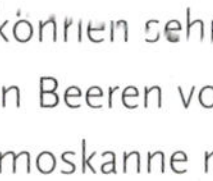

**SANDDORNSCHNAPS**

Ernten Sie Sanddornbeeren Ende August und geben Sie sie in eine gut schließende Flasche. Gießen Sie Wodka darüber und lassen Sie alles 3–4 Monate ziehen. Es entsteht ein Vitamin-C-haltiger Schnaps mit einem feinen Geschmack, den man filtern und nach Belieben verdünnen kann.

## DAS SAMMELN

In Deutschland sind wild wachsende Pflanzen gesetzlich geschützt, um mutwillige Zerstörung und Missbrauch zu verhindern. Verzehrsübliche Mengen darf man allerdings jederzeit in der Natur sammeln. Das Pflücken von unter **Naturschutz** gestellten Pflanzen ist gesetzlich verboten, ebenso ist das Sammeln in Naturschutzgebieten tabu. Sogenannte Rote Listen zeigen Ihnen in Deutschland, Österreich und der Schweiz, welche Pflanzen gefährdet oder geschützt sind – informieren Sie sich hierzu unter www.floraweb.de (s. Leserservice S. 244). In privaten Gärten und Wäldern, die speziell gekennzeichnet sind, sollte man den Besitzer des Waldes oder des Grundstücks um Erlaubnis fragen, bevor man dort nach Wurzeln gräbt oder Pflanzen sammelt. Bei Pilzen dürfen pro Person etwa 2 kg gesammelt werden, allerdings nur für den Eigenbedarf und nicht für kommerzielle Zwecke!

Es ist wichtig, Pflanzen dort zu pflücken, wo sie **von Natur aus wachsen**. Sammeln Sie immer so weit wie möglich von Straßen und Ortschaften entfernt und nicht direkt an den Straßenrändern. Sie sollten sich auch versichern, dass die Gegend nicht gespritzt oder einer anderen Form von Verschmutzung ausgesetzt ist. Halten Sie Ausschau nach verschmutzten Abläufen und dergleichen, die Ihnen anzeigen, dass Sie sich von diesem Ort lieber fernhalten sollten. Ich sammle immer bei trockenem Wetter und nie direkt nach Regen oder bei feuchtem Wetter. Nasse Pflanzen verfaulen schneller und der Geschmack einer trockenen Pflanze ist im Allgemeinen intensiver.

## DIE ZUBEREITUNG

Fast alle in der Natur gesammelten Produkte müssen schnell verarbeitet werden, ihre **Haltbarkeit** ist oft begrenzt. Glücklicherweise eignen sich die meisten Wildfrüchte gut zum Trocknen, Einmachen, Einfrieren oder sonstigen Konservieren. Auch hier gilt, die Konservierung so schnell wie möglich durchzuführen und nicht einige Tage nach dem Sammeln erst damit zu beginnen. Im Allgemeinen rate ich, das gesammelte Gut sofort zu verwenden, wenn es taufrisch, knackig, saftig und gesund ist.

## REGELN FÜR DAS SAMMELN

**Blüten:** Pflücken Sie Blüten mit so wenig Grünzeug wie möglich. Pflücken Sie sie zu Beginn der Blühphase, wenn Duft, Saft und Kraft auf ihrem Höhepunkt sind. Man sagt, dass Blüten am Vormittag geerntet werden sollten, bevor die Sonne zu viele Duftstoffe verdampft hat. Mein Lieblingszeitpunkt ist der späte Vormittag, bevor der Nachttau ganz weg und der Waldboden trocken ist. Aber im Prinzip können Sie den ganzen Tag ernten. Meist ist es besser, die Pflanzen dann mitzunehmen, wenn man gerade an ihnen vorbeikommt, anstatt zu warten und zurückzukommen.

**Blätter:** Blätter von Bäumen, Büschen und Kräutern werden mit Stiel gepflückt und in kleinen Bündeln gesammelt, damit man sie zum Trocknen aufhängen kann. Für Salat und Schnaps immer die frisch aufgegangenen Blätter pflücken.

**Früchte und Beeren:** Sie werden im Ganzen gepflückt, wenn sie gerade reif sind und weder Flecken noch angestoßene Stellen haben und der Geschmack voll entwickelt ist.

**Wurzeln:** Sie haben als erste Pflanzenteile in der Saison Saft und Kraft und dann wieder im Herbst oder, wenn die Blätter verblüht sind. Verwenden Sie ein Messer oder eine Blumenkelle, umfassen Sie die Pflanze ganz unten und ziehen Sie sie dann vorsichtig heraus. Vor der Verwendung die Wurzeln gründlich von Erde befreien.

**Saft:** Birkensaft wird gezapft, bevor die Blätter austreiben. Danach benötigt der Baum den Saft selbst. Das Abzapfen stoppt von ganz allein, wenn der Baum ausschlägt.

**Rinde:** Birkenrinde darf nicht vom Baum abgeschält werden, wenn der Baum noch weiter wachsen soll.

## REGELN FÜR DIE ZUBEREITUNG

**Blütensaft:** Wenn Sie Saft aus Blüten herstellen möchten, z. B. aus Holunderblüten, Rosen-, Äpfel- und Birnenblüten, ist es wichtig, vor der Verarbeitung die Blüten von kleinen Tieren und Insekten zu reinigen.

**Saft:** Verwenden Sie ein altes Geschirrtuch oder Stoffstück, das ohne Waschpulver gewaschen wurde, um Saft darin abtropfen zu lassen.

**Saftpressen:** Blätter und Kräuter können in einer üblichen Saftpresse ausgepresst werden.

**Schnapskräuter:** Im Prinzip können Sie Schnaps oder Bitter aus allen Wurzeln, Rinden, Knospen und Blättern von Blumen und Beeren herstellen. Achten Sie darauf, dass die einzelnen Pflanzenteile immer ganz in Ordnung sind, auch von Wind und Wetter hängt viel ab. Eine alte Faustregel besagt, dass man den Geschmack aus Blüten und Blättern innerhalb einiger Tage extrahieren kann, aus Wurzeln und Zweigen innerhalb einiger Wochen und aus Früchten innerhalb einiger Monate. Aber experimentieren Sie selbst! Es gibt keine Regel ohne Ausnahme und es ist glücklicherweise erlaubt bzw. notwendig, dass sich Geschmack ändert.

**Schnaps:** Zum Filtern von Schnaps verwende ich Kaffeefilter oder lege einen Trichter mit Watte aus – Kaffeefilter und Watte werden nach Gebrauch weggeworfen.

## AB INS GLAS

Ich gebe gerne zu, dass ich verrückt nach **Einmachen und Konservieren** bin. Es ist herrlich, Festtags- und Alltagsgerichten, z. B. mit Kapern auf Bärlauch, Queller im Kartoffelsalat oder einem Giersch-Pesto, einen gewissen Pfiff zu geben. Daher ist es wunderbar, den Sommer zu verlängern, indem man die Gaben der Natur einmacht und in Gläser oder Flaschen füllt. Der gesunde Saft, das gewürzte Salz, die eingemachten Beeren.

## TROCKNEN VON GESAMMELTEN KRÄUTERN

Das Trocknen von Pflanzen gehört zu den **ältesten Konservierungsmethoden.** Durch das Trocknen wird der Wassergehalt der Pflanzen verringert. Ich trockne sehr viele Pflanzen und Kräuter und verwende dazu mein fantastisches und unentbehrliches elektrisches Trockengerät. Man kann die Pflanzen aber auch in einem trockenen Raum aufbewahren oder bei niedriger Temperatur im Ofen trocknen. Nehmen Sie die kleinen Bündel und hängen Sie sie mit dem Kopf nach unten in einem dunklen Raum mit guter Durchlüftung auf – Heizraum, Speicher oder ein trockener, gut durchlüfteter Schuppen sind perfekt. Feuchtigkeit verhindert das Trocknen und beschleunigt das Verschimmeln. Daher immer dafür sorgen, dass auch die inneren Schichten im Bündel nicht zu lange zum Trocknen benötigen. Denken Sie daran, an die Bündel ein Schildchen mit dem Namen der Kräuter zu hängen, da sich viele Kräuter getrocknet ähneln. Nach dem Trocknen die Kräuter herunternehmen und in einem gut schließenden Glas aufbewahren. Auch das Glas mit Namen, Sammelstelle und Erntezeitpunkt beschriften.

## KANN MAN ANDERE PFLANZEN VERWENDEN?

In vielen meiner Rezepte können Sie wilde Kräuter, Früchte und Beeren durch andere Pflanzen aus dem Handel ersetzen. Statt Bärlauch, Giersch und Brennnessel passen z. B. Spinat oder Mangold, statt wild gepflückter Beeren Früchte aus dem Supermarkt. Auf diese Weise können Sie **meine Rezepte** auch außerhalb der Saison verwenden. Schauen Sie sich im Lebensmittelhandel nach Wildpflanzen um. Immer mehr Läden bieten getrocknete Pilze, Nüsse, Brennnesseln, Birkenblätter und dergleichen, ja sogar frischen Bärlauch in der Hochsaison an.

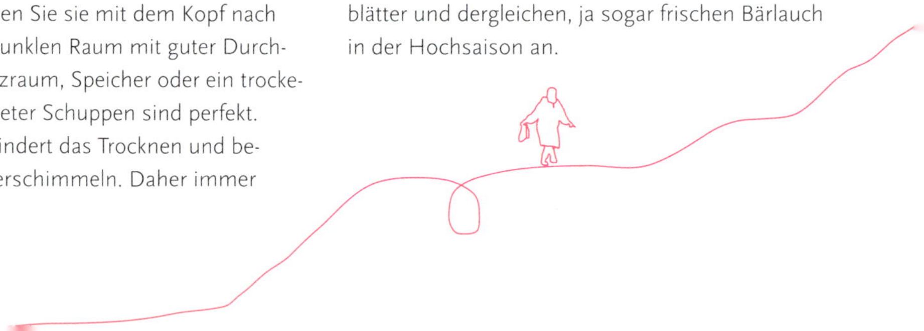

### WANN IST SAISON?

Die biologischen Rhythmen der Natur sind in vielfacher Hinsicht unberechenbar. Das Klima ändert sich und beeinflusst Pflanzen und Tiere, Jahreszeiten verschieben sich. Daher ist es für mich schwer, genau anzugeben, wann die wilden Pflanzen erntereif sind. Im Buch habe ich **Hinweise** für die Erntesaison der einzelnen Pflanzen angegeben, aber Sie sollten sich zusätzlich vor Ort erkundigen.

### ALLERGIEN

Ich habe natürlich mein Bestes gegeben, um auf giftige und Allergie auslösende Pflanzen Rücksicht zu nehmen, aber allergische Reaktionen sind unvorhersehbar. Zu den Themen Zecken und Fuchsbandwurm in Ihrer Region können Sie sich bei den jeweiligen Gesundheitsämtern informieren (s. Leserservice S. 244). Es gibt leider keine offiziellen Angaben über die Giftigkeit von Pflanzen, giftige oder Allergie auslösende Inhaltsstoffe variieren von Person zu Person. Einige Pflanzen können in sehr seltenen Fällen heftige allergische Reaktionen oder Vergiftungserscheinungen hervorrufen. Wenn Sie solche Reaktionen verspüren, sollten Sie selbstverständlich sofort einen Arzt konsultieren.

### GEFÜHRTE EXKURSIONEN

Wenn Sie keine Erfahrung haben oder zu unsicher sind, um alleine wilde Kräuter zu sammeln, können Sie sich auch **zu einem Kurs oder zu Thementagen** über Wildkräuter anmelden. In vielen Kommunen werden z. B. von Umweltverbänden oder Volkshochschulen Exkursionen mit einem Naturführer angeboten. Schauen Sie auch in die Lokalzeitungen, ob derartige Führungen stattfinden. Pilzsammelkurse gibt es während der Saison im ganzen Land. Vielleicht haben Sie auch Glück und kennen einen erfahrenen Sammler, der Sie in die Natur mitnimmt und von dem Sie lernen können.

### GESCHENKE UND SCHMUCK

Ich verwende gerne **meine konservierten Schätze als Geschenk** für Geburtstage oder anstelle eines klassischen Gastgebergeschenks. Ein Glas eingemachter Beeren oder eine Flasche Schnaps macht immer Freude. Halten Sie Ausschau nach Blumen, Beeren, Zweigen, Zapfen und stellen Sie daraus Schmuck und kleine Sträußchen her.

### WINTERSCHLAF

Der **Januar** ist eine Art **Pausenmonat** für mich, in dem ich mit gutem Gewissen Bücher lesend und Pläne schmiedend einen Sonntag auf dem Sofa verbringen kann. Am Computer schreibe ich meine Rezepte auf, die ich das Jahr über ausprobiert habe. Ich kann jedoch nicht gar nichts tun, darum stelle ich auch jetzt Kräuterschnaps und Likör aus den letzten Beeren im Gefrierschrank her. Typisch, die Schlehenbeeren wurden vergessen, die gefrorenen Hagebutten ergeben ein paar extra Flaschen Hagebutten-Ketchup – und so weiter.

Den **Februar** verwende ich dazu, den Saisonstart **vorzubereiten**. Ist der Februar mild und sonnig, kann man damit beginnen, nach den ersten Trieben Ausschau zu halten. Schneeglöckchen und Winterlinge blühen im Garten, ich stelle sie in kleinen Vasen in die Stube. Im Garten und an Wegrändern beginnt der Löwenzahn allmählich aus der Erde hervorzukommen und die Knospen an den Bäumen werden größer und größer. Löwenzahnspitzen und Eichenknospen können für den ersten Schnapsansatz im Jahr verwendet werden.

Der **März** ist **der erste Frühlingsmonat** und, sobald die Sonne richtig in Fahrt gekommen und die Luft warm ist, schießt überall frisches Blattgrün hervor. Die Wärme lockt auch die ersten Triebe von Giersch, Bärlauch und Brennnesseln hervor, und ich beginne damit, Birkensaft zu zapfen. Wir gehen einer schönen Zeit entgegen. Der April steht vor der Tür und damit hat die Sammelsaison der Wildfrüchte in der »Speisekammer der Natur« ernsthaft begonnen.

Bellis snaps

# GÄNSE-BLÜMCHEN

März–November

Botanisch: *Bellis perennis*
Blüht von März bis Juli, oft auch länger.

Als Kinder flochten wir Kränze aus den bezaubernden Gänseblümchen, mit denen meine Freundinnen und ich unsere Haare schmückten. Wir spielten Elfen und wussten nicht, dass man Blumen auch zu etwas anderem als zum Haare Schmücken verwenden kann. Heute garniere ich Salate und Kuchen mit Gänseblümchen.

## WO GIBT ES GÄNSEBLÜMCHEN?

Gänseblümchen oder Tausendschön, wie die kleine Blume auch heißt, ist weit verbreitet und sehr bekannt. Es wächst überall auf offenen, feuchten und nährstoffreichen Böden, auf Ackerland und Weiden, an Küsten und Wegrändern. Die Pflanze wird bis zu 15 cm hoch, ist glatt oder schwach behaart mit grob eingekerbten Blättern. Aus der Mitte wächst ein blattloser Stängel heraus mit einer einfachen margeritenartigen Blüte, die bis zu 3 cm breit werden kann. In der Mitte ist sie gelb, die Blütenblätter am Rand sind weiß, oft mit einem rötlichen oder rosa Hauch an der Außenseite.

## KOCHEN

Gänseblümchen finden Sie im Frühjahr, Sommer und Herbst. Die Blätter können Sie als Salat oder Verzierung verwenden, die Blüten in Sirup einlegen und als Garnitur für Kuchen und Desserts oder in Drinks servieren – noch dekorativer sind sie im Salat. Der milde Geschmack des Gänseblümchens macht sich außerdem sehr gut als Schnapsgewürz.

## GESUNDHEIT

Gänseblümchen enthalten viel Vitamin C und fanden früher bei Wunden, Verstopfung, Krämpfen, Leber- und Gallenbeschwerden sowie Lungenproblemen Anwendung.

## GÄNSEBLÜMCHEN ALS VERZIERUNG

Pflücken Sie Gänseblümchen und bewahren Sie sie in einem Stück feuchtem Küchenpapier in einem gut schließenden Plastikbehälter auf. Stellen Sie sie kühl, so bleiben sie frisch und können später als Dekoration für Kuchen und Salate verwendet werden. Denken Sie daran, dass die Blüten sich in der Dunkelheit schließen, also erschrecken Sie nicht, wenn Sie den Behälter öffnen.

## GUT ZU WISSEN

Gänseblümchen blühen im Frühjahr – es heißt, wer die ersten drei Gänseblümchen im Frühjahr isst, wird das restliche Jahr von Zahnschmerzen, Augenbeschwerden und Fieber verschont.

### INTERESSANTES

Die Blüten sind in der Nacht und bei feuchtem Wetter geschlossen, aber sie öffnen sich bei Licht. Die Blüten strecken und wenden sich in Richtung Sonne.

## GÄNSEBLÜMCHENSCHNAPS

Mild, feminin, lecker, zart, honigartig – eine süße Verführung mit dem Geschmack nach Frühling. Versuchen Sie ihn – er ist wirklich lecker und kann innerhalb eines Tages hergestellt werden.

Pflücken Sie viele Blüten und geben Sie diese in ein Drahtbügelglas. Gießen Sie Wodka darüber. Lassen Sie den Schnaps 24 Stunden ziehen – nicht länger, dann ist er servierfertig. Gänseblümchenschnaps lässt sich nicht lange lagern.

# BIRKE

März
April

Botanisch: *Betula*
Es gibt zwei heimische Birkenarten in Mitteleuropa – die Moorbirke, *Betula pubescens*, und die Hänge- oder Trauerbirke, *Betula pendula*, sie sehen einander sehr ähnlich.

## WO GIBT ES BIRKEN?

Birken wachsen überall auf der Nordhalbkugel, im Wald und auf Feldern, in Mooren und auf Heiden, auf Wiesen und in Parks. Birken sind leicht an der weißen Rinde, der Borke, mit den charakteristischen schwarzen Streifen zu erkennen. Sie können den Baum auch in einer Baumschule kaufen und im eigenen Garten einpflanzen. Eine Birke wird zwischen 25 und 30 m hoch und oft über 100 Jahre alt. Bei einem alten Baum kann der Stamm bis zu 50 cm breit werden und die weiße Rinde schält sich von selbst in dünnen Fetzen ab. Birken fangen Ende März an zu blühen, im Oktober und November werden die Blätter gelb und fallen ab.

## KOCHEN

Sobald zwischen Januar und Blattaustrieb der Frost seinen Griff lockert, können Sie damit beginnen, Birkensaft aus den Stämmen abzuzapfen. Den meisten Saft gibt der Baum jedoch im März und April. Birkensaft, oft auch Frühjahrssaft genannt, schmeckt wie frisches, ganz leicht gesüßtes Mineralwasser und hat einen raffinierten Nachgeschmack – ein wenig nach Passionsfrucht. Birkensaft ist in allererster Linie ein leckeres Erfrischungsgetränk, das man aber auch zum Backen, mit Eis oder anderen Süßspeisen frisch verwenden kann. Birkensaft hebt den Geschmack anderer Zutaten hervor.

## BIRKENSIRUP

Wenn Sie genug Geduld und Birkensaft haben, können Sie diesen zu einem leckeren Sirup einkochen. Birkensaft besteht zu 99 Prozent aus Wasser und 1 Prozent aus Zucker, sodass 5 l Birkensaft höchstens 100 ml Sirup ergeben. Dieser wird fast so dick in der Konsistenz wie Ahornsirup, aber das Braun des Birkensirups ist noch dunkler und der Sirup hat mehr Nachgeschmack, er erinnert etwas an Balsamico-Essig.

## GESUNDHEIT

Birkensaft wurde zu allen Zeiten speziell im Frühjahr als erste Vitaminquelle verwendet – eine Art »Energy drink« aus der Natur. Wenn der Wintervorrat langsam zur Neige ging, konnte man damit beginnen, Birkensaft zu zapfen. Birkensaft enthält alle Mineralien, die man in der Erde findet, ebenso wie Salze und etwas Zucker. Der Saft hilft unter anderem bei Allergien. Birkenblätter kann man das ganze Jahr hindurch pflücken und als Tee verwenden. Er ist gut bei Harnwegsinfektionen, da er reinigend und harntreibend wirkt.

### GUT ZU WISSEN

Birkensaft ist ein zartes Produkt, das kein Licht und keine Wärme verträgt. Der frisch gezapfte Saft ist genauso schlecht haltbar wie Rohmilch und kann höchstens ein paar Tage gekühlt aufbewahrt werden. Sie können den Saft einfrieren.

## AMÜSANTES

In früheren Zeiten war Haarwasser aus Birkensaft für seine positive Wirkung auf das Haarwachstum bekannt. Waschen Sie Ihr Haar mit Birkensaft – er gibt Ihrem Haar Glanz und Fülle. Außerdem hilft Birkensaft gegen trockene Haare und bewirkt aufgrund seines Zuckergehalts, dass sich die Haare nach dem Waschen leichter kämmen lassen.

**TIPP** Ersetzen Sie die Flüssigkeit in Ihrem Brötchen- oder Brotrezept durch Birkensaft.

BIRKESNA

## SNACK AUF BIRKENZWEIGEN

Verwenden Sie Birkenzweige als Spieße für diesen Snack, der perfekt zu einem kalten Bier oder einem Glas Wein am Mittag passt. Rechnen Sie 3–4 Spieße pro Person.

### PRO SPIESS

1 kleiner, frischer Birkenzweig
1 Zwetschge oder Dattel, entkernt
½ dünne Scheibe Schinkenspeck

Birkenzweige unter dem Wasserhahn spülen, trockentupfen und mit einem scharfen Messer am Ende schräg abschneiden. Je eine halbe Scheibe Schinkenspeck um eine Zwetschge oder Dattel wickeln und auf einen Birkenzweig stecken. Die Spieße in einer heißen Eisenpfanne knusprig braten und sofort servieren.

**TIPP** Wenn Sie Zeit haben, die Birkenspieße einige Stunden vorher in Wasser einlegen. So können Sie sicher sein, dass sie beim Braten nicht verbrennen.

**TIPP** Wählen Sie gleich große bzw. gleich dicke Birkenzweige, wenn Sie sie als Spieße verwenden wollen. Entfernen Sie Knospen und Seitenzweige im unteren Bereich.

## ES IST NUR BORKE

Ein wenig lose Birkenrinde kann leicht vom Stamm abgeschält werden. Die Borke eignet sich als Flaschenetikett oder als Schmuck für Päckchen und Geschenke – beschriften Sie sie mit einem Tuschestift. Sie können aus der Rinde auch Weihnachtsherzen flechten oder kleine Waffeltüten formen.

## BIRKENSAFT ZAPFEN

Birkensaft lässt sich nur wenige Wochen von März bis Mai zapfen. Wählen Sie mit Umsicht einen gesunden Baum, der nicht krank oder innen verrottet ist und mindestens einen Stamm von 15 cm Durchmesser hat. Bohren Sie ca. 1 m über der Erde ein kleines Loch von 8–10 mm Durchmesser und einer Tiefe von 15–20 mm in den Birkenstamm. Das Loch sollte schräg nach oben mit einer Neigung von ca. 10 Grad gebohrt werden, damit der Birkensaft problemlos herauslaufen kann. Einen passenden Schlauch in das Loch stecken und nach unten zu einem Auffanggefäß am Boden führen. In der Hochsaison können Sie an einem Tag mehrere Liter Birkensaft abzapfen. Die Saftmenge hängt von der Größe der Krone ab – ein Baum mit einer großen Krone hat oft mehr Saft als einer mit einer kleinen Krone. Vergessen Sie nicht, das Loch nach dem Zapfen wieder mit einem Pfropfen zu verschließen.

**TIPP** Man sollte nur Saft zapfen, solange der Baum noch nicht blüht, danach benötigt er den Saft und die Kraft für sich selbst.

**TIPP** Nach echter Pfadfindermanier: Einen fingerdicken Ast von der Birke abschneiden, mit einem Ende in eine Flasche stecken und die Flasche an dem Ast festbinden – kurz darauf ist die Flasche voll Birkensaft. Kühlen Sie den Saft, er schmeckt eiskalt besonders gut.

### BIRKENSAFT-SORBET

1 l frisch gezapften Birkensaft und 200 g Zucker in einem Topf auf die Hälfte einkochen. Abkühlen lassen, in einen Plastikbehälter geben und in die Gefriertruhe stellen. Das Sorbet einmal pro Stunde umrühren: Das gefrorene Eis von den Seiten kratzen und alles gut mit einer Gabel durchmischen. Das Eis etwa 10 Minuten vor dem Servieren aus der Gefriertruhe nehmen.

**TIPP** Wenn Sie eine Eismaschine haben: Das ist die perfekte Art, ein Sorbet herzustellen.

**TIPP** Schmecken Sie den eingekochten Birkensirup mit dem Saft einer halben Zitrone ab, das unterstreicht den feinen Birkengeschmack.

## BIRKENSCHNAPS

Ein leckerer, hellgrüner Frühlingsschnaps, den man sofort trinken kann. Der Geschmack wird milder und runder, wenn man ihn einige Wochen lagert. Der Schnaps sollte aus ganz frischen grünen Birkenblättern hergestellt werden, die gerade ausgetrieben haben.

300 ml Birkenblätter in eine dicht schließende Bügelflasche füllen und Wodka oder Schnaps darübergeben. Nach 5–6 Tagen können Sie den Schnaps probieren. Ist der Geschmack in Ordnung, den Schnaps durch einen Kaffeefilter filtern und in eine saubere Flasche füllen. Je nach Geschmack kann der Schnaps etwas länger ziehen, bevor Sie in filtern. Die Essenz kann danach mit mehr Wodka aufgefüllt werden. Die tolle hellgrüne Farbe dunkelt beim Lagern etwas nach.

SNACK AUF
BIRKENZWEIGEN

# PFLAUMEN

**August**
**September**

Botanisch: *Prunus domestica*
Es gibt unzählige wilde Pflaumenarten und alle sind essbar.

Pflaumen oben, Pflaumen unten und Pflaumen in meinem Magen – wie oft saß ich als Kind in Pflaumenbäumen. Danach hatte ich Bauchweh und musste mich übergeben. Es gibt unglaublich viele Sorten und oft ungeahnte Mengen – wenn ich auf einer Fahrradtour bin oder mit dem Auto durch die Gegend fahre und mich etwas von der Straße entferne, ist die Gegend voller Pflaumen. Ich pflücke sie, esse sie, verarbeite sie. Es gibt rote, süße, gelbe, grüne, saure, kleine, große, Hafer-Pflaumen, Zwetschgen, Mirabellen – wenn ich keine Pflaumen bekomme, gibt's Ärger!

## WO GIBT ES PFLAUMEN?

Pflaumenbäume wachsen typischerweise am Waldrand und im Gebüsch. Sie gehören zu den kleineren Laubbäumen von 5–10 m Höhe mit einer schmächtigen Baumkrone und ellipsenförmigen, leicht gezackten Blättern. Pflaumenbäume blühen im April und Mai mit weißen Blüten und einem schwachen Duft. Die Frucht ist ein ovales bis rundes Steinobst mit saftigem Fruchtfleisch, das in Form, Farbe und Geschmack sehr variieren kann. Die meisten Früchte sind blau oder grünlich mit hellem Fruchtfleisch, aber die Farbpalette reicht von gelb und grün über orange und rot oder purpurfarben bis fast schwarz. Die Pflaumen enthalten einen runden bis länglichen Stein. Pflaumenbäume wachsen schnell, sie kommen mit allen Böden gut zurecht. Man schätzt, dass es mehr als 2.000 Pflaumensorten gibt.

## INTERESSANTES

Die Hafer-Pflaume oder Kriechen-Pflaume *(Prunus domestica insitia)* ist die Urform aller Sorten, die wir heute kennen. Die kugelrunde Hafer-Pflaume sitzt auf einem kleinen Baum oder Strauch. Sie erinnert an die kleinen dunklen Pflaumen, ist aber kleiner und saftiger. Hafer-Pflaumen haben einen kräftigen Geschmack und sind leicht bitter. Friert man sie ein, schmecken sie nach dem Auftauen etwas süßer.

## KOCHEN

Alle Pflaumen schmecken gut und können auf unterschiedlichste Weise in der Küche verarbeitet werden. Pflaumengrütze ist eines der einfacheren Desserts, serviert mit kalter Milch oder Sahne. Außerdem kann man Pflaumen im Kuchen backen oder daraus Konfitüre oder Kompott oder ein Chutney mit viel Zwiebeln und Gewürzen kochen. Schneiden Sie Pflaumen in Salate, braten Sie sie in der Pfanne mit etwas Essig, Zucker und Gewürzen und servieren Sie sie zu Koteletts oder Frikadellen. Machen Sie eine Fruchtschale daraus oder essen Sie sie ganz einfach roh. Kochen Sie Saft oder Suppe daraus oder legen Sie sie zum Trocknen in einen Dörrapparat. Verstauen Sie sie für lange Winter in der Gefriertruhe und versuchen Sie »nordische« Oliven aus unreifen grünen Pflaumen herzustellen. Ich habe einige Zeit experimentiert: Pflaumen einlegen kostet Zeit, aber es lohnt sich. Und wie gut schmecken sie als kleine Zwischenmahlzeit, in Saucen zu Tatar oder Fleisch usw. ... Rezepte dazu auf Seite 33!

## GESUNDHEIT

Pflaumen werden seit Jahrtausenden gegessen, vielleicht aufgrund ihres hohen Gehalts an Vitamin A und Vitamin C, Kalzium und Eisen. In neuerer Zeit haben amerikanische Forscher die Pflaume als eine äußerst gesunde Frucht beschrieben, die Schwarze Johannisbeeren und Moosbeeren mit ihrem hohen Gehalt an schützenden Antioxidantien, welche schädliche Stoffe im Körper neutralisieren, ergänzen kann. Pflaumen helfen dem Immunsystem, sich vor Zellschäden,

Herzinfarkt und Geschwüren zu schützen. Man sagt, dass kranke Menschen Appetit auf Pflaumen haben. Außerdem haben Pflaumen eine abführende Wirkung und helfen daher bei schlechter Verdauung. Dazu besitzen sie antibakterielle Effekte und Anti-Aging-Potenziale, wenn amerikanische Ärzte recht haben – mehr kann man nicht verlangen!

**AMÜSANTES**
Ein alter dänischer Aberglaube besagt: Wenn es im Garten viele zusammengewachsene Pflaumen gibt, werden im Jahr danach viele Zwillinge geboren.

## CHINESISCHE PFLAUMENSAUCE

Eine würzige Sauce, mit der man sehr gut Hähnchen oder Rippchen und anderes Grillgut einstreichen kann. Verwenden Sie sie als Marinade, tropfen Sie sie über Wokgerichte oder verwenden Sie sie als Dip zur traditionellen Pekingente.

**1 ½ kg Pflaumen, gerne dunkel und gerade reif**
**2 große Zwiebeln**
**2 Knoblauchzehen**
**1 TL fein gehackter Ingwer**
**ca. 150 g Rohrzucker**
**100 ml Reis- oder Apfelessig**
**1 TL gemahlener Koriander**
**1 EL Salz**
**1 EL Pfeffer**
**1 TL Cayennepfeffer**
**1 TL Zimt**
**1 TL gemahlene Nelken**

Pflaumen waschen, halbieren und den Stein entfernen. Pflaumen zusammen mit der fein gehackten Zwiebel, Knoblauch, Ingwer und 250 ml Wasser in einen Eisentopf mit dickem Boden geben. Alles etwa 30 Minuten zugedeckt köcheln lassen bzw. so lange, bis die Pflaumen weich sind, ab und zu umrühren. Die Masse durch eine Gemüsemühle (Flotte Lotte) oder durch ein Sieb pressen. Die Sauce zurück in den sauberen Topf geben und mit Zucker, Essig, Koriander, Salz, Pfeffer, Cayennepfeffer, Zimt und Nelken abschmecken. Die Sauce einmal aufkochen und bei niedriger Temperatur halb zugedeckt köcheln lassen. Es dauert etwa 30 Minuten, bis sie klebrig eingekocht ist, ab und zu umrühren. Die Pflaumensauce nochmals abschmecken und in ein sauberes Glas füllen.

**TIPP** Sie können die Pflaumen auch mit Stein kochen. Dann müssen Sie nur die Steine herausfischen, wenn die Pflaumen weich gekocht sind – was ist leichter?

Es empfiehlt sich, die Pflaumensauce in kleine Gläser abzufüllen. Auf diese Weise oxidiert nicht gleich eine große Portion, wenn man ein Glas aufmacht. Einmal geöffnet verschimmelt die Sauce schnell, deshalb im Kühlschrank aufbewahren.

## HÄHNCHENSCHENKEL MIT PFLAUMENSAUCE

Die süßsaure, würzig-salzige Pflaumensauce passt gut zu Hühnerfleisch. Servieren Sie die Hähnchenschenkel zu kaltem Nudelsalat mit viel fein geschnittenem Gemüse und einem Soja-Sesamöl-Dressing. Geben Sie auch etwas frischen Limettensaft darüber. Nehmen Sie alles mit auf einen Ausflug oder stellen Sie die Pfanne auf ein Büfett. Die Hähnchenschenkel sind ein guter Anfang, wenn Kinder oder Jugendliche lernen sollen, Speisen interessant zu würzen.

**Bio-Hähnchenschenkel**
**Chinesische Pflaumensauce (s. o.)**
**Salz, Pfeffer**
**1 EL schwarze Sesamsamen nach Belieben**

Die Hähnchenschenkel in eine ofenfeste Pfanne legen und gut mit Pflaumensauce bestreichen, salzen und pfeffern. Die Pfanne mit Alufolie abdecken und das Fleisch ca. 30 Minuten ziehen lassen. Inzwischen den Ofen auf 180 °C vorheizen. Die abgedeckte Pfanne in den Ofen stellen und die Hähnchenschenkel darin 45 Minuten braten. Dann die Alufolie entfernen und die

KINESISK

PFLAUMENPIZ
VOR DEM BACK

Hähnchenschenkel weitere 15 Minuten braten. Stechen Sie in das Fleisch, um zu sehen, ob es durchgebraten ist. Kommt roter Saft heraus, sollte es noch etwas länger braten; klarer Fleischsaft zeigt an, dass das Fleisch fertig ist. Passen Sie auf, dass die Pflaumensauce nicht braun wird oder sogar anbrennt. Zum Servieren nach Belieben schwarze Sesamsamen darüberstreuen.

**TIPP** Versuchen Sie das Rezept auch mal mit Entenkeulen.

## MIRABELLENKONFITÜRE

Kochen Sie diese hervorragende Konfitüre – ganz einfach und ohne viele Umstände. Sie schmeckt wunderbar, nur gewürzt mit Vanille und etwas Zitrone, um den Fruchtgeschmack hervorzuheben.

**500 g ganze Mirabellen, gerne gelbe**
**500 g Zucker**
**1 Vanilleschote**
**Saft und fein geriebene Schale von 1 Bio-Zitrone**

Die Mirabellen waschen und zusammen mit Zucker, ausgekratztem Vanillemark und übriger Vanilleschote, Zitronensaft und -schale in einen Topf mit dickem Boden geben. Leicht köcheln, bis das Fruchtfleisch dunkel und weich ist. Entfernen Sie eventuelle Steine. Die warme Konfitüre in kleine saubere Einmachgläser füllen. Ein Geschirrtuch darüberlegen und die Gläser verschließen, sobald die Konfitüre ganz abgekühlt ist. Die Konfitüre so kalt wie möglich aufbewahren.

**TIPP** Sie können die Konfitüre auch mit fein gehacktem Ingwer und/oder 1 Esslöffel leicht zerstoßenem Kardamom würzen.

## GUT ZU WISSEN

Mirabellen sind »Mini-Pflaumen«, man findet sie massenweise draußen in der Natur. Es gibt sie in gelb, rot, blauviolett und fast schwarz. Besonders die gelbe Mirabellensorte kann etwas mehlig sein. Solange man sie erntet, bevor sie innen ganz reif sind, eignen sie sich hervorragend für Konfitüre und Mirabellengrütze.

## PFLAUMENPIZZA

Diese Pizza kombiniert Süßes und Salziges. Essen Sie sie als Zwischenmahlzeit mit einer Tasse Tee. Nach der Schule schmeckt sie hungrigen Kindern. Nehmen Sie ein Stück Pflaumenpizza mit zum Picknick. Sie eignet sich auch sehr gut als Frühstücksbrot: Legen Sie ein paar Scheiben Parmaschinken darauf und klappen Sie sie zusammen, und schon ist das Frühstücksbrot fertig.

**FÜR 4 KLEINE PIZZAS**
**15 g frische Hefe**
**Salz**
**1 EL Raps- oder Olivenöl**
**450–500 g Weizenmehl**
**ca. 50 g feines Polentamehl**
**8 EL Pflaumenkonfitüre**
**verschiedene Pflaumen, in Stücken und entkernt**
**etwas Rosmarin**
**2 Kugeln Mozzarella**
**Pfeffer**

Die Hefe in 500 ml Wasser auflösen, 1 Esslöffel Salz und Öl dazugeben. Zuerst etwas Mehl zu dem Hefegemisch geben und alles zu einem glatten Brei verrühren. Dann den Rest des Mehls dazugeben und den Teig mit den Knethaken des Rührgeräts kneten, bis er elastisch und gut zu bearbeiten ist. Der Teig sollte sich leicht von der Hand lösen und noch etwas feucht sein.

Den Teig in vier Portionen teilen und daraus vier Kugeln formen, unter einem feuchten Geschirrtuch etwa 1 Stunde gehen lassen. Inzwischen den Ofen auf 250 °C vorheizen. Ein Backblech mit Backpapier auslegen und mit Polentamehl bestreuen. Zwei Teigkugeln darin wälzen und zu runden Pizzas ausrollen. Pflaumenkonfitüre aufstreichen, Pflaumen und Rosmarin über den Pizzas verteilen und nochmals 10–15 Minuten gehen lassen. Die Pizzas in der Mitte des Ofens 10 Minuten backen. Mozzarella in Scheiben schneiden, die Pizzas damit belegen und nochmals 5 Minuten backen. Zum Servieren nach Belieben etwas Salz und Pfeffer darüberstreuen. Verfahren Sie mit den anderen beiden Teigkugeln genauso.

**N-OLIVEN** – nordische Oliven, hergestellt aus Pflaumen

OLIVEN BLOMMER

UILE
OLIVE

**TIPP** Statt Polentamehl können Sie auch gewöhnliches Weizenmehl verwenden.

**TIPP** Den Teig können Sie 2 Tage im Kühlschrank aufbewahren. Man kann ihn auch 2 Monate einfrieren: Vor dem Einfrieren aus dem Teig die vier Teigkugeln formen und jede in eine eigene Gefriertüte geben. Nehmen Sie den Teig dann bei Bedarf aus dem Gefrierschrank und legen Sie ihn in eine Schale. Pinseln Sie den Teig mit Öl ein und decken Sie die Schale mit einer Frischhaltefolie ab. Das Auftauen dauert im Kühlschrank 1 Tag (24 Stunden) oder 2 Stunden bei Zimmertemperatur. Nach dem Auftauen sollte sich der Teig feucht anfühlen und langsam aufgehen.

## PFLAUMEN IN ROTWEIN

In Rotwein gekochte Pflaumen passen perfekt zu Käse und gebratenem Fleisch. Sie schmecken auch sehr lecker mit geschlagener Sahne, Crème fraîche oder Vanilleeis.

**500 g Rohrzucker**
**500 ml Rotwein**
**5 EL Essig**
**1 Zimtstange**
**10 ganze Nelken**
**5 cm roher Ingwer, geschält und in Scheiben geschnitten**
**Schale und Saft von 1 Bio-Zitrone**
**1 kg Zwetschgenpflaumen**

Zucker, Rotwein, Essig, 5 Esslöffel Wasser, Gewürze, Zitronenschale und -saft zusammen aufkochen. Die Pflaumen waschen und mit einer Gabel einstechen. Die Pflaumen in die kochende Flüssigkeit geben und ca. 10 Minuten darin simmern lassen, bis sie weich, aber nicht verkocht sind. Die Pflaumen mit einem Schaumlöffel herausheben und in ein sauberes Glas geben. Die restliche Flüssigkeit einkochen, bis sie eine dünne Sirupkonsistenz hat. Den Sirup aufschäumen lassen und über die Pflaumen geben, dann die Gläser sofort verschließen. Die Pflaumen können sofort gegessen werden, sind aber noch besser, wenn sie 1–2 Wochen in dem Sirup ziehen.

**TIPP** Die Pflaumen müssen angepickt werden, damit Zucker und Gewürze in die Frucht eindringen können. Wenn die Pflaumen sehr groß sind, können Sie sie zerteilen und entsteinen.

Für das Rezept eignen sich auch andere Sorten, feste oder fast reife Pflaumen.

## PFLAUMEN-SALSA

Eine einzigartige und wohlschmeckende Salsa, die einem ganz gewöhnlichen Kotelett eine besondere Note gibt. Sie wird zu allen Formen von kaltem oder warmem Fleisch serviert, ebenso als Belag oder Aufstrich für Brot.

**500 g blaue Pflaumen**
**1 rote Zwiebel**
**5 EL Avocadoöl oder anderes Öl**
**Saft und geriebene Schale von 1 Limette**
**1 Prise Rohrzucker**
**Salz, Pfeffer**
**1 Prise Lakritzpulver nach Belieben**
**1 Bund frischer Koriander**

Die Pflaumen halbieren, entsteinen und das Fruchtfleisch in Würfel schneiden. Die Zwiebel schälen und in kleine Würfel schneiden. Alle Zutaten bis auf den Koriander in einer Schüssel vermischen und abschmecken. Zum Servieren fein gehackten Koriander in die Salsa geben.

## OLIVEN »AUS DEM NORDEN«

Ich habe damit experimentiert, meine eigenen »nordischen« Oliven aus Pflaumen herzustellen. Die Idee kam, als ich ein Pflaumendickicht mit Tausenden unreifer grüner Pflaumen entdeckte, die grünen Oliven ähnelten. Ich habe in Büchern und im Internet nach Informationen gesucht und zwei verschiedene Methoden gefunden, die funktionieren.

## PFLAUMENOLIVEN IN SALZLAKE

Die Pflaumenoliven sind sehr salzig und passen daher am besten fein gehackt in ein Mayonnaise-dressing oder einen Salat, z. B. Kartoffelsalat. Entsteinen Sie die Pflaumenoliven mit einem kleinen scharfen Gemüsemesser.

**4 kg grüne unreife Pflaumen**
**250 g Zitronen**
**3 rote Chilischoten oder Lorbeerblätter**
**500 g grobes Salz**
**100 ml Raps- oder Olivenöl**

Alle Pflaumen aussortieren, die nicht ganz in Ordnung sind, die Pflaumen sollten keine angestoßenen Stellen, Wurmlöcher oder andere Schadstellen haben, und keine darf so reif sein, dass sie während des Fermentationsprozesses platzt. Die Pflaumen mehrere Male mit kaltem Wasser waschen, anschließend in einen sauberen Plastikeimer geben und mit Wasser bedecken. Einen umgedrehten Teller darauflegen, er sollte den Durchmesser des Eimers haben, ohne diesen ganz zu verschließen, sodass kein Schmutz und keine kleinen Tiere in das Wasser gelangen können. Den Eimer in einen kalten Raum stellen und 10 Tage lang jeden Tag das Wasser wechseln. Am letzten Tag die Pflaumen gut durchwaschen und zusammen mit in Scheiben geschnittener Zitrone und Chilischote in gespülte Weckgläser geben. Das Salz auf die Gläser verteilen und die Gläser bis zum Rand mit Wasser aufgießen. Etwas Öl auf die Wasseroberfläche träufeln und die Gläser sofort verschließen. Lassen Sie die Pflaumen in einem kalten Raum reifen und marinieren – es dauert mindestens 1 Monat, besser aber bis zu 4 Monate.

**TIPP** Sie können zwischendurch immer wieder probieren, aber denken Sie an hundertprozentige Sauberkeit. Holen Sie die Geschmacksprobe mit einer Pinzette oder einem Löffel heraus. Nehmen Sie sie nie mit den Fingern aus dem Glas, sonst kommen Bakterien hinein und alles verdirbt sehr schnell – die ganze Arbeit war umsonst.

**TIPP** Sie können die Pflaumen mit einer Gabel einstechen oder mit einem scharfen Messer etwas einschneiden. Dadurch kommt die Fermentation schneller in Gang. Es erfordert jedoch absolute Sauberkeit.

## IN ÖL MARINIERTE PFLAUMENOLIVEN

Sortieren Sie alle Pflaumen aus, die nicht ganz in Ordnung sind, die Pflaumen sollten keine angestoßenen Stellen, Wurmlöcher oder andere Schadstellen haben, und keine darf so reif sein, dass sie während der Fermentation platzt.

**5 kg grüne unreife Pflaumen, fast reif und sehr fest**
**400 g grobes Salz**
**200 ml Weißweinessig**
**getrocknete Gewürze, z. B. Rosmarin, Thymian, Chili**
**Raps- oder Olivenöl**

Die Pflaumen mit einem scharfen Messer etwas einschneiden. Die Pflaumen mehrere Male in kaltem Wasser waschen und in einen sauberen Plastikeimer geben. Mit ausreichend kaltem Wasser, Salz und Weinessig abdecken. Einen umgedrehten Teller darauflegen, er sollte den Durchmesser des Eimers haben, ohne diesen ganz zu verschließen, sodass kein Schmutz und keine kleinen Tiere in das Wasser gelangen können. Die Pflaumen in einem kalten Raum mindestens 3 Monate fermentieren lassen. Dann das Wasser wegschütten und die Pflaumen zusammen mit den getrockneten Gewürzen in saubere Weckgläser verteilen. Die Gläser mit Öl auffüllen und dicht verschließen. Lassen Sie die Pflaumen 1 Monat ziehen, probieren Sie zwischendurch.

# BLASENTANG

**Frühjahr ganzjährig**

Botanisch: *Fucus vesiculosus*
Tang ist keine Pflanze, sondern eine große Alge, also ein pflanzenähnliches Lebewesen.

Während der Arbeit an dem Buch kam Tang irgendwann ganz automatisch auf die Wunschliste der Wildpflanzen, die in das Buch mit aufgenommen werden sollten. Glücklicherweise traf ich zufällig Dänemarks Tang-Freak Nummer eins, Dr. sc. Ole G. Mouritsen, Professor der Geophysik. Er gab mir den Anstoß, mich mit dem Thema zu beschäftigen und das »Meeresgemüse« auf die Speisekarte zu setzen.

## WO GIBT ES BLASENTANG?

Blasentang gehört zur Abteilung der Braunalgen. Er kommt gewöhnlich an allen Küsten von Nord- und Ostsee vor, wo er sich in dicken Matten entlang der Strandzonen ausbreitet. Blasentang lebt im Wasser und nimmt über die Oberfläche seiner Blätter Sauerstoff und Sonnenlicht auf. Er wächst in niedrigem Wasser, aber auch bis zu einer Tiefe von 5 m, wobei er sich mithilfe von Luftblasen an der Wasseroberfläche hält, von denen immer zwei mal zwei 4–5 cm von der Spitze des Tangblattes entfernt sitzen. Die 20–80 cm langen Tangblätter brechen mit einem kleinen spröden Laut, wenn man sie zerdrückt. Blasentang hat keine Wurzeln, aber man sieht oft, wie er sich mit einer Haftscheibe auf einem kleinen Stein festhält. Es ist am besten, Blasentang frisch zu sammeln, wenn er nach einem Sturm an den Strand gespült wurde.

## KOCHEN

Die jüngsten und äußersten Triebe des Blasentangs schmecken besonders gut. Blasentang schmeckt leicht nach Salz und deutlich nach Jod und Umami (Fleischgeschmack). Pflücken Sie nur die äußersten frischen Triebspitzen (10–15 cm). Blasentang schmeckt gut gekocht und mit Zitronensaft beträufelt, in Suppen, als Tee oder im Ofen knusprig geröstet als Snack. Man kann ihn frisch im Brotteig verwenden oder getrocknet als Snack zum Kaffee in Schokolade tauchen. Der essbare Tang muss sauber und frisch sein und darf nicht riechen. Loser Tang, der frei im Wasser schwimmt oder am Strand liegt, ist nicht essbar. Ernten Sie außerdem keinen Tang in der Nähe von verunreinigten Abläufen oder Abwasserrohren, sondern nur an sauberer Küste mit frischem Wasser.

**TIPP** In seichtem Wasser können Sie, ohne nass zu werden, zum Tang gelangen. Schneiden Sie die jungen Spitzen mit einer Schere ab, sodass der Tang weiterwachsen kann.

## GUT ZU WISSEN

Tang können Sie leicht trocknen und in luftdichten Behältern aufbewahren. Wenn man Tang in Wasser legt, nimmt er umgehend Wasser auf und wird wieder feucht und frisch. Getrockneter Tang ist jahrelang haltbar.

**AMÜSANTES**
In Schottland und Island verwendet man Tang auch zur Bier- und Schnapsherstellung. Ziegen und Schafe fressen verschiedene Tangarten, die Milch und Fleisch einen guten Geschmack verleihen.

## GESUNDHEIT

Tang war im 19. Jahrhundert die Hauptquelle für Jod und Vitamine. Es gab ihn das ganze Jahr hindurch und daher gehörte er bereits vor 9.000 Jahren zur alltäglichen Kost des Komsa-Volkes, einer Küsten-Steinzeitkultur. Es heißt, die nordischen Wikinger hätten den getrockneten Tang von ihren langen Fahrten mitgebracht und Eskimos in

Grönland und die Bevölkerung in Island hätten Tang als wichtige Vitamin-C-Quelle gekannt. Früher soll Blasentang zur Heilung von Magen- und Darmkrankheiten verwendet worden sein. In der westlichen Welt ist Tang heutzutage eine unwichtige Braunalge, während dem Professor zufolge in vielen asiatischen Ländern, z. B. Japan und China, Tang bis zu zehn Prozent der Ernährung ausmacht. Tang senkt den Cholesterinspiegel und ist reich an Mineralien, Vitaminen und Spurenelementen. Er enthält viele Ballaststoffe, gute Fette, einen hohen Proteingehalt und wenig Kalorien.

## GUT ZU WISSEN

Es gibt etwa 10.000 verschiedene Tangarten, wovon einige 100 essbar sind. Tang ist zwar nicht giftig, aber nicht alle Sorten sind essbar.

## TANGTEE

Die feinen Triebspitzen unter kaltem Wasser gründlich waschen und in ein Teeglas geben. Mit kochendem Wasser aufgießen, nach Belieben mit Kandiszucker oder kalt geschleudertem Honig abschmecken. Tangtee passt gut zum Essen oder als Vorspeise zum Mittagessen.

## BLASENTANG BLANCHIEREN

Die äußeren 2–3 cm vom Blasentang abschneiden, eventuell mit Blasen, und in kaltem Wasser gut auswaschen. Danach kurz in kochendem Salzwasser blanchieren, wobei die Farbe von gelbbraun nach hellgrün wechselt. In Eiswasser abschrecken und trockentupfen; danach bis zur weiteren Verwendung in etwas Zitronensaft legen.

## TANGBRÖTCHEN

Holen Sie Ihr bestes Brötchenteigrezept hervor und fügen Sie eine Handvoll gehackten Blasentang hinzu. Oder probieren Sie dieses Rezept:

**FÜR CA. 20 BRÖTCHEN**
**15 g frische Hefe**
**1 TL Rohrzucker**
**1 EL Rapsöl**
**1 EL Meersalz + etwas zum Bestreuen**
**1 große Handvoll gehackter Blasentang + etwas als Deko**
**800 g Weizenmehl**
**Öl zum Bestreichen**

600 ml lauwarmes Wasser in eine Schüssel geben, Hefe darin auflösen und Zucker, Öl, 1 Esslöffel Salz und den Blasentang hinzufügen. Alles mit dem Mehl zu einem elastischen, weichen feuchten Teig verkneten, eventuell eine Küchenmaschine nehmen. Den Teig mit Frischhaltefolie abdecken und bis zum nächsten Tag in den Kühlschrank stellen. Ofen auf 200 °C vorheizen, ein Backblech mit Backpapier auslegen. Den Teig noch einmal durchkneten und etwa 20 Brötchen daraus formen, auf das Backblech setzen. Brötchen mit Öl bestreichen und mit etwas Blasentang belegen. Nochmals mit Öl bestreichen und etwas Salz darauf streuen. In der Mitte des Ofens ca. 20 Minuten backen. Brötchen zu den Hauptmahlzeiten oder ganz einfach mit Aufschnitt servieren.

## KNÄCKEBROT MIT TANG

**1 Handvoll blanchierter Blasentang**
**6 geh. EL Haferflocken oder Fünfkornmischung**
**je 50 g Sesamsamen, Leinsamen, Kürbiskerne und Sonnenblumenkerne**
**150 g Weizenmehl**
**1 TL Salz**
**1 TL Backpulver**
**100 ml Rapsöl**

Ofen auf 190 °C vorheizen. Blasentang grob hacken. Alle Zutaten mit 200 ml Wasser in einer Schüssel mischen, bis sie eine Konsistenz von Hafergrütze haben. Den Teig in zwei Portionen teilen und jede Portion auf ein Stück Backpapier geben. Ein weiteres Stück Backpapier darüberlegen und den Teig zwischen den beiden Backpapieren zu dünnem Knäckebrot ausrollen. Den ausgerollten Teig mit dem Papier auf ein Backblech ziehen und das obere Stück Backpapier entfernen. Das Knäckebrot ca. 15 Minuten backen, darauf achten, dass es nicht zu dunkel wird. Das fertige Knäckebrot abkühlen und in Stücke brechen. In einer gut schließenden Kuchendose aufbewahren.

**TIPP** Sie können den Knäckebrotteig vor dem Backen auch in die Form schneiden, die Sie gerne hätten.

**TIPP** Wenn Sie keinen Blasentang bekommen, können Sie das Knäckebrot ersatzweise mit getrocknetem Wakame-Tang backen.

# BROMBEEREN

**September**
**Oktober**

Botanisch: *Rubus fruticosus*
Ab September bis Oktober ernten, wenn die Beeren ganz schwarz sind.

Zu meiner Hochzeit am 31. Oktober vor vielen Jahren kochte die ganze Familie Brombeeren ein – als Beilage für die geräucherte Rehkeule, die gebratenen Wildenten und die Fasanenterrinen. Wir pflückten Brombeeren, machten sie in letzter Sekunde ein und verteilten die Herrlichkeit in Einmachgläsern, die wir dann auf die Tische stellen wollten. Aber in der Hitze des Gefechts vergaßen wir die Brombeeren zu servieren ...! Vergessen Sie nicht, in der Saison Brombeeren einzumachen. Das ist einfach, schmeckt gut und die Brombeeren sind eine Art natürlicher Vitaminpillen.

## WO GIBT ES BROMBEEREN?

Brombeeren wachsen wild in Wäldern und am Waldesrand, im Gehölz und im Gebüsch. Die Büsche haben lange Ranken mit Dornen, die Ranken können bis zu 6 m lang werden. Sie kriechen auf der Erde entlang, hinauf ins Gehölz und verschnüren sich ineinander. Brombeeren sind zweijährige Pflanzen und haben im Juni und Juli zarte, rosa Blüten. Die Rinde ist erst schön und glatt, später braun und gefurcht. Die Knospen sind gespreizt und hellgrün, die Blätter dunkelgrün an der Oberseite, während die Unterseite grau-weiß mit kleinen Stacheln an den Blattrippen ist. Die schwarz-rote Frucht besteht aus vielen kleinen Steinfrüchten. Die Beeren reifen als letzte Früchte im Sommer und schmecken richtig gut – das wissen auch die Vögel und es geht immer darum, wer als Erster beim Beerenpflücken ist. Aber achten Sie darauf, dass die Beeren ganz schwarz sind, bevor Sie sie ernten.

**GUT ZU WISSEN**
Die wintergrünen Blätter der Brombeere sind ein wichtiges Futter für Hirsche.

**TIPP** Denken Sie an gute Gartenhandschuhe, Hose und Jacke, wenn Sie Brombeeren pflücken wollen. Die langen Ranken haben böse Dornen, die stechen und sich in Haut, Kleidung und Haaren festhängen.

## KOCHEN

Brombeeren werden seit der Steinzeit gesammelt. Die säuerlich-süßen, delikaten Beeren schmecken roh ebenso wie eingekocht, in Desserts und in Gebäck, wie Muffins und Kuchen, fantastisch sind sie z. B. auch auf Vanilleeis. Oder stellen Sie eine Sauce aus Brombeeren, Portwein, Balsamico-Essig, Salz, Pfeffer und Fond her und servieren Sie diese zu Wildfleisch. Brombeeren sind außerdem sehr gut in Schnaps und als Sirup. Leider halten sich die Beeren nicht sehr lange, aber man kann sie einfrieren und bei Bedarf auftauen. Verwenden Sie gefrorene Brombeeren für Smoothies und Milchshakes.

## GESUNDHEIT

Brombeeren waren im antiken Griechenland und Rom ein wahrer Schatz. Viele der alten naturwissenschaftlichen Autoren erzählen von der Pflanze und preisen ihre medizinischen Eigenschaften. Die Blätter sind reich an Gerbsäure und wurden bei Infektionen im Mund sowie Durchfallerkrankungen eingesetzt. Außerdem besitzen Brombeeren blutreinigende Wirkung und enthalten viele Ballaststoffe, von denen man heute weiß, dass sie den Cholesterinspiegel senken können und so das Herz schützen. Brombeeren enthalten außerdem die Vitamine A und C und stimulieren die Verdauung. Ungesüßter, roher Brombeersaft hilft bei Fieber und ist gut gegen Halsentzündung und Lungenkrankheiten. Nicht zuletzt sind die Beeren ein Mittel gegen Verstopfung!

## BROMBEERTEE

Die nordische Antwort auf grünen Tee können Sie aus den Blättern von Brombeeren, Schwarzen und Roten Johannisbeeren, Birke und dergleichen brauen. Rollen Sie die frischen Blätter zwischen den Fingern auf die gleiche Art wie grünen chinesischen Gunpowder-Tee und legen Sie sie zum Trocknen an eine geschützte, trockene Stelle oder trocknen Sie sie in einem Trockengerät.

2 Esslöffel gerollte, getrocknete Brombeerblätter und ½–1 l Wasser in einem kleinen Topf etwa 5 Minuten kochen. Den Tee noch 15 Minuten ziehen lassen, dann über einer Thermoskanne abseihen. Sie können die Blätter auch direkt in eine Teekanne geben, mit kochendem Wasser übergießen und als ganz gewöhnlichen Tee trinken. Nach Belieben mit Honig abschmecken.

**TIPP** Sie können den Tee auch aus ganzen, frischen Blättern herstellen.

**TIPP** Brombeeren werden bei Durchfall und bei Katarrhen im Mund- und Rachenraum verschrieben.

**TIPP** Ganze Blätter kann man in einem Trockengerät trocknen, dann leicht zerkleinern und daraus eine eigene Teemischung herstellen.

## BROMBEERSUPPE MIT MINZESCHAUM

Brombeeren enthalten viel Pektin, eine Art natürliches Geliermittel. Daher muss man diese Suppe nicht zusätzlich andicken – das schaffen die Brombeeren ganz von alleine.

**FÜR 4 PERSONEN**

**200 g reife Brombeeren**
**Blätter von 6 Pfefferminzzweigen + 4 Minzeblätter zur Deko**
**100 ml trockener Weißwein**
**1 EL Puderzucker**
**1 EL Zitronensaft**
**200 g Schlagsahne**

Brombeeren vorsichtig waschen und trockentupfen. Die Beeren durch ein feinmaschiges Sieb passieren und die Kerne heraussieben. Die Suppe auf vier tiefe Teller verteilen. Die Minzeblätter waschen und mit Wein, Puderzucker und Zitronensaft pürieren. Die Sahne schlagen, das Minzepüree unter die geschlagene Sahne heben. Etwas Minzeschaum in die Mitte jeder Portion Brombeersuppe geben und servieren.

## KALT GERÜHRTE BROMBEEREN

Die einfachste und schonendste Einmachmethode für Brombeeren ist die ohne Kochen, das Kaltrühren. Die reifen Beeren vorsichtig mit etwas Zucker mischen, kalt stellen, ab und zu vorsichtig umrühren. Sie können die Beeren mit Vanille, Rosmarin, Lakritzpulver und/oder etwas Zitronensaft und -schale würzen. Die kalt gerührten Brombeeren z. B. zu Pfannkuchen oder Wild, auf Joghurt oder als Kaltschale servieren.

## GRÜTZEPUFFER MIT BROMBEEREN

Servieren Sie Puffer mit kalt gerührten Brombeeren und streuen Sie Rohrzucker darüber. Sie können auch Zucker oder Rosensirup (s. S. 88) oder Löwenzahnsirup (s. S. 127) nehmen.

**FÜR 4 PERSONEN**

**80 g Grützenmischung (Buchweizen oder Hafer)**
**100 ml Milch**
**1 Eigelb**
**3 EL Weizenmehl**
**1 TL gemahlener Kardamom**
**1 Eiweiß**
**Butter zum Ausbacken**

Die Grütze nach Packungsanweisung kochen und anschließend abkühlen lassen. Die Grütze mit Milch, Eigelb, Weizenmehl und Kardamom vermischen. Das Eiweiß zu Schnee schlagen und mit einem Teigschaber unter den Teig heben. In einer Pfanne kleine Puffer in Butter ausbacken, bis diese goldbraun und durchgebraten sind. Warm mit kalt gerührten Brombeeren servieren.

**BROMBEERTEE**

Nordischer Grüntee

# BRENNNESSEL

März–Oktober

Botanisch: *Urtica dioica*
Es gibt andere kleinere Nesselarten, sie sind alle essbar, aber unbedeutend.

Ich habe mein Herz völlig an die Brennnessel verloren. Sie ist eine fantastische Pflanze, schön anzusehen, gesund, leicht zuzubereiten und schmeckt sehr gut. Brennnesseln kann man in unzähligen Gerichten verwenden.

### WO GIBT ES BRENNNESSELN?

Die Große Brennnessel gibt es gewöhnlich überall, wo sie auf nährstoffreichen Böden wächst, z. B. auf Feldern, in Wäldern, in der Nähe von Ortschaften und in Baumbeständen. Sie wird 50–100 cm hoch und hat frisch grüne, elliptische Laubblätter mit gezacktem Rand und kleinen, unscheinbaren grünlichen Blüten. Die Große Brennnessel kennt jeder, weil sie ein ungemütlicher Nesselvertreter ist, an dem man sich sehr leicht verbrennen kann. Nesseln sind nämlich mit einer Eigentümlichkeit an Stängeln und Blättern ausgestattet – einer Art Brennhaar mit einer Giftdrüse, die bei Berührung abbricht, in die Haut eindringt und Schmerzen, Jucken und ein vibrierendes Gefühl in den Fingern verursacht.

**TIPP** Denken Sie an hohe Gummistiefel und Handschuhe, um Ihren Körper zu schützen. Mit einer Schere können Sie schnell eine Portion Brennnesseln abschneiden.

**TIPP** Wer mutig ist, kann Brennnesseln sogar mit bloßen Händen pflücken. Streichen Sie »die Haare« nach unten und nach oben, umfassen Sie die Nesseln fest an Stängel und Blättern und ziehen Sie sie heraus!

### INTERESSANTES

Wenn Sie sich gebrannt haben, sollten Sie sich sofort behandeln, Brennnesseln enthalten nämlich ihr eigenes Gegengift. Fassen Sie ein Nesselblatt fest an und drücken Sie es kräftig, bis eine Art Saft herauskommt. Schmieren Sie diesen an die Stelle, an der Sie sich gebrannt haben. Das erfordert beim ersten Mal etwas Mut, aber es hilft.

Es heißt, dass die nordamerikanischen Indianer sich mit einem Trick gegen nächtliche Überfälle schützten: Sie rollten sich in Brennnesseln ein. Die durchdringenden Schmerzen und der Juckreiz danach sollten die Indianer wach halten, damit sie bei unerwarteten Gästen in der Nacht bereit zur Verteidigung wären.

**GUT ZU WISSEN**
Brennnesseln können Sie den ganzen Sommer über ernten. Hat man ein Nesselblatt abgeschnitten, wachsen die Pflanzen schnell wieder mit frischen Trieben nach.

### KOCHEN

Brennnesseln sind vielseitig und gesund. Früher wurden Brennnesseln in Kohlgärten angebaut und waren als Arme-Leute-Essen bekannt. Der Geschmack ist schwer zu beschreiben, ein wenig nach Spinat, aber milder und »grüner«. Junge Brennnesseln können Sie wie Spinat zubereiten, in Suppen und Saucen, für Gratins, Lasagne oder Omeletts, außerdem lässt sich ein gesunder Energiesaft daraus pressen. Geben Sie einige Handvoll gehackter frischer Blätter oder leicht getrockneter Blätter in den Teig für Brot oder Frikadellen. Getrocknete Brennnesseln können Sie auch als Tee zubereiten.

### GESUNDHEIT

Viele betrachten Brennnesseln als nervendes Unkraut, mit dem sie sich nur schwer anfreunden

Das Wort **GNOCCHI** stammt aus der Lombardei (Italien). Es bedeutet »kleine Knödel« und beschreibt die Form der kleinen Mehlkugeln.

können. Das ist schade, denn die Brennnessel hat viele gute Eigenschaften und ist als Mittel gegen viele Krankheiten zu empfehlen. Die Brennnessel aktiviert den Blutkreislauf, reinigt das Blut und hält die Verdauung in Ordnung. Sie ist gut gegen Gicht und dient als mildes harntreibendes Mittel. Die frischen Spitzen sind sehr reich an Vitamin A und C sowie den Mineralstoffen Kalium, Phosphor und Silizium: Brennnessel enthält mehr Eisen als Spinat.

## ENERGY SHOT

Im Frühling den Saft aus den ersten jungen Trieben von Brennnesseln, Löwenzahn, Birke und Giersch in einer Saftpresse auspressen. Den leicht bitteren Saft mit Honig abschmecken. Ein Kickstart für unseren Körper.

### INTERESSANTES

Fasern von großen Nesseln sind sehr kräftig, man kann mit ihnen weben wie mit Leinen. In Kriegszeiten, als Mangel an Leinen und Baumwolle herrschte, hat man aus Nesselfasern sogenanntes Nesseltuch gewebt und daraus Kleidung genäht.

## GESUNDER MENSCHENVERSTAND

Pflücken Sie viele junge Brennnesseln, blanchieren Sie die Blätter in warmem und kaltem Wasser und frieren Sie sie zur späteren Verwendung ein.

## GNOCCHI MIT BRENNNESSELN

Kleine Leckerbissen als Vorspeise. Als Hauptgericht mit Garnelen, Hummerschwänzen oder weich gekochten Wachteleiern reichen.

**ALS VORSPEISE FÜR 6 PERSONEN**

**½ l Brennnesselblätter, leicht zusammengepresst**
**1 EL Butter oder Öl**
**225 g Ricotta**
**2 mittelgroße Eier**
**4 EL Weizenmehl**
**50 g geriebener Parmesan**
**fein geriebene Schale von 1 Bio-Zitrone**
**Saft von ½ Zitrone**
**Salz, Pfeffer**
**Mehl zum Ausrollen**

Zum Servieren:
**25 g geschmolzene Butter**
**fein gehackte Schale von ½ Bio-Zitrone**
**2 Knoblauchzehen**
**50 g geriebener Parmesan**
**1 EL rosa Pfeffer**

Brennnesseln in kochendem Wasser blanchieren, fein hacken und in einen Topf mit Butter geben. Ricotta durch ein Sieb pressen und ebenfalls in den Topf geben. Alles bei schwacher Hitze 5 Minuten kochen. Topf vom Herd nehmen und die Masse etwas abkühlen lassen. Eier, Mehl, Parmesan, Zitronenschale und -saft dazugeben und alles zu einem Teig verrühren, mit Salz und Pfeffer würzen. Die Mischung im Kühlschrank einige Stunden oder über Nacht ruhen lassen.

Etwas Mehl auf die Arbeitsfläche streuen und den Teig zu langen fingerdicken Würste formen. Die Würste in ca. 2 cm lange Stücke schneiden und leicht in Mehl wälzen. Die fertigen Gnocchi auf eine Platte legen und mit Backpapier abdecken. Kurz vor dem Servieren die Gnocchi in reichlich Salzwasser kochen. Wenn das Wasser sprudelt, eine Portion Gnocchi in den Topf geben. Mehrmals wiederholen, die Gnocchi müssen beim Kochen in reichlich Wasser schwimmen. Nach 5 Minuten steigen sie an die Wasseroberfläche und sind fertig. Mit einem Schaumlöffel herausnehmen und gut über einem Durchschlag abtropfen lassen.

Die Gnocchi auf vorgewärmte Teller verteilen und mit etwas geschmolzener Butter, Zitronenschale, fein gehacktem Knoblauch, Parmesan und zerstoßenem rosa Pfeffer anrichten.

**TIPP** Der Teig wirkt etwas weich, aber Eier und Mehl halten beim Kochen alles zusammen.

**TIPP** Wärmen Sie die Teller kurz vor dem Servieren vor, indem Sie sie mit kochendem Wasser übergießen.

## BRENNNESSELSUPPE

Ein Klassiker, um den man nicht herumkommt. Die Suppe schmeckt erst richtig gut, wenn man sie mit weich gekochten, geräucherten Eiern serviert.

**FÜR 6 PERSONEN**

**1 l Brennnesselblätter**
**Salz**
**100 ml + 1 ½ l Hühnerbrühe**
**1 Zwiebel**
**Butter oder Öl**
**2 Lorbeerblätter**
**250 g kleine neue Kartoffeln**
**250 g kleine junge Karotten**
**1 Zweig Liebstöckel nach Belieben**
**65 g grüne Erbsen**
**1 kleines Bund grüner Spargel**
**Pfeffer**
**1 Prise geriebene Muskatnuss**
**100 g Schlagsahne nach Belieben**
**3 geräucherte Eier (s. u.) oder weich gekochte Eier in Hälften**
**Bärlauch- oder Brennnesselsalz nach Belieben**

Brennnesselblätter von den Stielen trennen und ca. 10 Minuten in Salzwasser kochen, bis sie weich sind. Das Kochwasser abgießen und die Blätter mit eiskaltem Wasser abschrecken. Die Blätter möglichst gut auspressen, damit das ganze Wasser entfernt ist. In einem Mixer mit 100 ml Brühe zu Püree mixen. Die Zwiebel klein hacken und mit Butter oder Öl in einem Topf glasig dünsten. Die restliche Brühe mit Lorbeer, den geschälten und geriebenen Kartoffeln und Karotten sowie Liebstöckel in den Topf geben und alles ca. 10 Minuten kochen, bis die Kräuter fast gar sind. Brennnesselpüree, Erbsen und den geschälten und in kleine Stücke geschnittenen Spargel hinzufügen und alles noch einmal kurz aufkochen. Mit Pfeffer und Muskatnuss abschmecken. Die Suppe zudecken, sie ist nun servierfertig. Nach Belieben Sahne dazugeben und noch einmal kurz aufkochen. Die Suppe in vorgewärmten, tiefen Tellern mit einem halben geräucherten Ei servieren, nach Belieben mit Bärlauch- oder Brennnesselsalz bestreuen.

**TIPP** Wenn Sie die Lorbeerblätter durch Limettenblätter und die Sahne durch Kokosmilch ersetzen, erhalten Sie eine Art Thai-Ausgabe der Suppe. Sie können auch grünen Chili in die Suppe geben. Servieren Sie die Suppe als Appetithappen vor dem Mittagessen in kleinen Schalen oder Tassen und garnieren Sie sie mit einem halben, gekochten Wachtelei.

## GERÄUCHERTE EIER

Geräucherte Eier in Brennnesselsuppe schmecken überraschend anders. Der Rauchgeschmack passt sehr gut. Kalte weich oder hart gekochte Eier können Sie in einem Eimer räuchern. Das Räuchern erfolgt bei niedriger Hitze – ein guter Zeitpunkt dafür ist, wenn Sie Käse geräuchert haben (s. S. 52) und den letzten Rauch im Eimer noch ausnutzen möchten.

Die Eier 6 Minuten kochen, dann pellen und in ein Sieb legen. Das Sieb über dem Räuchereimer befestigen und einen Deckel darauflegen. Die Eier 5–10 Minuten räuchern bzw. so lange, bis sie leicht golden sind. Die Eier aus dem »Räucherofen« holen und sofort servieren. Sollen die Eier später verwendet werden, in eine luftdichte Plastiktüte packen und im Kühlschrank aufbewahren. Eier, die aufgehoben werden, müssen hart gekocht sein.

**TIPP** Brennnesselspitzen sollte man pflücken, bevor sie blühen – am besten schmecken die noch zarten Blätter und Triebe im Frühjahr. Nehmen Sie nur die obersten 3–4 Blattpaare mit. Für Tee kann man jedoch die ganzen Stängel verwenden und auch in der ganzen Saison.

**TIPP** Halten Sie die Brennnesseln unter einen scharfen Fließwasserstrahl oder kochen Sie sie kurz ab, bevor Sie sie verwenden, dann werden die Brennhaare unwirksam und die Blätter brennen nicht mehr.

## BRENNNESSELBROT

Ein gesundes und saftiges Brot, das sich gut als Sandwich oder als Beilage zu Suppen eignet.

½ l Brennnesselblätter + 10 große Brennnesselblätter zur Deko
25 g frische Hefe
50 ml Olivenöl
1 TL Rohrzucker
50 g schwarze Oliven, entkernt
50 g Sonnenblumenkerne
150 g grobes Roggenmehl
ca. 450 g Weizenmehl
1 verquirltes Ei zum Bestreichen

Brennnesseln mit kochendem Wasser waschen und fein hacken. Hefe in 500 ml lauwarmem Wasser auflösen. Öl, Zucker, gehackte Oliven, Brennnesseln und Sonnenblumenkerne hinzufügen. Erst das Roggenmehl, dann das Weizenmehl dazugeben, alles gut verrühren. Der Teig sollte feucht, aber nicht flüssig sein. Den Teig mit Folie abgedeckt 1–2 Stunden an einem ruhigen Ort gehen lassen, bis er etwa doppelte Größe erreicht hat.

Ofen auf 200 °C vorheizen. Den Teig nochmals mit dem Teigschaber vorsichtig umrühren, aber nicht mehr kneten, und in zwei runden Kuchenformen verteilen. Nochmals etwa 30 Minuten gehen lassen. Brote mit Ei bestreichen, einige Brennnesselblätter darauflegen und nochmals mit Ei bestreichen. In der Mitte des Ofens ca. 50 Minuten backen, bis sie golden und durchgebacken sind. Auf einem Rost mit dem Boden nach oben abkühlen lassen.

**TIPP** Ich salze diesen Brotteig nicht, die Oliven sind salzig genug.

## DER GRÜNTEE DES NORDENS

Brennnesselblätter können Sie trocknen und als Tee mit einer sehr feinen grünen Farbe trinken. Der Geschmack ist unbeschreiblich gut, vielleicht ein bisschen nach Süßholzwurzel. Nach Belieben den Tee mit Honig abschmecken. Besonders Frauen benötigen organisches Eisen, daher ist dieser Brennnesseltee genau richtig für jeden Tag. Auch gut bei Gicht- und Gelenkschmerzen!

Brennnesselblätter auf einem Stück Zeitungspapier ausbreiten und zum Trocknen an einen warmen trockenen Ort legen. Oder die Blätter in einem Trockengerät trocknen; das Trocknen der Blätter dauert ca. 4 Stunden bei 40 °C. Blätter leicht zupfen, hacken oder zerstoßen und in einer gut schließenden Dose aufheben. 2 Teelöffel Blätter mit 250 ml kochendem Wasser übergießen und 4–5 Minuten ziehen lassen, abseihen. Am besten je eine Tasse Brennnesseltee morgens und abends trinken.

**TIPP** Stellen Sie Ihre eigene Teemischung her, indem Sie Brennnesselblätter und z. B. Löwenzahnblätter mit Ihrem Lieblingstee mischen.

## MOJO AUS BRENNNESSELN

Mojo ist eine traditionelle kalte Sauce, meist aus roten Pfefferkörnern und Chili, die von den kanarischen Inseln stammen soll. Hier eine nordische Variante mit Brennnesseln. Spießen Sie Papas Arrugadas, kleine in Salzwasser gekochte Runzelkartoffeln (s. S. 52), auf Grillspieße und dippen Sie in die Brennnessel-Mojo.

2 EL Apfelessig
1 Scheibe Weißbrot vom Vortag
1 l Brennnesselblätter
Salz
1 Bund glatte Petersilie
1–2 grüne Chilischoten, entkernt
2 Knoblauchzehen
½ TL zerstoßener Kreuzkümmel
400 ml Raps- oder Olivenöl
etwas Rohrzucker
Pfeffer
etwas Zitronensaft

Essig auf die Brotscheibe träufeln und 5–10 Minuten ziehen lassen. Brennnesselblätter etwa 5 Minuten in kochendem Salzwasser blanchieren, danach in ein Sieb geben, kalt abschrecken und die Blätter ausdrücken. Petersilienblätter abzupfen, waschen und mit Brennnesseln, Brot, Chili, geschältem Knoblauch, Kreuzkümmel und Öl in einen Mixer geben und zu einer cremigen Sauce pürieren. Mit Rohrzucker, Salz und Pfeffer und eventuell ein paar Tropfen Zitronensaft abschmecken.

**TIPP** Falls die Sauce zu dünn ist, noch etwas Weißbrot in den Mixer geben.

BRENNNESSELBROT

**PAPAS ARRUGADAS** mit Mojo und luftgetrocknetem Schinken

## PAPAS ARRUGADAS

In Salzwasser gekochte Kartoffeln, sehr gut zum Dippen in Brennnessel-Mojo.

**1 kg kleine feste Kartoffeln**
**80 g Meersalz**

Kartoffeln mit einer kräftigen Bürste gut reinigen und anschließend in einen Topf mit Salzwasser geben. Kartoffeln knapp gar kochen, nicht mehr; das kann je nach Größe 10–12 Minuten dauern. Kochwasser abgießen und die Kartoffeln in den Topf zurückgeben. Kartoffeln ca. 2 Minuten bei schwacher Hitze abtrocknen lassen; den Topf ab und zu rütteln. Die Kartoffeln können warm gegessen werden, schmecken kalt aber genauso gut.

### INTERESSANTES

Früher kochte man Papas Arrugadas mit Meerwasser. Heute versucht man dies durch reichlich gutes Meersalz im Kochwasser nachzuahmen. Papas Arrugadas stammen wie Mojo auch von den Kanarischen Inseln.

## RAUCHKÄSE

Geräucherter Frischkäse ist eine Delikatesse von der Insel Fünen in Süddänemark. Das Räuchern geht in einem Eimer ganz einfach. Zum Räuchern benötigen Sie Stroh und große frische Brennnesseln. Bestreuen Sie den fertigen Rauchkäse mit klein geschnittenem Bärlauch oder Schnittlauch und servieren Sie ihn mit Radieschen. Streichen Sie Rauchkäse – nach Belieben mit Butter – auf grobes Roggen- oder Knäckebrot. Ein kaltes Bier und ein Kräuterschnaps sind die perfekten Begleiter zur Rauchkäse-Brotzeit.

**2 l frische Bio-Vollmilch**
**250 ml Bio-Buttermilch**
**100 g Bio-Schlagsahne oder saure Sahne**
**Salz, Pfeffer**
**1 EL Kümmel zum Bestreuen nach Belieben**

Zum Räuchern:
**1 Metallsieb**
**Küchenpapier**
**1 Metalleimer**
**½ Eimer trockenes Stroh, von Gerste, Roggen oder Hafer**
**1 großes Bund frische Brennnesseln**
**1 großer Topfdeckel oder Backblech**

Milch, Buttermilch und Sahne in einem Topf auf 40 °C erwärmen (mit einem Thermometer beobachten) und alles in eine vorgewärmte Schüssel gießen. Die Mischung 1 Tag (24 Stunden) mit einem Küchentuch abgedeckt so warm wie möglich stellen, bis daraus Dickmilch bzw. Frischkäse geworden ist.

Ein Sieb mit Käseleinen oder Küchentuch auskleiden, über einer Schüssel befestigen und die Käsemasse vorsichtig hineingeben. Anschließend zugedeckt kühl stellen und die Molke abtropfen lassen. Auch das dauert wieder 1 Tag (24 Stunden). Die fertige Frischkäsemasse gut durchrühren und mit etwas Salz und Pfeffer abschmecken. Ist die Masse zu trocken, 1–2 Esslöffel Molke dazugeben.

Zum Räuchern ein grobmaschiges Metallsieb mit zwei Lagen Küchenpapier auskleiden und die Frischkäsemasse hineinfüllen. Einen Metalleimer bis zur Hälfte mit Stroh füllen, anzünden und sofort mit einer dicken Lage frischer Brennnesseln bedecken. Schnell noch eine Lage darüberlegen, sodass der Eimer gerade noch bedeckt ist und es zu einer guten Rauchentwicklung kommt. Die Lagen entfernen und das Sieb über dem Eimer befestigen. Wieder eine Lage darauflegen. Den Käse einige Minuten räuchern bzw. so lange, bis er golden wird. Sie können den Käse bis zu 30 Minuten räuchern, je nach Geschmack. Den Käse auf eine Platte stürzen und nach Belieben etwas Kümmel darüberstreuen. Der Rauchkäse hält sich im Kühlschrank etwa 2–3 Wochen.

**TIPP** Das Dicklegen der Milch ist nicht ganz einfach. Ist die Luft zu kalt, dauert es oft länger als einen Tag. An einem warmen Sommertag geht es dagegen schneller.

**ETWA JEDES VIERTE JAHR** trägt die Buche besonders viele Früchte – meist dann, wenn der Sommer zuvor warm und trocken war. Man spricht dann von einem Mastjahr. Früher schickte man die Schweine zu dieser Jahreszeit in den Wald, damit sie Bucheckern und Eicheln fressen konnten.

# BUCHE

Mai
August

Botanisch: *Fagus*
Die Buche blüht im Mai, ab September sind die Früchte der Buche, die Bucheckern, reif.

Schon als kleines Mädchen wollte ich eine Buche in unserem Garten pflanzen. Der Baum war zuerst ein ganz kleiner Zweig, er hatte sich selbst gesät, und mit der Zeit wuchs er zu einem großen und starken Baum heran. Er steht immer noch im Garten meiner Familie, nun seit über 50 Jahren, und ist ein wichtiger Teil der Architektur des Gartens. Er war immer mein Lieblingsbaum – die Blätter aßen wir damals nicht, aber in Mastjahren schmausten mein Bruder und ich die kleinen aromatischen Nüsse, für die man eine Ewigkeit zum Schälen braucht.

## WO GIBT ES BUCHEN?

Die Buche ist ein sehr gewöhnlicher und verbreiteter Laubbaum und typisch für Mitteleuropa. Der Laubbaum kann bis zu 40 m hoch werden. Der Stamm ist bis zur Spitze mit der dichten, breiten gewölbten Baumkrone deutlich sichtbar. Die Buche ist ein Schattenbaum und lässt nicht viele Pflanzen am Boden wachsen, da es dort nicht genug Licht gibt. Anemonen und Gemeiner Sauerklee müssen daher schnell wachsen und blühen, bevor die Buche austreibt – in der Regel Anfang Mai. Die Buche blüht innerhalb weniger Stunden, und wenn die Blüte in vollem Gang ist, kann man die vielen Knospenhüllen ins Laub hinunterfallen hören. Die kleinen, hellgrünen Blätter sind weich und voller Häarchen. Die neu aufgegangenen Zweige stehen symbolisch für helle Nächte, Wachstum und Leben.

## KOCHEN

Sowohl die Blätter als auch die Früchte des Baumes sind essbar. Die ganz jungen Blätter schmecken herrlich mild, frisch, säuerlich und nussartig. Buchenblätter wurden früher als Suppengewürz verwendet, sie können aber auch Salate verfeinern oder als Grün in einem Burger dienen. Die Buchenfrüchte sind sehr kleine, dreikantige Nüsse in einer schokoladenbraunen Kapsel, die man im Herbst sammeln kann. Aufgrund ihrer reizenden Inhaltsstoffe sollte man Bucheckern nicht roh genießen, sondern nur erhitzt. Die Kerne können mit den Fingern oder einem spitzen Messer aus der Schale herausgeholt werden – es geht übrigens ohnehin leichter, wenn man die Bucheckern vorher in den warmen Ofen legt. Die herausgepulten Kerne sind eine Delikatesse, ähnlich wie Pinienkerne. Bucheckern kann man hacken und genauso wie andere Nüsse, z. B. für Makronen, zum Backen oder für Desserts verwenden.

## GESUNDHEIT

Die jungen Buchenblätter sind saftig und nährstoffreich und enthalten noch keine Gerbsäure. Wenn Sie die Buchenblätter kochen und anschließen den Tee durch ein Sieb geben, erhalten Sie einen fieberstillenden Tee. Wer Buchenblätter kaut, bekommt einen frischen Atem, außerdem soll es gut bei Zahnfleischproblemen sein.

### AMÜSANTES

Wenn die Wikinger etwas schreiben sollten, schnitten sie Runen in einen Stab aus Buchenholz. Auf diese Art erhielten die »Buch-staben« ihren Namen.

## KNOBLAUCH-KÄSE-KUGELN IN BUCHENBLÄTTERN

Die Käsekugeln auf den Frühstückstisch oder das Brunch-Büfett stellen. Oder die Kugeln mit einem Zahnstocher auf geröstetes Brot oder Pumpernickel stecken und zu einem Willkommensdrink servieren.

**FÜR 12 KUGELN**
**200 g Frischkäse**
**200 g Schlagsahne**
**2 Knoblauchzehen**
**1 rote Chilischote + 1 Blatt Bärlauch nach Belieben**
**Salz, Pfeffer**
**frisch geplückte junge Buchenblätter**
**Zahnstocher**
**Rapsöl**

Frischkäse, Sahne, fein gehackten Knoblauch, fein gehackte Chilischote (ohne Kerne) und fein gehackten Bärlauch zu einer dicken Creme verrühren. Mit Salz und Pfeffer abschmecken. Die Käsecreme für etwa 1 Stunde in den Kühlschrank stellen. Die Buchenblätter waschen und trockentupfen. Die Käsecreme zu kleinen Kugeln drehen und jeweils in ein Buchenblatt wickeln. Das Blatt an der Kugel mit einem Zahnstocher befestigen und die Kugeln auf einer Platte arrangieren. Zum Schluss etwas Öl darüberträufeln und mit grob gemahlenem Pfeffer bestreuen.

## BAGEL MIT BUCHENBLÄTTERN

Junge Buchenblätter können als grüne Füllung in einem Burger, einem Sandwich oder wie hier in einem Bagel verwendet werden.

**1 Bagel**
**Frischkäse**
**Pfeffer**
**½ Avocado**
**etwas Zitronensaft**
**1 Frühlingszwiebel**
**1 Paprikaschote (gerne eine spitze)**
**2 Scheiben Räucherlachs**
**Buschbasilikumblätter**
**frisch gepfückte junge Buchenblätter**

Bagel in zwei Hälften schneiden, mit Frischkäse bestreichen und mit Pfeffer bestreuen. Die Avocadohälfte in Scheiben schneiden und mit Zitronensaft beträufeln. Die Frühlingszwiebel in dünne Scheiben schneiden. Die Paprika waschen, entkernen und in dünne Streifen schneiden. Alle weiteren Zutaten mit Basilikum und Buchenblättern auf die untere Bagelhälfte schichten und die obere Hälfte darauflegen. Sofort servieren.

## BUCHENSCHNAPS

Ein herrlicher Schnaps mit einem leicht holzartigen Geschmack – etwas in Richtung Brandy gehend. Etwa 1 Handvoll frischer Buchenblätter in ein Bügelglas geben und Wodka darübergießen. Den Schnaps 3 Monate ziehen lassen. Dann durch einen Kaffeefilter gießen und nach Geschmack verdünnen.

## BUCHECKERN-SCHOKO-KEKSE

Herrlich duftende und würzige Plätzchen, verziert mit Bucheckern. Nicht mehr als 3–4 Bucheckern pro Plätzchen verwenden.

**FÜR CA. 75 STÜCK**
**250 g Weizenmehl**
**150 g kalte Butter**
**40 g dunkle Schokolade**
**125 g Rohrzucker**
**85 g Ahornsirup**
**½ TL gemahlener Zimt**
**½ TL gemahlene Nelken**
**½ TL Lakritzpulver nach Belieben**
**½ TL Pottasche, angerührt in 1 EL Wasser**
**geschälte Bucheckern, ersatzweise Pinien-, Haselnuss- oder Walnusskerne**

Mehl und Butter in einer Schüssel kneten, bis die Masse geriebenem Käse ähnelt. Die Schokolade fein hacken. Mehlbutter, Schokospäne, Zucker, Sirup und Gewürze verkneten und den Teig zu einer Kugel formen. Etwa 5 cm dicke Stangen formen, in Frischhaltefolie wickeln und mindestens für 2 Stunden kühl stellen.

Den Ofen auf 200 °C vorheizen. Die Teigstangen in etwa 3 mm dicke Scheiben schneiden und auf ein mit Backpapier ausgelegtes Backblech legen. 3–4 Bucheckern auf jedes Plätzchen drücken. Die Plätzchen in der Mitte des Ofens ca. 8 Minuten backen, abkühlen lassen und in einer luftdichten Dose aufbewahren.

## KNOBLAUCH-KÄSE-KUGELN

in Buchenblättern

## UCHENSCHNAPS

# EICHE

Februar–Oktober

Botanisch: *Quercus*

Ich war schon immer fasziniert von den schönen Blättern und Früchten der heimischen Stieleiche *(Quercus robur)*. Beides verwende ich häufig zum Dekorieren und für Blumensträuße. Leider muss man die kleinen Eicheln sehr bearbeiten, bevor sie essbar sind. Ich begann wie so oft damit, Alkohol darüberzugießen – das ergab einen sehr schönen Cognac. Heißen Eichelkakao genieße ich im Herbst auf der Terrasse oder am Feuerplatz bei meinem Sommerhaus – es macht mich einfach glücklich.

## WO GIBT ES EICHEN?

Die Stieleiche ist in ganz Mitteleuropa verbreitet, es gibt mehrere hundert Eichenarten auf der Welt. Der Baum kann sehr hoch, 30–35 m, und sehr alt werden, bis zu 1.500 Jahre. Die Blätter haben einen charakteristisch gewellten Rand. Die Früchte nennt man Eicheln, sie fallen im Oktober herunter. Viele Eichen mussten ihr Leben lassen und wurden im Schiffsbau oder als Brennholz verwendet.

## KOCHEN

Aus Knospen, Rinde, Blättern und Eicheln der Bäume kann man einen Kräuterschnaps machen. Es heißt, dass die Rinde bei Lichtmess, am 2. Februar, am besten ist. Eicheln dienen vielen Waldtieren als Futter, wie Rehen, Hirschen, Wildschweinen, Mäusen, Eichhörnchen und Eichelhähern. Für andere Tiere sind Eicheln jedoch giftig, z. B. für Pferde. Da rohe Eicheln aufgrund des hohen Gerbsäuregehalts (Tannine) extrem bitter und leicht reizend sind, sollte man sie zum Essen zuerst kochen oder wie Kaffeebohnen rösten. Gekochte, gemahlene Eicheln können Sie in Frikadellen- und Gebäckteig mischen. Gemahlen und geröstet lassen sich Eicheln wie Kakao verwenden.

## GUT ZU WISSEN

Das iberische (Schwarzfuß-)Schwein nascht gerne Eicheln, das gibt dem Schweineschinken dann den unnachahmlich leckeren Nussgeschmack.

## GESUNDHEIT

Eichenrinde wurde früher (!) gegen innere Blutungen und Vergiftungen, der Sud von gekochten Eicheln als Mittel gegen Brand- und Schnittverletzungen verwendet. Außerdem gebrauchte man Eicheln bei Hautkrankheiten, Magen-Darm-Katarrhen und Durchfall. Eicheln enthalten viel Kalk und Phosphor.

## EICHELKAKAO

**Sojamilch oder andere Milch**
**1 Teil Eichel-Kakao (geröstete und gemahlene Eicheln)**
**1 Teil Zucker**
**gemahlener Kardamom und Zimt nach Belieben**
**1 Zimtstange oder 1 grüne Süßholzwurzel nach Belieben**

Die Milch erhitzen. In einem hohen Caffè-Latte-Glas Eichelkakao und Zucker zu gleichen Teilen mit etwas heißer Milch verrühren, bis es keine Klumpen mehr gibt. Mit der restlichen Milch auffüllen und etwas Kardamom und/oder Zimt darüberstreuen. Nach Belieben mit einer langen Zimtstange oder grünen Süßholzwurzel umrühren.

**TIPP** An einem kalten Herbsttag können Sie noch etwas Eichel-Cognac hinzufügen.

## EICHENKNOSPEN

Verwenden Sie die Knospen zur Herstellung von Schnaps oder stellen Sie die Zweige als Tischschmuck in eine Vase oder einen Krug. Die Zweige

GERÖSTETE EICHELN

fangen im Wasser schnell an zu blühen. Knospen vor dem Blühen mit Wasser aus dem Pflanzensprüher befeuchten.

### SCHNAPS AUS EICHENKNOSPEN

Die frischen Knospen, gerne an kleinen Zweigen, können zu einem herrlichen goldenen Schnaps angesetzt werden. Die Knospen sollte man nach Lichtmess und vor dem Blattaustrieb ernten.

200–300 ml Eichenknospen und -stiele unter fließendem Wasser waschen. Mit einem sauberen Tuch trocken tupfen. In ein Bügelglas geben und Schnaps oder Wodka darübergießen. Den Schnaps 14 Tage bis 4 Monaten ziehen lassen, etwa nach 1 Woche probieren. Filtern oder noch etwas ziehen lassen. Zwischendurch immer wieder probieren. Der Geschmack kann sehr streng werden, daher auf die Ziehzeit achten. Durch Lagerung gewinnt der Schnaps sehr. Die Farbe ist golden oder karamellartig – ein bisschen wie die Farbe von Armagnac. Der Geschmack hingegen erinnert eher an Cognac, aber auf eine leichte und zarte Art.

### AMÜSANTES

Wenn man früher keine Nüsse hatte, aß man stattdessen Eicheln. Die bitteren Tannine wurden zuerst durch Waschen in fließendem Wasser entfernt. Dafür legte man Eicheln in einen Kartoffelsack und ließ sie einige Tage in einem Bach liegen.

### GERÖSTETE EICHELN (KAKAOMEHL)

Geröstete Eicheln ähneln am ehesten Kaffeebohnen. Das Rösten der Eicheln erinnert auch an das Rösten von grünen Kaffeebohnen. Es ist eine ziemlich zeitraubende Arbeit, Kakao bzw. Mehl aus Eicheln herzustellen. Andererseits ist es unglaublich schön, einen ganz natürlichen Kakao zu kochen oder Gebäck mit seinem Eichelmehl zu backen.

Im Herbst viele Eicheln sammeln, wenn sie reif sind. Nur unversehrte Eicheln mitnehmen. Alle Eicheln in einem großen heißen Eisentopf auf dem Herd ohne Fett rösten. Ab und zu umrühren, damit die Eicheln nicht anbrennen. Wenn sich die Schale zu lösen beginnt, den Herd ausschalten und den Topf vom Herd nehmen. Die gerösteten Früchte in einer Lage auf einem Backblech verteilen und abkühlen lassen. Passen Sie auf Ihre Finger auf – die Eicheln sind sehr heiß!

Die Schale entfernen und die Kerne grob hacken. Die Kerne in ein feines Metallsieb geben und kochendes Wasser darübergießen – mindestens dreimal wiederholen, um die Gerbsäure auszuspülen. Die Kerne auf einem Tuch trocknen lassen und dann nochmals in dem Eisentopf rösten. Unter Rühren so lange rösten, bis die Eichelmasse braun und absolut trocken ist. Passen Sie auch hier wieder auf, dass nichts anbrennt – das ergibt sonst einen scheußlichen Geschmack. Klappt alles, duftet es herrlich – der Prozess erinnert ans Kaffeerösten. Alles abkühlen lassen und zum Schluss die getrockneten Eicheln in einer Kaffeemühle zu Mehl mahlen und in einem gut schließenden Glas aufbewahren.

### COGNAC AUS EICHELN

Es ist allgemein bekannt, dass Cognac oder Whisky in Eichenfässern gelagert wird. Das hatte ich wohl im Hinterkopf, als die Idee zu diesem Arme-Leute-Cognac entstand. Fügen Sie ruhig einige Kräuter hinzu und runden Sie den Geschmack mit ein paar Zwetschgen ab.

**20 Eicheln, unbeschädigt, reif und braun**
**4–6 Zwetschgen, mit Stein**
**1 Süßholzwurzel + 1/4 Vanilleschote nach Belieben**
**1 Flasche Wodka**

Die Eicheln mit Schale zusammen mit Zwetschgen und Gewürzen in ein Bügelglas geben. Wodka darübergießen und mindestens 6 Monate ziehen lassen, dann abfiltern. Man kann den Cognac einige Jahre aufbewahren. Zwischendurch immer wieder probieren – das ist ein Privileg, das man voll ausnutzen sollte. Es ergibt einen schönen dunkelbraunen, runden und würzigen Schnaps.

# WEIDEN-RÖSCHEN

Mai
Juni

Botanisch: *Epilobium*
Die zarten Blätter werden im Mai oder Juni gepflückt, bevor die Pflanze im Juli und August blüht.

Auf meinen Reportagetouren durch das Land freue ich mich über den schönen Anblick des blühenden Schmalblättrigen Weidenröschens *(E. angustifolium)*. Stolz steht es in leuchtendem Lila da und schreit förmlich danach, gepflückt und zu Hause in meiner Stube in eine Vase gestellt zu werden. Aber nehmen Sie es nicht mit, denn es verwelkt schnell und verliert dabei seine Anmut. Pflücken Sie lieber die zarten Blätter und trocknen Sie sie, daraus lässt sich ein herrlich süßer und honigartiger Tee herstellen – genau das Richtige für mich, die passionierte Teetrinkerin.

## WO GIBT ES DAS WEIDENRÖSCHEN?

Das Schmalblättrige Weidenröschen ist eine sehr dekorative, mehrjährige wilde Staude, die überall in der Landschaft, im Wald und auf Lichtungen während seiner Blüte im Juli und August leuchtet. Das Schmalblättrige Weidenröschen wächst auf offenen, feuchten Böden, oft in dichten Beständen. Es ist eine schöne, stattliche Pflanze mit 50–150 cm hohen Stängeln und enständigen violetten Blüten an einem spitzkegeligen traubigen Blütenstand. Einige werden es für reines Unkraut halten – es wächst nämlich wild und ungehemmt und lässt sich nur schwer entfernen. Der Samen des Schmalblättrigen Weidenröschens kann mehrere Jahre in der Erde liegen, bevor er aufgeht.

### GUT ZU WISSEN

Zeigt sich das Schmalblättrige Weidenröschen im Garten, lassen Sie es für die Bienen stehen. Die Pflanze ist ein wichtiger Nektar- und Pollenlieferant.

## KOCHEN

Wurzeln, Blätter und Blüten sind essbar. Die langen Wurzeln ausgraben, von Erde reinigen und weich kochen. Das Schmalblättrige Weidenröschen ist als »Spargel des Waldes« bekannt. Die jungen Stängel kann man in 4–5 Minuten weich kochen und wie Spargel essen, z. B. mit zerlassener Butter, Ei und Anchovis. Die Blätter sind roh nicht besonders delikat, aber lassen sich mit anderen grünen Gemüsen als Suppe kochen oder wie Spinat mit etwas Öl in der Pfanne anschwitzen. Die Blüten des Schmalblättrigen Weidenröschens können als Salatgarnitur dienen, die Blätter als Tee aufgegossen werden.

## GESUNDHEIT

Das Schmalblättrige Weidenröschen enthält viel Vitamin A und C sowie Magnesium und wirkt adstringierend (zusammenziehend). Neue Triebe werden aufgrund der zusammenziehenden und blutreinigenden Wirkung zur Behandlung von Diarrhö und Reizdarm gegeben und in Salben für Hautprobleme bei Kindern. Außerdem reinigt und beruhigt das Schmalblättrige Weidenröschen besonders die Schleimhäute.

### INTERESSANTES

In Russland war es Tradition, die Blätter des Schmalblättrigen Weidenröschens für einen schönen Tee zu trocknen, der »Sibirischer Tee« genannt wurde. Während des Zweiten Weltkriegs waren die Blätter außerdem als Tee-Ersatz populär.

# LABKRAUT

Juni
August

Botanisch: *Galium*

Auf meinen Radtouren in der Natur werde ich vom Gelb des Echten Labkrauts *(Galium verum)* verführt, einer leuchtenden, warmen Farbe, sowie von seinem süßen, würzigen Duft. Es handelt sich um eine spektakuläre Pflanze, von der auch der Zauberer vom Lammefjord, der Bauer Søren Wulff, sehr hingerissen ist. Er brachte mir bei, die Blüten auf Salate zu streuen und überhaupt die Natur roh zu servieren – ganz einfach und ohne große Umstände. Danke, Søren!

## WO GIBT ES DAS ECHTE LABKRAUT?

Die göttliche Pflanze ist stark verbreitet. Sie liebt es, mitten in der Sonne zu stehen, und wächst daher oft auf trockenen und sonnenbeschienenen, grasbewachsenen Straßenrändern, auf sandigen Strandböden, in Dünen und auf Strandwiesen. Das Echte Labkraut wird 10–60 cm hoch. Es hat kleine, hellgelbe Blüten, die sich in Büscheln am dicht bewachsenen Kopf der Pflanze sammeln. Von Weitem sieht eine Kolonie Echten Labkrauts einem gelben Teppich ähnlich. Aufgrund ihres Cumarin-Gehalts sendet die Pflanze einen wundervollen würzigen und honigartigen Duft aus, der an frisches Heu erinnert. Der Geruch ist vor allem vor Regen sehr stark.

## KOCHEN

Das Echte Labkraut enthält ein Enzym, das Labferment. Dieser Stoff lässt die Milch gerinnen, weswegen die Pflanze zum Herstellen von Dickmilch und Käse verwendet wurde. Früher würzte man mit Labkraut auch Bier und schmeckte damit nicht zuletzt Schnaps ab. Experimentieren Sie mit Labkraut in Dressings, übergießen Sie es mit einer Zuckerlösung oder würzen Sie damit Weinessig oder Öl. Ausgezeichnet macht es sich aufgrund seiner Farbe und seines süßen Geschmacks auch als Garnitur für Salate und Gebäck.

## GESUNDHEIT

In der Volksmedizin hatte das Echte Labkraut große Bedeutung, es wurde bei unzähligen Leiden verwendet. Die Pflanze soll bei Hautproblemen, Magenbeschwerden und Darmkatarrhen helfen, als schweißtreibendes Mittel, als Mittel zur Wundbehandlung, gegen Kreuzottergift und bei anderen Vergiftungen, gegen Gicht, Krämpfe und Nierensteine – und nicht zuletzt als mildes Mittel bei Epilepsie.

## LIEBE KINDER HABEN VIELE NAMEN

Liebfrauenbettstroh
Gelbes Waldstroh
Liebkraut
Gliedkraut
Gelb-Labkraut

## DICKMILCH

In Dänemark wird seit vielen Generationen im Sommer gerne Dickmilch gegessen. Sie ist leicht herzustellen und man kann die Säuerung beschleunigen, indem man ein Büschel Labkraut in die Milchmischung gibt. Es sind die Milchsäurebakterien in der Buttermilch, die zusammen mit dem Echten Labkraut die Milch dick legen.

**FÜR 4 PERSONEN**

- 8 Stiele Echtes Labkraut, gereinigt von kleinen Tierchen
- 1 l frische Bio-Milch
- 200 ml frische Bio-Buttermilch
- 200 g frische Bio-Schlagsahne

Auf jeden (vorgewärmten) Teller 2 Stiele Labkraut so legen, dass die Stiele auf den Tellerrändern ruhen. Vollmilch, Buttermilch und Schlagsahne mit einem Schneebesen vermischen. Die

Milchmischung in die Teller gießen und mit einer Frischhaltefolie abdecken. Bei Zimmertemperatur bis zum nächsten Tag stehen lassen oder so lange, bis die Dickmilch fest und cremig ist. Das Labkraut herausnehmen und die Teller vor dem Servieren für einige Stunden in den Kühlschrank stellen. Die Dickmilch eiskalt und mit in Zucker und Butter geröstetem Roggenbrot sowie einem kleinen Stängel Labkraut garniert servieren.

**TIPP** Die Milchmischung vorsichtig bis zum Siedepunkt erhitzen, bevor man sie auf die Teller verteilt: Das kann bei kaltem Wetter die Säuerung beschleunigen.

**TIPP** Es kann passieren, dass die Dickmilch auf sich warten lässt. Geben Sie dem Prozess einen Extra-Tag Zeit, dann können Sie sicher sein, dass die Dickmilch servierfertig ist. Der Prozess ist abhängig von Temperatur und Luftfeuchtigkeit. Denken Sie daran, dass Dickmilch einige Tage im Kühlschrank aufbewahrt werden kann.

**TIPP** Fassen Sie die Teller mit der Dickmilch an den Rändern an und rütteln Sie sie vorsichtig. Auf diese Weise können Sie sehen, ob die Dickmilch eingedickt ist. Wenn sie zu dünn ist, bitte noch etwas Geduld haben.

## ROHKOSTSALAT MIT LABKRAUT

Ein Rezept für einen unkonventionellen Salat aus rohem Weizen und rohen Maiskolben.

**FÜR 4 PERSONEN**
**20 Weizenähren mit rohen, unreifen Körnern**
**1 Maiskolben**
**1 Gemüsefenchel**
**1 Kopf Eichblattsalat oder anderer Salat**
**Blütenspitzen vom Labkraut**

Dressing:
**Saft von 1 Zitrone**
**1 EL Honig**
**Salz, Pfeffer**

Die Ähren zwischen den Fingern reiben, bis sich die Körner aus der Schale lösen. Schalen wegpusten, die letzten von Hand aussortieren. Die äußeren Blätter des Maiskolbens entfernen und den Maiskolben in dünne Scheiben schneiden. Fenchel ebenfalls in dünne Scheiben schneiden. Salat waschen und abtropfen lassen. Salatblätter auf eine Platte oder in eine Schüssel geben, Weizenkörner, Maiskolben und Fenchel darübergeben. Aus Zitronensaft, Honig, Salz und Pfeffer ein Dressing herstellen und kurz vor dem Servieren über den Salat geben. Alles mit Labkrautblüten verzieren.

**TIPP** Weizenkörner und Maiskolben schmecken Anfang Juli am besten.

**TIPP** Sie können anstelle der rohen auch gekochte Weizenkörner verwenden.

## PFANNKUCHEN AM STIEL

Essen Sie diese Pfannkuchen mit Zucker oder Sirup und servieren Sie dazu nachmittags eine Tasse Tee.

Labkraut mit möglichst langen Stielen pflücken. Alle kleinen Tiere von den Pflanzen und Blätter und Seitentriebe von den Stängeln entfernen. Einen Pfannkuchenteig anrühren (s. S. 222). In einer Pfanne Butter erhitzen, die Blüten in den Teig tauchen und daraus sofort in der Pfanne zu »Pfannkuchen« ausbacken, bis sie golden und knusprig sind. Stängel während des Bratens über den Rand der Bratpfanne hinausragen lassen.

**TIPP** Es sieht sehr nett aus, wenn Sie diese Pfannkuchen am Stiel auf Küchenpapier auf einer Etagere servieren.

# HASELNUSS

September
Oktober

Botanisch: *Corylus avellana*

Als Kinder hatten wir einen Haselnusshain – einen dichten Wald aus Haselnusssträuchern. Wir konnten es kaum erwarten, bis die Nüsse reif und essbar waren. Leider knackten wir die Nüsse lustig mit den Zähnen, daher fehlen mir heute ein paar! Haselnüsse sind unentbehrlich in meinem *Survival kit*, der Picknicktüte, die immer in meiner Handtasche ist.

## WO GIBT ES HASELNUSS-STRÄUCHER?

Haselnüsse wachsen wild in Laubwäldern und auf Böden, die für andere Pflanzen oft zu hart sind. Der Strauch ist groß, hat mehrere Äste und ist dicht und üppig bewachsen von rundlichen Blättern, die im Herbst abfallen. Die Rinde ist grün bis braun oder grau-braun, je nach Alter des Strauchs. Die Hasel blüht im frühen Frühjahr vor dem Blattaustrieb mit kleinen hellgrünen Kätzchenblüten. Die harten Nussschalen sind umgeben von hellgrünen Hülsen, von denen immer zwei bis drei zusammen in einer Blüte sitzen. Die Nüsse selbst sind gelblichweiß mit einer braunen Haut. In den meisten Jahren bringt so ein Strauch eine gute Ausbeute. Merken Sie sich gute Stellen mit Haselnusssträuchern und seien Sie rechtzeitig zur Ernte da!

## GUT ZU WISSEN

Haselnüsse waren zu allen Zeiten bekannt. Die Zweige wurden früher – zum richtigen Zeitpunkt abgeschnitten und mit Beschwörungsformeln versehen – als Wünschelrute zum Aufspüren von Wasser und verborgenen Schätzen genutzt.

## KOCHEN

Frische Haselnüsse, direkt vom Strauch geerntet, sind eine Delikatesse. Die milchweißen Nüsse schmecken mild und saftig und passen gut zu Portwein. Die getrockneten Nüsse können in Desserts, Kuchen, Salaten und vielen anderen Gerichten verwendet werden. Grob gehackte oder gemahlene Haselnüsse lassen sich in Pasteten und Terrinen sowie in Fleisch- oder Fischpanaden mischen. Wenn man die Nüsse im Ofen oder in der Pfanne röstet, wird ihr Aroma noch besser. Haselnüsse halten sich im Gefrierschrank etwa ein Jahr.

## GESUNDHEIT

Haselnüsse sind sehr energiereiche und fetthaltige Nüsse mit hoher Nährstoffdichte. Die Nüsse bestehen zu über der Hälfte aus Fett, der Rest sind Kohlenhydrate und Proteine. Haselnüsse sind reich an Folsäure, Vitamin E, Eisen, Kalzium, Kalium und Magnesium. Deswegen gehören sie seit der Steinzeit neben anderen zu den Grundlebensmitteln.

### GUT ZU WISSEN

Haselzweige können zu Zäunen geflochten, als Brennstoff oder als Schaft für verschiedene Werkzeuge, wie Axt oder Besen, verwendet werden. Dünne Zweige lassen sich zu Körben, Stühlen und Bienenstöcken flechten.

## HASELNÜSSE TROCKNEN

Haselnüsse trocknen geht ganz einfach: Die Nüsse zuerst knacken und die Kerne auf mehreren Schichten Zeitungspapier in einem trockenen Raum auslegen. Oder die Nüsse in Nylonstrümpfe füllen und diese auf den Speicher hängen, dort sind sie gut geschützt vor Mäusen und anderen Tiere, die die Nüsse genauso lieben. Wenn die Tierchen die Nüsse erst mal gefunden haben, fressen sie Ihre Beute garantiert auf.

**TIPP** Artischocken sind eine sehr sinnliche Speise, die man genießen sollte – Blatt für Blatt. Man beginnt unten mit den großen Blättern, sie werden eines nach dem anderen abgezogen und in einen Dip getaucht. Den kleinen fleischigen Teil am unteren Ende des Blatts kann man mit den Zähnen abkratzen. Am Ende ist nur noch das leckere fleischige Herz übrig, das schließlich mit dem Rest der Nussmayonnaise und eventuell mit etwas Salz gegessen wird.

**TIPP** Haselnüsse können auch geknackt und dann roh und ganz frisch in kleinen Portionen eingefroren werden.

## ARTISCHOCKEN MIT NUSSMAYONNAISE

Artischocken schmecken frisch, süß und nach Gemüse – und auf ihre Art und Weise ein wenig nach Nüssen. Unterstützen Sie den Nussgeschmack, indem Sie die Artischocken mit Haselnussmayonnaise servieren. Das Rezept stammt aus einem Restaurant in London.

**PRO PERSON**
**1 große Artischocke**
**½ Zitrone**
**Salz**
**ganze Pfefferkörner**
**einige Rucolablätter**
**ganze Haselnusskerne**

Dressing:
**50 g Mayonnaise (s. S. 92)**
**50 g Natur-Joghurt**
**1 EL geriebene Haselnüsse**
**Zitronensaft oder Sherryessig**
**1 Prise Rohrzucker**
**Salz, Pfeffer**

Strunk der Artischocken abbrechen und auf diese Weise die zähen Fäden mit herausziehen. Eventuell die untersten trockenen Blätter entfernen und auch die untersten trockenen Spitzen der Blätter abschneiden. Den Strunk der Artischocken mit der Zitronenhälfte einreiben. Die Artischocken in einen großen Topf mit reichlich Wasser geben. Zitrone in Stücke schneiden, mit Salz und Pfefferkörnern ins Kochwasser geben und alles kochen. Einen Teller umgekehrt auf den Topf legen – Artischocken werden dunkel, wenn sie während des Kochens nicht ganz von Wasser bedeckt sind. Artischocken etwa 30 Minuten kochen oder so lange, bis das unterste, fleischige Blatt abgezogen werden kann. Kochwasser wegschütten und Artischocken zum Abtropfen mit dem Strunk nach oben ablegen, sodass das Wasser ablaufen kann. Wenn die Artischocken kalt sind, die mittleren Blätter entfernen, bis das Heu zum Vorschein kommt. Dieses vorsichtig mit einem Löffel mit runder Spitze entfernen. Die Blätter wie eine sich öffnende Blüte ausbreiten. Aus den Zutaten ein Dressing anrühren und in der Mitte der Blüte verteilen. Rucola waschen und trocken tupfen. Artischocken mit Salat und ganzen Nusskernen bestreut servieren.

## DUKKAH MIT HASELNÜSSEN

Dukkah ist eine Mischung aus gerösteten Nüssen und Gewürzen, Salz und Pfeffer. Dukkah wird in der Küche Nordafrikas und des Mittleren Ostens in verschiedenen Variationen verwendet, man streut es z. B. auf Hummus, Salat, gekochte Linsen, Reis und Couscous. Probieren Sie, mit der Würzmischung auch Bratkartoffeln oder gebratenem Lammfleisch einen neuen Geschmack zu geben.

**100 g Haselnüsse**
**2 EL ganze Korianderkörner**
**4 TL Kümmelsamen**
**2 TL schwarze Pfefferkörner**
**6 EL Sesamsamen**
**1 EL Meersalz**
**1 große Prise Cayennepfeffer nach Belieben**
**½ TL Zimt nach Belieben**

Ofen auf 200 °C vorheizen. Die Haselnüsse in einer ofenfesten Bratpfanne verteilen und im Ofen 10–15 Minuten rösten. Eventuell eine Küchenuhr stellen, es geht schnell und die Nusshaut sollte nur leicht aufplatzen.

Nüsse auf ein sauberes trockenes Küchentuch schütten und die Haut abrubbeln. Nüsse abkühlen lassen, danach in einem Mörser grob zerstoßen. Koriander und Kümmel leicht in einer Pfanne anrösten, bis es zu duften beginnt. Die Gewürze abkühlen lassen. Koriander, Kümmel und Pfeffer in einem Mörser grob zerstoßen. Nüsse, Gewürze und Sesamsamen vermischen und mit Salz, Cayennepfeffer und Zimt abschmecken.

**TIPP** Schneller geht's, wenn Sie Nüsse und Gewürze ungeröstet zerkleinern und mischen. Nach Belieben zusätzlich mit getrocknetem Thymian, Oregano oder Rosmarin würzen.

## SAUERTEIGBROT MIT HASELNÜSSEN

Man wird leicht abhängig von selbst gebackenem Roggenbrot. Es ist nicht schwierig, Roggenbrot selbst zu backen. Hat man erst einmal damit angefangen, dauert es nur 10 Minuten, um den Teig zusammenzurühren. Lange ist vor allem die Wartezeit beim Gehen, aber die kann man für etwas anderes nutzen. Hat man erst mal ein System ins Brotbacken gebracht, geht es fast von selbst, von Woche zu Woche zu Woche ...

Sauerteig wird als Treibmittel anstelle von Hefe benötigt und sollte angesetzt werden, bevor man mit dem eigentlichen Backen beginnt. Glücklicherweise muss man nur das erste Mal, wenn man Roggenbrot backt, den Sauerteig ansetzen.

3–4 Tage vorher, Sauerteig:

**10 g frische Hefe**
**200 ml Milch oder Wasser**
**200 g Natur-Joghurt**
**150 g Roggenmehl**
**1 TL Salz**

Alles in einer Schüssel zu einer dicken Masse vermischen. Die Schüssel mit einem Tuch abdecken und 3–4 Tage stehen lassen oder so lange, bis der Sauerteig säuerlich duftet und kleine Blasen wirft. Immer mal wieder umrühren.

1. Tag, z. B. Samstagmorgen:

**1 Portion Sauerteig**
**2 EL Salz**
**1 EL Hagebuttenpulver nach Belieben**
**250 g Roggenmehl**
**250 g Roggenschrot**
**100 g ganze Hasel- oder Walnusskerne**

Alle Zutaten außer den Nüssen mit 500 ml Wasser zu einer Masse verkneten, eventuell eine Küchenmaschine verwenden. Anschließend die Schüssel mit einem Tuch abdecken und den Teig 12–24 Stunden gehen lassen. Die Nüsse zum Einweichen in kaltes Wasser legen.

2. Tag, z. B. Sonntagvormittag:

**330 ml dunkles Bier**
**1 EL Honig, Rohrzucker oder Sirup**
**100 g Kürbiskerne**
**100 g Leinsamen**

Das Wasser von den eingeweichten Nüssen abschütten. Restliche Zutaten mit dem Teig vom Vortag gleichmäßig vermischen. Schüssel wiederum mit einem Tuch abdecken und den Teig ca. 5 Stunden oder mehr gehen lassen – 1 Stunde länger schadet nicht.

Ofen auf 175 °C vorheizen. 500 ml Sauerteig für das nächste Mal abnehmen. Den Rest des Teigs in eine Brotform geben und das Brot im vorgeheizten Ofen 1 Stunde 45 Minuten backen. Aus der Form nehmen, auf einem Rost abkühlen lassen und dann mit einem trockenen Tuch abgedeckt bis zum nächsten Tag stehen lassen – vorher das Brot nicht anschneiden. Für eine weiche Kruste das frische Brot für einige Stunden in eine Plastiktüte oder ein feuchtes Tuch legen.

**TIPP** Den Sauerteig im Kühlschrank in einem gut schließenden Behälter, der nur zu drei Vierteln gefüllt ist, aufbewahren. Wenn der Sauerteig lange steht, beim nächsten Teig etwas Hefe dazugeben.

**TIPP** Sie können alle Arten von Nüssen, Kernen und Trockenfrüchten nach Lust und Laune verwenden. Auch etwas Lakritzpulver kann dem Brot eine besondere Note geben. Malzsirup ist ebenfalls gut, um Roggenbrot zu würzen, oder man fügt etwas Malzmehl hinzu, das ergibt eine leichte Bitterkeit. Probieren Sie auch 1–2 Esslöffel Sanddornkonfitüre (s. S. 76), das ergibt eine raffinierte Säure.

**TIPP** Sauerteig hält sich jahrelang, aber plötzlich wird er müde und stirbt. Dann muss man einen neuen ansetzen. Sauerteig und ein Rezept dazu sind ein beliebtes Geschenk. Verteilen Sie eine ganze Roggenbrotmischung auf Plastikbehälter und verwenden Sie sie als Geschenke. Denken Sie aber daran, etwas Sauerteig für sich zurückzubehalten!

**FLACHES, INDISCHES BROT,** superleicht zu backen und lecker zu Suppen, Salaten und Currygerichten. Backen Sie das Brot und tauchen Sie es in Dukkah. Essen Sie das Brot als Snack, zu Käse oder zu Lammsteaks.

## NAAN-BROT

**FÜR 12 BROTE**
**15 g frische Hefe**
**1 EL Honig, 1 EL Salz**
**450 g Weizenmehl**
**100 g fein gemahlenes Roggenmehl**
**Butter oder Öl zum Bestreichen**

Mit dem Brot einen Tag vor Verwendung beginnen: Hefe zerkleinert in eine Schüssel geben. Honig, Salz und 500 ml lauwarmes Wasser dazugeben. Nach und nach das Mehl in die Hefe einrühren. Wenn der Teig weich und locker ist und sich vom Schüsselrand ablöst, ist er richtig. Den Teig mit Frischhaltefolie abdecken und bis zum nächsten Tag in den Kühlschrank stellen. Aus dem Teig 12 kleine Kugeln formen und diese bis auf ca. 10 cm Durchmesser flach drücken. Etwas Öl auf die Hände geben und den Teig damit einreiben. Die Brote in einer heißen, trockenen Grillpfanne backen. Wenden, wenn sie sich von der heißen Pfanne lösen. Die frisch gebackenen Brote mit geschmolzener Butter oder Öl bestreichen.

**GESUNDHEIT**

Sanddornbeeren sind Vitaminbomben ohne gleichen. Eine einzige Beere enthält so viel Vitamin C wie eine ganze Orange. Außerdem liefern die Beeren noch die Vitamine A, B und E sowie Bioflavonoide. Es heißt, dass Sanddorn aufgrund seiner milden, zusammenziehenden Wirkung oft bei Wunden verwendet wird.

# SANDDORN

August
September

Botanisch: *Hippophae rhamnoides*

Sanddorn ist meiner Meinung nach eine verkannte Perle unter den wild wachsenden Früchten. Es ist leider die Hölle, die kleinen aromatischen Beeren zu sammeln, weil sie auf den Zweigen dicht von Dornen umgeben sitzen. Ich erhalte viele lange und unverständliche Blicke, wenn ich die Zweige der Büsche abschneide: Das solle man nicht tun. Die Büsche wachsen aber wie Unkraut und die Pflanze erleidet keinen Schaden, wenn sie einmal beschnitten wird.

## WO GIBT ES SANDDORN?

Sanddorn wächst oft heckenartig auf hellen, offenen Böden, auf kalkhaltigen Böden an der Küste, auf Abhängen, an Straßen, in Kiesgruben, Dünen und Wäldern. Er ist ein ungeheuer anspruchsloser und stark mit Dornen bewachsener Busch, der selbst noch in magerer Erde wächst. Dabei wird er oft 2–3 m hoch, an einigen Stellen kann er sich auch zu einem kleinen Baum von 5–6 m Höhe entwickeln. Sanddorn bildet oft große Bereiche mit dichtem und undurchdringlichem Gestrüpp – ein Paradies für Vögel, die die Sanddornbeeren auch gerne fressen. Man kann Sanddorn nicht verwechseln, weil seine schmalen silberglänzenden Blätter in der Landschaft leuchten. Im September werden die Beeren in großen gold-orangeroten Dolden reif, die äußerst dekorativ sind. Sie sitzen sehr fest, wie ein kompakter Kolben auf einem Dornenzweig, und es ist schwierig, sie zu pflücken. Im Gegensatz zu den meisten anderen Beeren fallen sie nicht von der Pflanze ab. Sie bleiben auch im Winter fest sitzen, bis sie von Vögeln gefressen werden.

## GUT ZU WISSEN

Sanddorn ist schwierig zu sammeln. Man muss sich einfach entsprechend anziehen. Langärmelige Kleidung, lange Hosen und dicke Handschuhe sind ein Muss, da die Zweige sehr viele Dornen haben. Hat man die Beeren endlich gefasst, platzen sie sofort zwischen den Fingern. Schneiden Sie daher Zweige, die viele Beeren tragen, ab und nehmen Sie sie mit nach Hause. Dort können Sie sich hinsetzen und in aller Ruhe die Beeren von den Zweigen lesen. Oder legen Sie die ganzen Zweige in die Gefriertruhe, hinterher können Sie die Beeren von den gefrorenen Zweigen einfach abklopfen. Die Arbeit lohnt sich, weil Sanddorn eine sehr exotisch schmeckende Beere ist.

### INTERESSANTES

Liebe Kinder haben viele Namen – das gilt auch für den Sanddorn: Weidendorn, Dünendorn, Audorn, Haffdorn, Sandbeere sind Namen des Sanddorns, die auf sein Vorkommen in Küstengebieten hindeuten.

## KOCHEN

Sanddorn gleicht im Geschmack keiner anderen Frucht, auch keiner, die man im Geschäft kaufen kann. Der Geschmack ist exotisch und sehr säuerlich, er geht etwas in Richtung Mango, Papaya oder Passionsfrucht. Die reifen Beeren sind besonders interessant. Sie können leicht zubereitet werden, z. B. als Gelee oder Konfitüre, Saft oder Grütze. Versuchen Sie eine Konfitüre aus Sanddornbeeren und geriebenen Karotten zu kochen – eine perfekte Kombination. Oder setzen Sie die Beeren zu dem fast schon obligatorischen Schnaps an. Sie können sie auch einfrieren, das mildert den säuerlichen Geschmack.

### INTERESSANTES

In Notzeiten war Sanddorn eine gute Vitaminquelle für arme Familien. Auf dem Land aß man früher eine Mischung aus Milch, Sirup und Sanddorn.

### GUT ZU WISSEN

Sanddorn gehört zu den seltenen Pflanzen, die Öl nicht nur in den Kernen und in den Samen, sondern auch im Fruchtfleisch enthalten. Man kann die Kerne auspressen und das gewonnene Öl als Speiseöl oder zur Herstellung von Cremes verwenden, Letzteres besonders in der Gesundheits- und Kosmetikindustrie.

## SANDDORNKONFITÜRE

Eine schöne säuerliche Konfitüre – hübsch in der Farbe und reich an Vitamin C.

**500 g Sanddornbeeren**
**Saft und geriebene Schale von 1 Bio-Orange**
**200 g Zucker**
**ausgekratztes Mark von ½ Vanilleschote nach Belieben**

Sanddornbeeren waschen und eventuell Blätter entfernen. Orangensaft und -schale, Zucker und Vanillemark in einem Topf erhitzen, bis der Zucker aufgelöst ist. Die Beeren dazugeben und alles etwa 5 Minuten leicht köcheln. Herd ausschalten, Topf vom Herd nehmen und die Konfitüre in ausgespülte Gläser füllen. Die Gläser sofort verschließen.

**TIPP** Sie können Sanddornbeeren durch eine Saftpresse treiben. Auf diese Art wird man die Kerne los und erhält einen sehr konzentrierten Saft. Kocht man diesen Saft mit Gelierzucker, erhält man Sanddorngelee. Wenn Sie dem Saft nur normalen Zucker hinzufügen, erhalten Sie eine Grütze oder – mit Wasser verdünnt – einen Saft.

## BAISERROULADE MIT SANDDORN

Sauer trifft süß, Sanddorn trifft Baiser – sie sind wie geschaffen füreinander.

**4 Eiweiß**
**175 g + 2 EL Zucker**
**1 TL Stärke**
**½ TL Weißweinessig oder Zitronensaft**
**300 g Mascarpone oder Crème fraîche (30 %)**
**200 g Sanddornkonfitüre**
**2 EL Puderzucker**

Ofen auf 200 °C vorheizen. Backblech mit Backpapier auslegen. Eiweiß in eine große Schüssel geben, eventuell eine aus Stahl, und leicht schlagen. Die Hälfte der 175 g Zucker hinzufügen und weiterschlagen, den Rest des Zuckers dazugeben und alles zu einem hellen und luftigen Schnee schlagen. Die Stärke durchsieben, zusammen mit Essig unter den Eischnee heben. Die Masse gleichmäßig auf dem Backpapier verteilen und mit einer Kuchenpalette zu einem Rechteck von ca. 22 × 32 cm formen. Baiser ca. 10–12 Minuten im Ofen backen, bis er hellbraun ist.

Ein Stück Backpapier auf die Arbeitsfläche legen und mit 2 Esslöffel Zucker bestreuen. Den gebackenen Baiser auf das Backpapier mit dem Zucker stürzen und das andere Backpapier vorsichtig abziehen, abkühlen lassen. Mascarpone cremig rühren. Sanddornkonfitüre mit einem Teigschaber unter die Creme heben. Die Mascarpone-Sanddorn-Creme mit einem Messer auf dem Baiser verteilen. Vorsichtig mithilfe des Backpapiers zu einer Roulade aufrollen. Puderzucker darüberstreuen und sofort servieren.

**TIPP** Die Baiserrolle können Sie einfrieren. 15–20 Minuten vor dem Servieren aus der Gefriertruhe nehmen.

**TIPP** Anstelle von Sanddornbeeren können Sie auch kalt gerührte Johannisbeeren oder andere eingemachte Früchte nach Wahl für die Baiserrolle verwenden.

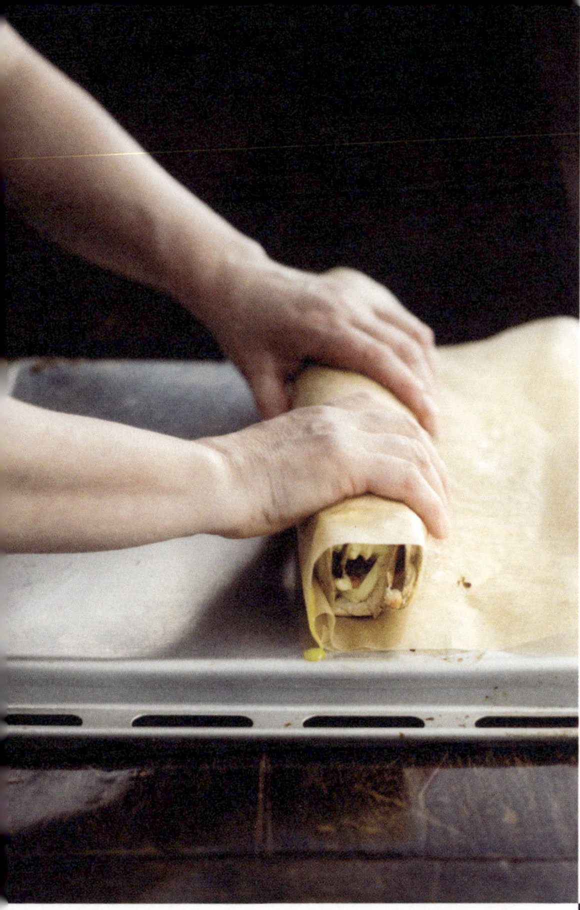

### AMÜSANTES

Die schönen orangefarbigen Früchte werden oft als »sibirische Ananas« bezeichnet, vielleicht wegen ihres exotischen Geschmacks oder, weil sie ursprünglich aus Russland stammen.

**KOCHEN SIE KONFITÜRE** aus wilden Himbeeren, Z und viel Vanillemark.

## HIMBEEREN MIT HAFERMÜSLI

**500 g grob gemahlene Haferflocken**
**50 g gehackte Haselnüsse**
**50 g gehackte Mandeln**
**50 g Sonnenblumenkerne**
**100 ml Honig**
**80 g Rohrzucker, Puderzucker oder anderer Zucker**
**1 Prise Salz**

Ofen auf 200 °C vorheizen. Die Fettpfanne des Ofens mit Backpapier auslegen. Haferflocken, Nüsse, Mandeln und Sonnenblumenkerne mischen und darauf verteilen. Honig, Zucker und Salz in einem Topf zusammen mit 100 ml Wasser kochen, bis alles aufgelöst ist. Die Mischung über Haferflocken und Nüsse geben und alles gut vermischen. Das Müsli ca. 20 Minuten im Ofen backen, bis es golden und knusprig ist, während des Backens ab und zu durchrühren. Müsli abkühlen lassen und in ein Glas geben.

# HIMBEERE

Juli
August

Botanisch: *Rubus idaeus*

Glücklicherweise wachsen Massen von wilden Himbeeren direkt vor dem Fenster meines Sommerhauses, es wimmelt im Sommer nur so von Beeren, dass man sie kaum bewältigen kann. Ich ziehe eine Bluse mit langen Ärmeln und Handschuhe an, nehme einen Eimer und fange mit dem Pflücken an. Aber ich bin nicht allein, auch andere wollen die schönen Beeren sammeln. Also muss ich früh aufstehen und hoffen, dass ich die Erste bin. Oft endet es damit, dass ich die frisch gepflückten Beeren als Frühstück verspeise.

## WO GIBT ES HIMBEEREN?

Wilde Himbeerbüsche wachsen auf feuchten Böden im Wald, an Abhängen und Waldwegen – überall dort, wo es hell ist. Wilde Himbeeren können zu einer gewaltigen Pflanze von bis zu 50 cm Höhe mit langen, dornigen Trieben werden. Sie bilden oft dichte, zusammenhängende Gebüsche, weil sie aus Wurzelschößlingen entstehen. Man kann Himbeerbüsche von Brombeerbüschen unterscheiden, weil deren Blätter weiß an der Unterseite sind. Waldhimbeeren blühen im Juni und sind im Juli und August reif. Die süßen roten Beeren, die aus vielen kleinen saftigen Steinfrüchten bestehen, sind kleiner als die gezüchteten Sorten, schmecken aber im Gegensatz zu diesen wirklich gut.

## KOCHEN

Wilde Himbeeren haben mehr Aroma als gezüchtete, die Beeren schmecken besonders gut, wenn sie ganz frisch mit kalter Schlagsahne, Joghurt, Dickmilch oder Crème fraîche serviert werden. Sie sind eine fantastische Grundlage für Konfitüren, in Kuchen oder Backwaren allgemein. Streuen Sie auch eine Handvoll Himbeeren über den Salat, ja, verwenden Sie sie überhaupt in der Hochsaison so oft wie möglich. Man kann aus ihnen sowohl Öl als auch Essig herstellen und sie zu Saft kochen.

## GESUNDHEIT

Im Mittelalter baute man Himbeeren in Klöstern an. Frische Himbeeren enthalten sehr viel Vitamin C und gesunde Fettsäuren und sind eine Vitaminpille aus der Natur. Außerdem enthalten die Beeren Ballaststoffe und Antioxidantien, die gegen Krebs schützen und die Immunabwehr stärken.

### AMÜSANTES

Im Volksmund sagt man, dass die Himbeeren ihren Namen von dem althochdeutschen Wort *hintperi* haben, »der Beere der Hinde«. Die Hinde war die Hirschkuh – man meinte, dass Hirsche die Beeren gerne essen.

## HIMBEER-SMOOTHIE

Schön als Frühstück, lecker als Zwischenmahlzeit, herrlich als Dessert mit selbst gemachtem Müsli. Auch gut für Kinder – Smoothies sind die besten und gesündesten Süßigkeiten!

**FÜR 4 PERSONEN**
**100 g Himbeeren, ersatzweise TK**
**1 reife Banane**
**ausgekratztes Mark von ½ Vanilleschote**
**500 ml Sojamilch**
**Saft von 1 Zitrone**

Alle Zutaten in einem Mixer pürieren und in Gläser füllen – sofort servieren.

**GUT ZU WISSEN**

Gänsefußblätter sehen weiß bemehlt aus, denn sie sind von kleinen blasenförmigen und saftgefüllten Haaren bedeckt, die man leicht zerreiben kann. Das ist jedoch nicht notwendig – aber der Namensbestandteil »weiß« hat hier seinen Ursprung.

# WEISSER GÄNSEFUSS

Juni–
September

Botanisch: *Chenopodium album*

## WO GIBT ES WEISSEN GÄNSEFUSS?

Die Gattung Gänsefuß ist sehr verbreitet, es gibt viele Arten, die einander sehr ähneln. Gemeinsam ist den verschiedenen Arten, dass die Blätter mehlig aussehen. Die Pflanzen wachsen auf stickstoffhaltigen Böden und daher oft in dichten Gruppen an Stränden, z. B. an Tanggürteln. Man findet sie auch auf nährstoffreichen Böden, wie Lehm, Sand oder Kies. Die Pflanzen sind sehr gerade und können bis zu 80 cm hoch und sehr kräftig werden, je nach Bodenbedingungen. Sie gehören zu den einjährigen Pflanzen, die im Frühjahr keimen und im Herbst des gleichen Jahres absterben. Die gefurchten Stängel haben oft rote Flecken an den Blattansätzen. Die Blätter sind ruderförmig, oval oder lanzettförmig und mehr oder minder weiß bemehlt, hell-, dunkel- oder blaugrün, gespreizt und oft recht dick (Sukkulenten). Der Blütenstand ist meist eine grüne Ähre.

## KOCHEN

Der Weiße Gänsefuß heißt auch »Strandspinat«, weil er sich sowohl im Geschmack als auch im Nährwert mit gezüchtetem Spinat messen kann. Der Geschmack ist mild und angenehm, man kann sowohl Blätter als auch Stängel verwenden. Schon früher wurde die Pflanze wie Blattgemüse verwendet, gedämpft oder zubereitet wie Kohl oder Spinat – nicht zuletzt aufgrund des hohen Vitamingehalts. Gänsefuß lässt sich in der Regel wie Spinat verwenden oder roh und klein gehackt über Gerichte streuen.

## GESUNDHEIT

Pflanze und Blätter sind gesund und nahrhaft, denn sie enthalten große Mengen an Kalzium, Vitamin $B_1$ und C sowie Protein. Jede Pflanze bildet viele Samen, die ebenfalls reich an Proteinen, Vitamin A, Kalzium, Phosphor und Kalium sind.

## INDISCHER GÄNSEFUSSTELLER

Ein leichtes vegetarisches Gericht.

**PRO PERSON**
**400 g gedämpfter Gänsefuß**
**1 Ei**
**2 EL Weizenmehl**
**1 EL Currypulver**
**½ geriebene Muskatnuss**
**1 Knoblauchzehe, fein gehackt**
**Öl zum Braten**
**Joghurt für das Dressing**
**Salz, Pfeffer**
**Limettensaft**

Den gedämpften Gänsefuß gut ausdrücken, sodass er ganz trocken ist, klein hacken und in eine Rührschüssel geben. Ei, Mehl, Curry, Muskat und Knoblauch dazugeben und zu einer Masse vermischen, eventuell 10 Minuten ziehen lassen. Frikadellen formen. Öl in der Pfanne erhitzen und die Frikadellen darin braten. Aus Joghurt, Salz, Pfeffer und Limettensaft ein Dressing rühren und zu den Frikadellen servieren. Schmeckt zusammen mit Ofenkartoffeln oder einem guten Brot.

## WOK-GEMÜSE MIT WEISSEM GÄNSEFUSS

Viele Gartenbesitzer sehen in dem Weißen Gänsefuß nur schlimmes Unkraut. Im Lammefjord bei Spargelbauer Søren Wulffs wächst der Weiße Gänsefuß überall und wird als Delikatesse geschätzt. Das Rezept stammt aus Sørens Free-Style-Küche.

## WEINBERG-LAUCH

Weinberg-Lauch *(Allium vineale)* ist auf sandigen Böschungen mit einer kalkreichen und porösen Erdschicht, im trockenen Gebüschen und an Wegrändern zu finden. Das mehrjährige Lauchgewächs hat einen 20–60 cm graugrünen, hohlen, zylindrischen Stängel, der ganz umschlossen ist von ebenso zylindrischen und hohen Blättern. Weinberg-Lauch blüht im Juli und August mit vielen grünlichen, weißen oder rot-violetten Blüten an der Spitze, die von zahlreichen bitter schmeckenden Brutzwiebeln abgelöst werden. Der Lauch wird entweder im Ganzen oder fein gehackt als Gewürz verwendet.

## WOK-GEMÜSE MIT WEISSEM GÄNSEFUSS

**FÜR 4 PERSONEN**

- 2 rote Zwiebeln
- 2 Knoblauchzehen
- 3 Kartoffeln
- 2 Karotten
- 1 Mini-Sellerie
- 4 grüne Spargelstangen
- etwa 1 Handvoll Weißer Gänsefuß, ersatzweise Spinat
- 1 kleine Handvoll Koriandergrün
- 4 Stängel Weinberg-Lauch, ersatzweise Schnittlauch
- Rapsöl
- Salz, Pfeffer
- helle Sojasauce

Gemüse putzen und klein schneiden. Zwiebeln und Knoblauch im heißen Öl im Wok anschwitzen, bis sie fast gar sind. Kartoffeln, Karotten, Sellerie und Spargel dazugeben und weiterbraten, bis alles gar ist. Zum Schluss Gänsefuß, Koriander und Weinberg-Lauch hinzufügen. Mit Salz und Pfeffer und etwas Sojasauce abschmecken. Mit Weinberg-Lauch verzieren – besser kann man es nicht machen. Einfach und elegant.

## SCHNAPS AUS WEISSDORN-BLÜTEN

Die frischen Blüten pflücken, kurz bevor der Weißdorn Ende Mai oder Anfang Juni richtig blüht. Einige Handvoll Blüten in ein Bügelglas geben und mit Wodka auffüllen. 3–4 Tage stehen lassen, danach durchfiltern. Der Schnaps kann im Verhältnis 1:6 verdünnt werden. Er wird durchs Lagern nicht besser.

## SCHNAPS AUS WEISSDORN-BEEREN

Ein gut schließendes Bügelglas mit Beeren ohne Stängel füllen. Wodka darübergießen, bis die Beeren bedeckt sind, und 4–6 Wochen ziehen lassen. Durch einen Kaffeefilter gießen. Der Schnaps kann nach Belieben verdünnt werden und wird besser, wenn man die Beeren vorher einfriert.

# WEISSDORN

Mai
Juni
August
September

Botanisch: *Crataegus*
Weißdorn blüht im Mai und Juni, während die Beeren im August und September reif sind.

Der Weißdorn hat aufgrund des herrlichen Tees, den man aus seinen feinen Blüten kochen kann, den Weg in dieses Buch gefunden. Gleichzeitig möchte ich alle auffordern, im Mai und Juni, wenn der Weißdorn blüht, in die Natur hinauszufahren. Genießen Sie den fantastischen Anblick – schöner kann es nicht sein.

## WO GIBT ES WEISSDORN?

Der Zweigriffelige Weißdorn *(Crataegus laevigata)* wächst auf mittelgutem Erdboden, als Unterwald in hellen Wäldern, an Waldsäumen, im Gebüsch und auf Wiesen. Die Pflanzen werden 2–4 m hoch, eigentlich sind es Büsche, doch sie können zu einem Baum von 15 m mit einer dichten Krone heranwachsen. An jungen Bäumen ist die Rinde rotbraun und glatt, an den älteren eher grau und spröde. An den Zweigen gibt es lange, scharfe Dornen, die Blattknospen sind gespreizt und rund. Weißdorn ist unglaublich schön, weil er kleine anmutige, weiße Blüten hat, die sich im Herbst in kleine rote Beeren verwandeln.

## KOCHEN

Die Blüten und Blätter im Frühjahr, die Beeren im Herbst sammeln. Die Blüten eignen sich gut als Kuchendekor oder als Tee. Sowohl aus den Blüten als auch aus den Beeren lässt sich ein hervorragender Schnaps herstellen.

## GESUNDHEIT

In der Volksmedizin hat man Weißdornblätter und -blüten aufgrund ihrer vielen guten Eigenschaften immer wieder angewendet. Weißdorn erhitzt das Blut, senkt den Cholesterinspiegel, verbessert den Herzrhythmus, stärkt die Herzmuskulatur und unterstützt die Schulmedizin. Daher wird Weißdorn auch als »Freund des Herzens« bezeichnet. Es heißt, Weißdorn verzögere Alterungssymptome und sei gut gegen Schlaflosigkeit und Nervosität.

## GUT ZU WISSEN

Weißdorn diente früher als Pfropfunterlage für Birnen, Äpfel und Quitten.

### AMÜSANTES

Weißdornholz wurde unter anderem für Hausrat und Werkzeugteile verwendet. Außerdem dienten die Früchte als Schweinefutter. Ausgrabungsfunde zeigen, dass Weißdorn bereits in prähistorischer Zeit bekannt war. Die Büsche selbst können ein verblüffend hohes Alter erreichen, von bis zu mehreren 100 Jahren.

## WEISSDORNTEE

Einige Tassen Weißdorntee am Tag sind eine Freude für Herz und Kreislauf.

1 Handvoll Weißdornblüten in eine Teekanne geben und heißes Wasser darübergießen. Den Tee 5 Minuten ziehen lassen. Eventuell mit etwas Honig abschmecken.

**TIPP*** Sie können Weißdornblüten für den späteren Gebrauch auch trocknen.

# APFEL-ROSE

**Juni–September**

Botanisch: *Rosa rugosa*
Die Apfel-Rose oder Japan-Rose (eigntlich Kartoffelrose) blüht Juni–Juli. Ihre Hagebutten sind im August und September reif.

Als Kind kannte ich die Hagebutte der Apfel-Rose nur im Juckpulver, das die Jungs den Mädchen auf dem Schulweg in den Kragen streuten. Erst später hatte ich einen Blick für die schöne wilde Rosenblüte, und nicht zuletzt für den einzigartigen kulinarischen Wert.

## WO GIBT ES APFEL-ROSEN?

Die Apfel-Rose, Dünenrose oder Kartoffel-Rose, wie sie korrekt heißt, wächst wild auf magerer Erde, überall in Gärten und an Küsten. Die Apfel-Rose mag Salzwasser und fühlt sich in sandiger Erde wohl. Hat sich die Pflanze erst einmal niedergelassen, breitet sie sich sehr schnell aus. Die Apfel-Rose ist ein schöner, laubbildender Busch mit dunkelgrünen runzeligen Blättern. Die Zweige sind dicht besetzt mit Borsten und stechenden Dornen. Im Hochsommer blüht die Apfel-Rose in voller Schönheit, mit wohl duftenden pink-lila oder weißen Blüten – oft bis spät in den Herbst hinein. Nach der Blüte wachsen orange-rote Hagebutten, die sehr vielseitig verwendbar sind. Die Hagebutten haben bitter schmeckende Samen, diese vor der Verwendung der Hagebutten entfernen.

**TIPP** Auch Vögel mögen die Hagebutten – seien Sie daher im August zur Stelle, wenn sie fast reif sind. Denn dann schmecken die Hagebutten am besten.

## KOCHEN

Sowohl die Blütenblätter als auch die Hagebutten kann man zum Kochen verwenden. Es ist eine Geduldsarbeit, die Hagebutten zu reinigen, aber es lohnt sich. Die Blätter lassen sich zu Saft und Sirup kochen und nicht zuletzt als Verzierung auf Kuchen, Desserts und anderem verwenden. Der Geschmack der Apfel-Rose ist fantastisch in Salsa, Eingemachtem, Marmelade, Suppen, Wok-Gerichten und Ketchup. Man kann die Hagebutten trocknen und in Müslimischungen geben. Pulverisierte getrocknete Hagebutten liefern Geschmack und Vitamine, z. B. in Smoothies. Rohe, gereinigte Hagebutten lassen sich gut einfrieren.

## GESUNDHEIT

Hagebutten enthalten nicht nur sehr viel Vitamin C, sondern auch den cholesterinsenkenden Stoff Pektin sowie Apfel-und Zitronensäure, Kalzium und Vitamin A. Es gibt einige Wildhybriden und zahlreiche gezüchtete Sorten dieser wilden Rose mit Hagebutten in Orange, Rot, oder Schwarz. Pulverisierte, getrocknete Hagebutten sind sehr populär. Die Hagebutten sollen einen heilsamen Effekt bei Patienten mit Gicht haben.

### GUT ZU WISSEN

Bevor man die Hagebutten verwendet, Blütenansatz und Stängel mit einem kleinen Messer entfernen. Dann längs oder quer durchschneiden und das »Juckpulver« bzw. die Kerne mit einem spitzen Messer oder einem Teelöffel herauskratzen. Anschließend die Hagebuttenschalen in kaltem Wasser waschen. Für 500 g gereinigte Hagebutten benötigt man etwa 1 kg ganze Hagebutten.

**TIPP** Die Hagebutten halbieren, in einen Plastikbeutel geben und in den Gefrierschrank legen. Gefroren lassen sich die Samen leicht aus den Schalen herausschütteln. Der gleiche Trick funktioniert, wenn die Hagebutten überreif oder weich sind – nach einiger Zeit im Gefrierschrank kann man das »Pulver« herausschütteln.

### ROSENSIRUP MIT ROTWEIN

**1 l Blütenblätter der Apfel-Rose**
**500 ml Rotwein**
**Saft von 4 Zitronen**
**2 cm roher Ingwer**
**1 kg Zucker**

Blütenblätter in ein gut schließendes Gefäß geben. Mit 1 l Wasser, Rotwein und Zitronensaft übergießen und etwas geriebenen Ingwer dazugeben. Alles über Nacht an einem kühlen Ort oder im Kühlschrank ziehen lassen.

Am nächsten Tag die Mischung in einem Topf aufkochen. Herd abschalten, wenn der Siedepunkt erreicht ist, und alles 1 Stunde ziehen lassen. Eventuell die Rosenblätter abseihen – ist aber nicht notwendig – und die Flüssigkeit mit dem Zucker zurück in den Topf gießen. Nun alles bis auf Sirupkonsistenz einkochen. Es darf nicht blubbern, sondern sollte nur vorsichtig vor sich hin köcheln, sodass das Wasser verdampft. Den Topf im Auge behalten und ab und zu umrühren, der Sirup darf nicht am Topfboden anbrennen. Schließlich den Sirup in ausgespülte Flaschen gießen. Abkühlen lassen und die Flaschen in einem kühlen Raum aufbewahren.

### ROSENSIRUP MIT CHAMPAGNER

1 Schuss Rosensirup in ein hohes Glas gießen und mit Champagner auffüllen. Nach Belieben mit 1 Stängel Waldmeister verzieren.

### GAZPACHO AUS ROHEN HAGEBUTTEN

Gazpacho ist ein klassisches Gericht aus Andalusien. Eine herrliche kalte, fettarme und leckere sättigende Suppe, die durch rohe Hagebutten noch besser wird. Normalerweise geben ein paar Scheiben Weißbrot der Suppe eine cremige Konsistenz. In diesem Rezept sorgen die Hagebutten für die Konsistenz, denn sie binden die Suppe aufgrund ihres Pektingehalts auf natürliche Weise. Selbst gemachte Croûtons schmecken sehr viel besser als die gekauften. Sie sind superleicht herzustellen und man hat eine sinnvolle Möglichkeit, älteres Brot noch zu verwenden.

### VORSPEISE FÜR 4 PERSONEN

**500 g feste reife Tomaten**
**2 rote Paprikaschoten**
**1 Gurke**
**4 Knoblauchzehen**
**1 kleine Zwiebel**
**200 ml rohe Hagebutten, eventuell gefroren**
**100 ml Olivenöl**
**Weinessig, gerne Sherryessig**
**Salz, Pfeffer**
**Rohrzucker nach Belieben**

Für die Croûtons:
**6 Scheiben Weißbrot vom Vortag, ohne Rinde**
**Olivenöl**
**Salz**

Zur Deko:
**4 kleine Tomaten**
**Kräuter nach Belieben**

Tomaten in Würfel schneiden. Paprika von Kernen und Stiel befreien und in kleine Stücke schneiden. Gurke schälen und in kleine Würfel schneiden. Knoblauch und Zwiebel abziehen und ebenfalls in Würfel schneiden. Das vorbereitete Gemüse mit den Hagebutten in einen Topf geben. Olivenöl und 500 ml Wasser dazugeben und kochen, bis alles weich ist. Die Masse durch ein grobmaschiges Sieb pressen, um die restlichen Kerne zu entfernen. Suppe in eine große Schüssel füllen und mit Essig, Salz, Pfeffer und Rohrzucker abschmecken. Vielleicht etwas mehr Öl in die Suppe geben. Ist sie zu dick, etwas mehr Wasser hinzufügen.

Croûtons: Ofen auf 180 °C vorheizen. Eine ofenfeste Form mit Backpapier auslegen. Das Brot in kleine Stücke schneiden und in eine Plastiktüte packen. Olivenöl in die Tüte tropfen und die Brotstückchen darin schütteln. Croûtons in der Form verteilen und ca. 10–15 Minuten rösten.

## ROSENSAFT

Ein herrlicher Saft mit einer zauberhaften pinken Farbe.

**1 l Blütenblätter der Apfel-Rose**
**150 g Zucker**
**1 Vanilleschote**
**Saft von 1 Zitrone**

Die Rosenblätter in einen Topf geben. 1 l Wasser darübergießen und die Blütenblätter aufkochen. Alles 5 Minuiten köcheln lassen. Die Blätter abseihen und den Saft zurück in den Topf geben. Zucker und Vanilleschote hinzufügen und einmal aufkochen. Die Vanilleschote entfernen und den fertigen Saft mit Zitronensaft abschmecken.

**TIPP** Geben Sie erst die Hälfte des Zuckers zum Saft und probieren ihn, bevor Sie den Rest hinzufügen. Nicht alle mögen süßen Saft. Ist der Saft zu süß geworden, können Sie noch etwas Zitronensaft dazugeben.

## ROSENTEE

Einige getrocknete Rosenblätter in eine Teetasse oder eine Teekanne geben und kochendes Wasser darübergießen. Nach Belieben mit Honig abschmecken.

**TIPP** Blütenblätter trocknen ist einfach und geht schnell: Die frischen Blätter auf einer Zeitung in einem warmen und trockenen Raum auslegen. Erneuern Sie die Zeitung ab und zu. Oder geben Sie die Blätter in ein Trockengerät. Die Blätter müssen absolut trocken sein, bevor man sie in einem gut schließenden Glas aufbewahrt, sonst verschimmeln oder verfaulen sie.

## TISCHSCHMUCK

Schmücken Sie eine große Schüssel mit Teelichtern und kleinen Zweigen mit Hagebutten daran – mehr muss es nicht sein. Stellen Sie die Schüssel immer mal wieder an einem anderen Ort im Haus auf oder platzieren Sie sie mitten auf dem Esstisch.

## ROSENBROT

Gutes altes Rosenbrot, das mich an die Kindheit erinnert. Schmeckt himmlisch zu einer Tasse Tee.

**400 ml Milch**
**100 g Butter**
**50 g frische Hefe**
**4 EL Zucker**
**1 Prise Salz**
**500 g Weizenmehl**
**1 verquirltes Ei**
**200 g Puderzucker**
**2–3 EL Rosenwasser, gerne mit Wodka**
**frische oder getrocknete Rosenblütenblätter**

Milch und Butter in einen Topf geben und erwärmen, bis die Butter schmilzt. Es soll nicht kochen, sondern nur lauwarm werden. Die Hefe in einer großen Schüssel zerbröseln und die Milchmischung dazugießen. Zucker und Salz sowie nach und nach das Mehl hinzufügen. Alles zu einem Teig verkneten, abdecken und 30 Minuten gehen lassen.

Den Teig noch einmal kneten, zu einem Brot ausrollen und in Längsrichtung auf ein mit Backpapier ausgelegtes Backblech legen. Bis zu einer Breite von 12 cm flach drücken. Den Ofen auf 200 °C vorheizen. Das Brot mit dem verquirlten Ei bestreichen und nochmals 10 Minuten gehen lassen. Im vorgeheizten Ofen 15 Minuten backen, anschließend vom Blech nehmen und auf einem Rost abkühlen lassen. Mit einem Brotmesser ca. 2 cm breite Scheiben abschneiden. Eine dicke Glasur aus Puderzucker und Rosenwasser anrühren und das Brot bzw. den Kuchen mit der Glasur und frischen Blütenblättern verzieren.

## KANDIERTE ROSENBLÜTENBLÄTTER

**1 Eiweiß, ganz frisch**
**Rosenblütenblätter nach Belieben**
**2 EL Puderzucker**

Das Eiweiß schaumig schlagen. Die Blütenblätter vorsichtig erst in den Eischnee und danach in den Puderzucker tauchen. Zum Trocknen auf ein Stück Backpapier legen. 1 Tag an einem nicht zu warmen, aber trockenen Ort trocknen oder in ein Trockengerät geben.

### HAGEBUTTEN-AIOLI

Aioli ist eine klassische spanische Knoblauchmayonnaise, die unbedingt zu einem Tapas-Teller gehört. Hier ist eine neue Version aus im Ofen gebackenen Hagebutten. Sie schmeckt himmlisch zu allen möglichen Gerichten – besonders zu Ofenkartoffeln.

**100 g Hagebutten, entkernt**
**1 EL Olivenöl**
**1 TL Cayennepfeffer**

Mayonnaise:
**2 Eigelb, ganz frisch**
**Salz**
**½ TL Dijonsenf**
**2 Knoblauchzehen**
**250 ml Raps- oder Traubenkernöl**
**1 ½ EL Sherry- oder Rotweinessig oder Zitronensaft**
**Pfeffer**

Den Ofen auf 180 °C vorheizen. Hagebutten, Öl und 100 ml Wasser in eine ofenfeste Form geben und ca. 30 Minuten backen, bis die Hagebutten weich sind. Sie können gerne etwas dunkel an den Rändern werden – das gibt Geschmack. Abkühlen lassen und zusammen mit Cayennepfeffer zu einem Püree mixen.

Für die Mayonnaise die Eigelbe mit ½ Teelöffel Salz vermischen, Senf und fein gehackten Knoblauch hinzufügen. Alles gleichmäßig verrühren, dann das Öl dazugeben – zuerst tropfenweise, später in einem dünnen Strahl –, bis eine glatte Sauce entstanden ist. Das Hagebuttenpüree in die Mayonnaise einrühren und alles mit Essig, Salz und Pfeffer abschmecken.

**TIPP** Alle Zutaten sollten Zimmertemperatur haben, bevor man die Mayonnaise zu rühren beginnt.

**TIPP** Sie können die Mayonnaise natürlich auch in einem Mixer zubereiten, dann aber bitte nur mit halber Kraft laufen lassen. Und wer es sich ganz einfach machen möchte, mischt das Hagebuttenpüree einfach in gekaufte Mayonnaise.

**TIPP** Hagebutten-Aioli schmeckt genial zu Pommes frites oder frisch gekochten Kartoffeln, zu Fisch oder als Brotaufstrich.

### ROHE HAGEBUTTEN-SALSA

Lecker als Beilage für alle Arten von Fleisch und Fisch oder als Dip zu Chips oder Rohkost-Sticks.

**200 g Hagebutten, entkernt**
**2 Frühlingszwiebeln, nur das Weiße**
**10 kleine Tomaten**
**1 rote Chilischote**
**2 cm Ingwer**
**1 Bund frisches Koriandergrün**
**Saft und geriebene Schale von 1 Limette oder Bio-Zitrone**
**2 TL Honig**
**1 TL gemahlener Kümmel**
**Salz, Pfeffer**

Hagebutten und Frühlingszwiebeln fein hacken. Tomaten in kleine Würfel schneiden. Die Kerne aus der Chilischote entfernen und die Schote fein hacken. Ingwer fein hacken, Koriander grob hacken und alles zusammen mit Limettenschale, -saft und Honig in eine Schüssel geben und gut verrühren. Mit Kümmel, Salz und Pfeffer abschmecken.

**TIPP** Schneller geht es, wenn Sie alle Zutaten grob zerkleinert in einen Küchenmixer geben und zu einer groben Salsa mixen.

### HAGEBUTTEN-KETCHUP

Die Idee, Ketchup aus Hagebutten herzustellen, entstand an einem Sonntag, an dem ich sehr viele Hagebutten gesammelt hatte. Ketchup aus Tomaten koche ich oft, daher war es naheliegend, es auch einmal mit Hagebutten zu versuchen. Der Geschmack ist wirklich gut, und das Ketchup kann genauso verwendet werden wie eines aus Tomaten.

HYBEN KETCHUP

**1 große rote Zwiebel**
**2 Knoblauchzehen**
**500 g Hagebutten, entkernt**
**2 EL Butter**
**geriebene Schale von je 1 Bio-Orange und Bio-Zitrone**
**100 ml Rotweinessig**
**180 g Zucker**
**1 TL Salz**
**½ TL Piment**
**½ TL zerstoßene Nelken**
**½ TL Cayennepfeffer**

Zwiebel und Knoblauch fein hacken, Hagebutten grob hacken. Butter in einem großen Topf schmelzen und Knoblauch, Zwiebeln und Orangen- und Zitronenschale darin anschwitzen – aufpassen, dass nichts anbrennt. Hagebutten in den Topf geben und umrühren, dann Essig und 200 ml Wasser hinzufügen. Sobald die Hagebutten weich und durchgekocht sind – das geht recht schnell –, den Topfinhalt in einem Mixer oder mit einem Stabmixer pürieren. Zucker und Gewürze zu dem Püree geben und noch etwa 30 Minuten köcheln lassen, bis das Ketchup eine dicke, zähflüssige Konsistenz hat. Öfters umrühren, da die Masse leicht anbrennt. Topf vom Herd nehmen und abkühlen lassen. Das Ketchup in ausgespülte Flaschen gießen und kühl aufbewahren. Geöffnete Flaschen innerhalb von 1 Woche verbrauchen.

### AUFPASSEN

Das Ketchup blubbert beim Kochen gewaltig und kann die Küche schnell rot sprenkeln. Daher wenn möglich immer den Deckel auf den Topf legen oder den Topf zum Umrühren vom Herd nehmen.

### EIN GUTER RAT

Zwischendurch die Konsistenz prüfen. Dazu einen Esslöffel Püree auf einen kleinen Teller geben und für 5–10 Minuten in den Kühlschrank oder Gefrierschrank stellen. Die gekühlte Masse herausnehmen und nachsehen, ob die Konsistenz in Ordnung ist. Ist das Ketchup noch zu flüssig, muss es weiterkochen, ist es zu dick, einen Schuss Wasser hinzufügen.

## HAGEBUTTENSUPPE MIT SAHNESCHAUM

**DESSERT FÜR 4 PERSONEN**
**500 g Hagebutten, entkernt**
**½ Vanilleschote**
**½ Flasche Weißwein, nicht zu trocken**
**100 g Zucker**
**Saft von 1 Zitrone**

Zum Servieren:
**200 g Schlagsahne oder Crème fraîche (30 %)**
**Sommerjasminblüten (Philadelphus) oder Rosenblüten nach Belieben**

Hagebutten in einem Topf zusammen mit 1 l Wasser, ausgekratztem Vanillemark und übriger Vanilleschote etwa 20 Minuten kochen, bis die Hagebutten weich sind. Die Vanilleschote entfernen, den Rest mit einem Stabmixer zerkleinern. Das Mus in ein Sieb geben und durchpressen. Alles zurück in einen Topf geben, Weißwein, Zucker und Zitronensaft hinzufügen. Aufkochen und so lange weiterköcheln lassen, bis der Zucker aufgelöst ist. Wenn die Suppe zu dick ist, etwas Weißwein oder Wasser hinzufügen. Eventuell auch mehr oder weniger Zucker oder mehr bzw. weniger Zitronensaft hinzufügen. Suppe abkühlen lassen. Sahne schlagen, die Suppe in Gläser oder tiefe Teller verteilen und etwas Schlagsahne obendrauf setzen. Nach Belieben mit essbaren Blüten verzieren.

**TIPP** Die Suppe kann lauwarm oder eiskalt serviert werden, die Schlagsahne können Sie nach Belieben mit Vanille oder Rosensirup abschmecken und etwas Kardamom oder Zimt darüberstreuen.

HAGEBUTTENSUPPE MIT SAHNESCHAUM

EINGEMACHTE
HAGEBUTTEN

HAGEBUTTENEIS

## HAGEBUTTENEIS

Ein schönes und farbenfrohes Eis mit niedrigem Zuckergehalt.

**250 g Hagebutten, entkernt**
**200 ml süßer Weißwein oder Wasser**
**Saft von 1 Zitrone**
**2 Eigelb, ganz frisch**
**90 g Zucker**
**2 Eiweiß, ganz frisch**
**100 g Schlagsahne**
**Rosensirup und -blätter nach Belieben**

Hagebutten mit Wein in einen Topf geben und weich kochen. Vom Herd nehmen und abkühlen lassen. Mit dem Stabmixer pürieren, anschließend den Zitronensaft in das kalte Püree rühren. Eigelbe mit Zucker schaumig schlagen und unter das Hagebuttenpüree geben. Eiweiße steif schlagen, die Sahne ebenfalls schlagen. Abwechselnd Eischnee und Schlagsahne unter das Hagebuttenpüree heben. Die Masse in eine Plastikdose oder eine Eisform füllen und in den Gefrierschrank stellen. Das Eis erst kurz vor dem Servieren aus dem Gefrierschrank nehmen. Nach Belieben mit Sirup beträufeln und mit frischen oder kandierten Rosenblüttenhlättern schmücken.

**TIPP*** Ohne die Schlagsahne erhält man ein eher sorbetartiges Eis mit weniger Kalorien.

**TIPP*** Anstatt die Masse einzufrieren, können Sie sie auch als Mousse essen, z. B. in einem hohen Weinglas serviert – ebenfalls mit Rosensirup und getrockneten Blütenblättern verzieren.

## HAGEBUTTENMUS

Verwenden Sie das Hagebuttenmus zu Pfannkuchen, in Joghurt und so weiter. Es kann auch als eine Art Sorbet eingefroren werden.

**1 kg Hagebutten, entkernt**
**450 g Zucker oder Honig**

Hagebutten und 500 ml Wasser in einen Topf geben und kochen, bis alles weich ist. Ab und zu umrühren, es brennt leicht an. Mit einem Stabmixer pürieren und anschließend durch ein Sieb geben. Zucker hinzufügen, dabei zuerst die halbe Menge Zucker dazugeben und abschmecken, damit es nicht zu süß wird. Das Mus weiterkochen, dabei ständig rühren, denn es brennt schnell an. Wenn das Mus dick und cremig ist, ist es fertig.

**TIPP*** Geben Sie etwas weniger Zucker zum Mus, dafür Salz und einen Tropfen Balsamico-Essig und servieren Sie es zu Fleisch – am besten Wild. Schön sieht es aus, wenn Sie etwas Hagebuttenmus in Streifen auf Tellern verteilen und das Fleisch darauf anrichten.

## EINGEMACHTE HAGEBUTTEN

Schmecken himmlisch zu Käsegerichten und im Frühstücksjoghurt, auf einem Roggenbrötchen mit Butter oder mit Schlagsahne vermischt zu einem Kuchen.

**100 ml frisch gepresster Orangensaft**
**Schalenstreifen von 1 Bio-Orange**
**175 g Zucker**
**1 Vanilleschote**
**250 g Hagebutten, entkernt**

Orangensaft und -schale zusammen mit dem Zucker in einem Topf erhitzen. Ausgekratztes Vanillemark und die übrige Vanilleschote hinzufügen. Alles köcheln lassen, bis der Zucker aufgelöst ist. Hagebutten hinzufügen und wieder rund 5–10 Minuten köcheln lassen. Dann in ein ausgespültes Glas geben, dicht verschließen und kühl aufbewahren.

# HOLUNDER

Juni
Juli
September
Oktober

Botanisch: *Sambucus nigra*
Schwarzer Holunder blüht im Juni und Juli, die Beeren sind im September und Oktober reif.

Der Holunderbusch blüht etwa um Johanni (21.6.), die Blüten senden dann einen herrlich raffinierten Duft hinaus in die Sommerluft. Jahrelang habe ich fleißig Holunderblüten gepflückt und Limonade daraus gebraut. Als ich noch ein Kind war, kochte meine Mutter immer Holunderbeerensaft aus den Beeren. Aus dem Saft bereitete sie dann eine Holunderbeerensuppe mit Mehlklößen zu, eines der Lieblingsgerichte meines Vaters. Damals machte ich mir über den Geschmack keine Gedanken. Inzwischen finde ich, dass Holunderbeerensuppe mit knusprigen Arme-Ritter-Würfeln fantastisch schmeckt.

## WO GIBT ES HOLUNDER?

Holundersträucher wachsen fast überall, auch in Städten. Gewöhnlich gibt es Holunder am Waldrand, in Gehölzen, Gärten und Parks. Holunder wächst schnell und liebt sowohl Schatten, Frost und Salz als auch etwas Wind. Im Hochsommer blüht der Holunder massenweise mit wunderbaren, hauchdünnen, sahneweißen Tellerdolden. Der Duft ist markant süß und würzig. Im September reifen die Beeren, die die Blütenernte im Sommer überlebt haben. Die Beeren (bot. eigentlich Steinfrüchte) sind tieflila, fast schwarz und leicht bitter und sitzen in einer Traube dicht an den Zweigen.

## KOCHEN

Jeder weiß, dass sich Holunderblüten hervorragend für ein Holunderblütengetränk eignen. Man kann die Blüten auch als Hollerküchle essen, in dünnen Teig getaucht, frittiert und mit etwas Zucker bestreut. Die Blüten lassen sich trocknen und als Tee verwenden oder mit Salz und Chili zu einem aromatischen Kräutersalz vermischen. Unreife Beeren können wie Kapern salzig eingelegt werden. Reife Beeren haben einen vollen Geschmack, Saft und Kraft, und man kann alles Mögliche, wie Saft und süße Suppen, aus ihnen herstellen. Geben Sie auch einige Holunderbeeren in den Kuchenteig oder kochen Sie daraus einen Sirup mit Rotwein und Gewürzen und träufeln Sie ihn als Dressing über einen Salat.

**TIPP** Die einfachste Art, Holunderblütentee herzustellen: 1–2 Blütendolden in eine Teetasse geben und kochendes Wasser darübergießen. Nach Belieben mit Honig und Zitronenscheibe servieren.

**TIPP** Stellen Sie Holunderblütensalz auf folgende Weise her: Die Blüten ohne Stängel in einen Minihacker geben, zusammen mit Salz und Kräutern, wie Chili, Koriander und Pfeffer. Auf einem Stück Backpapier ausbreiten und trocknen lassen.

### GUT ZU WISSEN

Von den Kernen der Holunderbeeren bekommt man Magenschmerzen, daher ist vom Einkochen der ganzen Beeren zu Konfitüre abzuraten.

## GESUNDHEIT

Holunder ist eine alte Arzneipflanze. Die Beeren haben einen hohen Gehalt an Vitamin A und C und der Holunderbeerensaft ist bekannt als Mittel bei Erkältung. Abgekochte Blüten sollen fieberstillend und schweißtreibend wirken – mit ein oder zwei Tassen Holunterblütentee lässt sich einer drohende Erkältung entgegenwirken. Die jungen Triebe des Holunders, im Frühjahr gepflückt und mit Honig gekocht, wirken schleimlösend und stillen starken Husten.

### EIN ALTES HAUSMITTEL

Der warme Auszug von Holunder- und Kamillenblüten kann Schmerzen einer entzündeten Zahnwurzel lindern oder vertreiben.

### GUT ZU WISSEN

Blätter und Rinde des Holunders enthalten Bitterstoffe. Der gesamte Busch ist, abgesehen von den Blüten und den reifen Früchten, giftig. Die Früchte nur reif und nicht roh verwenden.

### AMÜSANTES

Holunderzweige enthalten ein Mark, das sich leicht herauskratzen lässt. Einen hohlen Holunderzweig kann man zu einer Flöte schnitzen oder als Pusterohr verwenden.

### HOLLERKÜCHLE

Hollerküchle sind Holunderblütenpfannkuchen und gehören zu den Dingen, die man nur wenige Wochen im Jahr zubereiten kann. Sie sorgen für eine ganz besondere Stimmung: Der ultimative Geschmack des Sommers.

**3 große Eier**
**50 g Rohrzucker**
**ausgekratztes Mark von ½ Vanilleschote**
**200 ml Milch**
**150 g Weizenmehl**
**Raps- oder Traubenkernöl zum Braten**
**Holunderblütendolden mit 10 cm Stängel**
**Puderzucker, frische Erdbeeren oder Erdbeerkonfitüre und Vanilleeis zum Servieren**

Eier, Zucker und Vanillemark schaumig rühren. Nach und nach Milch und Mehl dazugeben und dabei weiterrühren, damit keine Klumpen entstehen. Den Teig glatt rühren, Öl in einer Pfanne erhitzen. Eine Holunderblütendolde am Stiel nehmen und in den Teig tauchen. Herausnehmen, leicht schütteln, sodass der überflüssige Teig abläuft, und im heißen Öl frittieren. Wenn die Blütendolde rundherum hellbraun ist, herausnehmen und zum Abtropfen auf ein Stück Küchenpapier legen. Mit den anderen Blüten ebenso verfahren. Mit Puderzucker bestreut servieren, nach Belieben frische Erdbeeren oder Erdbeerkonfitüre und ein gutes Vanilleeis dazu reichen. Die Stängel nicht essen, davon bekommt man Bauchweh.

**TIPP** Das Öl ist ausreichend heiß, wenn man ein Streichholz hineintaucht (nicht das Ende mit dem Schwefel!) und daran Bläschen aufsteigen. Das ist wichtig, sonst dringt das Fett in den Teig ein und die Pfannkuchen werden klebrig und fett.

### HOLUNDERBLÜTENESSIG & -ÖL

Haben Sie viele Holunderblüten gesammelt, dann sollten Sie daraus sowohl Essig als auch Öl herstellen. Der feine Geschmack geht in Essig und Öl über, diese geben Gerichten, z. B. Marinaden und Dressings, einen diskreten Blütengeschmack und eine feine Säure.

**Holunderblüten**
**heller milder Weinessig oder weißer Balsamico-Essig**
**Traubenkernöl**

Die entstielten Holunderblüten in ein Weckglas geben und mit Essig bzw. Öl übergießen. Den Essig einige Wochen an einen sonnigen Ort stellen, bis er den Geschmack des Holunders aufgenommen hat, dann abseihen. Das Öl hinzugeben und an einen kühlen und dunklen Ort stellen. Immer mal wieder abschmecken und die Blüten abseihen, wenn der Geschmack perfekt ist.

### HOLUNDERBLÜTENSAFT MIT HONIG

In diesem Rezept wird Zucker durch Honig ergänzt, das gibt einen neuen und raffinierten Geschmack.

**60 Holunderblütendolden**
**2 Bio-Zitronen**
**2 Limetten**
**2 Bio-Orangen**
**2 Vanilleschoten**
**100 g Weinsäure**
**1 kg Rohrzucker**
**450 g Honig**

Die Holunderblütendolden von Insekten befreien, die Blüten von den Stielen schneiden. Die Zitrusfrüchte waschen und in Scheiben schneiden. Die Blüten zusammen mit Zitrusscheiben und Vanilleschoten in einen großen Stahltopf, Steinkrug oder Plastikeimer geben. Weinsäure und Rohrzucker in 2,5 l kochendem Wasser auflösen und alles über die Holunderblüten gießen. Den Honig hinzufügen. Alles gut umrühren, bis sich der Zucker ganz oder teilweise aufgelöst hat. Das Getränk maximal 1 Woche abgedeckt kühl stellen. Mehrmals täglich umrühren. Den Saft abseihen und in saubere Flaschen abfüllen.

**TIPP** Den Rückstand des Saftes nicht wegwerfen. Daraus lässt sich eine wunderbare und äußerst wohlschmeckende Holunderblüten-Zitrus-Marmelade kochen. Die Blütenrückstände zusammen mit ein paar gewaschenen und in Scheiben geschnittenen Bio-Zitronen in einen Mixer geben und zu einer gleichmäßigen Masse pürieren. Alles in einen Topf geben und mit Zucker und nach Belieben mit gehackten Mandeln zu einer Marmelade kochen. Das Verhältnis der Zutaten muss man selbst ausprobieren, das gilt vor allem für den Zucker. Je nach Geschmack nimmt man von der einen oder anderen Zutat mehr oder weniger.

## HOLUNDERBLÜTEN-GLÜHWEIN

Ein herrliches, wärmendes Getränk für kalte Winterabende, das man genauso im Juli servieren kann.

**FÜR 4 PERSONEN**

**1 l Holunderblütensaft, verdünnt mit Wasser im Verhältnis 1:1**
**2 Zimtstangen**
**2 Rosmarinzweige**
**80 g helle Rosinen**
**50 g Pinienkerne**
**100 ml Gin**
**1 Bio-Zitrone, Limette oder Bio-Orange, halbiert**

Saft mit Gewürzen, Rosinen und Pinienkernen bis zum Siedepunkt in einem Topf erhitzen und 1 Schuss Gin dazugeben. Nochmals kurz aufkochen, vom Herd nehmen. Zitrushälften in ein hohes Glas geben und die heiße Flüssigkeit darübergießen. Sofort servieren.

## HOLUNDERBLÜTENSIRUP

Holunderblütensaft mit weiterem Zucker einkochen, bis der Saft eine dicke, sirupartige Konsistenz hat. Der Sirup schmeckt zu Kuchen, Eis oder in Joghurt. Auch herrlich zusammen mit Blauschimmelkäse mit Chili oder zu Pfannkuchen.

## HOLUNDERBEERENSAFT

Holunderbeeren sollte man nicht roh essen. Aber man kann sie zu einem kräftigen dunkelroten Saft kochen, der fantastisch schmeckt und unglaublich viel Vitamin C enthält.

**1 kg Holunderbeeren**
**3 saure, unreife Äpfel**
**1 TL Zitronensäure**
**300–400 g Zucker pro Liter Saft**

Beeren waschen und entstielen. Äpfel schälen und Kerngehäuse entfernen. Beeren und Apfelhälften in einen Topf geben und 500 ml Wasser darübergießen. Aufkochen, bis die Beeren zerplatzen. Den Saft durch ein mit einem Tuch ausgekleidetes Sieb geben. Dabei den Saft abmessen und die entsprechende Menge Zucker berechnen. Saft, Zitronensäure und Zucker in den Topf zurückgeben und aufkochen. Anschließend in gespülte Flaschen abfüllen.

**TIPP** Holunderbeerensaft können Sie warm oder kalt als Mittel gegen Erkältung einnehmen. Saft mit Champagner aufgießen und eine Limettenscheibe hineingeben – ergibt einen herrlichen Drink. Saft zu Sirup einkochen und zu Pfannkuchen und Eis servieren. Früchte in dem Saft kochen, z. B. Birnen – so erhalten sie eine sehr schöne Farbe und einen herrlichen Geschmack.

## HOLUNDERPUNSCH

1 Schuss Holunderbeerensaft in ein Glas gießen und mit kochendem Wasser und etwas Zitronensaft auffüllen. Mit 1 Zitronenscheibe abschmecken und nach Belieben 1 Zimtstange zum Umrühren dazugeben.

## KAPERN AUS GRÜNEN HOLUNDER-BEEREN

Arme-Leute-Kapern nannte man dieses Gericht früher. Heutzutage klingt »nordische Kapern« sehr trendy. Beeren vor der Reife pflücken, in einer Lake kochen und in ein Glas füllen.

**100 g Salz**
**1 l grüne Holunderbeeren, ohne Stiel**
**1 l Essig**
**75 g Zucker**
**10 ganze Pfefferkörner**
**10 Stängel Estragon, nur Blätter und feine Stängel**

Salz und 1 l Wasser zu einer Lake kochen. Abkühlen lassen und über die grünen Holunderbeeren gießen, über Nacht stehen lassen. Am nächsten Tag Holunderbeeren von der Salzlake trennen. Essig und Zucker aufkochen und Gewürze und Holunderbeeren hinzufügen. Noch einmal aufkochen. Grüne Holunderbeeren in saubere Gläser geben. Die Lake 10 Minuten kochen und dann über die grünen Beeren gießen. Gläser sofort verschließen.

## HOLUNDERBEERENSUPPE MIT ARMEN RITTERN

### DESSERT FÜR 6 PERSONEN

**1 kg Holunderbeeren**
**Saft und Schale von 1 Bio-Zitrone**
**1 Zimtstange**
**1 Vanilleschote und 1 Lakritzwurzel nach Belieben**
**100 g Zucker**
**1 EL Kartoffelmehl**

Holunderbeeren waschen und entstielen. Zitrone mit einem Kartoffelschäler schälen und auspressen. Holunderblüten, Zitronenschale und -saft in einem Topf mit 1,5 l Wasser und Gewürzen kochen, bis die Beeren zerplatzen und der Saft herausläuft. Saft abseihen und mit dem Zucker zurück in den Topf geben. Abschmecken und eventuell noch mehr Zucker hinzufügen. Kartoffelmehl einrühren und alles erhitzen, bis eine gleichmäßige, warme Suppe entstanden ist.

### ARME RITTER

**1 Ei**
**100 ml Milch**
**Zimt**
**Zucker**
**4 große Scheiben Weißbrot vom Vortag**
**250 g geschlagene Sahne**

Eier und Milch in einem tiefen Teller miteinander verrühren. Reichlich Zimt und Zucker in einen zweiten tiefen Teller geben. Das Brot in große Würfel schneiden, erst im Milch-Ei-Gemisch wenden, danach im Zimtzucker. Gut wenden, sodass alles bedeckt ist. Brotwürfel in einer trockenen, heißen Pfanne braten, bis es golden und knusprig ist.

Die Holunderblütensuppe in warme tiefe Teller oder Schüsselchen verteilen. Arme Ritter und Schlagsahne daraufgeben.

**TIPP** Arme Ritter nach Belieben aus in Dreiecke geschnittenem Toastbrot herstellen und zur Suppe servieren.

**TIPP** Die Suppe kann auch mit in Butter und Zucker gerösteten Brotstückchen, zerkleinerten Makronen, Zwieback, gerösteten Nüssen und Hafergrütze oder einem leckeren Müsli serviert werden.

### GUT ZU WISSEN

»Wo Holunder wächst, kann der Mensch nicht wohnen.« Dieses alte Sprichwort zeigt, dass der Holunder im Volksglauben immer eine große Bedeutung gehabt hat. Der Holunderbaum ist ein heiliger Baum und nimmt einen herausragenden Platz sowohl in der nordischen Mythologie als auch in Volkssagen ein. Symbolisch ist er mit Liebe und Fruchtbarkeit, Mitgefühl und Sympathie verknüpft.

## HOLUNDERBEERENSCHNAPS

Hat man den warmen Holunderblütensaft gekostet, kann man sich leicht vorstellen, wie der herrliche fruchtartige Schnaps erst schmecken muss. Warten Sie nicht zu lange mit dem Schnapstrinken, denn die feine Note verschwindet schnell.

Man benötigt 1 l reife Holunderbeeren. Die Beeren mit einer Gabel von den Stielen lösen und gut waschen. In ein Bügelglas geben und Wodka darübergießen. Den Schnaps einige Wochen ziehen lassen, zwischendurch immer wieder abschmecken. Schließlich Schnaps filtern. Man kann ihn mit Wodka im Verhältnis 1:1 verdünnen.

**TIPP*** Der hohe Wassergehalt der Holunderbeeren senkt die Alkoholprozente etwas. Der Schnaps eignet sich daher nicht für eine lange Lagerung.

## HOLUNDERBEERENLIKÖR

Mit Zuckersirup lässt sich der Schnaps zu einem herrlichen Likör verlängern. Zwischendurch abschmecken und entscheiden, ob Zucker und Fruchtgeschmack schon ausgewogen sind. Probieren Sie nach Belieben auch, den Holunderbeerenschnaps mit braunem Rum zu verdünnen und mit Ahornsirup abzuschmecken. Geben Sie Vanilleschote und Sternanis dazu, oder probieren Sie es mit einer Lakritzwurzel oder einer Zimtstange. Das sind alles Geschmacksgeber, die zu Holunderbeeren passen. Immer wieder zwischendurch abschmecken – die Gewürze sollten nicht zu dominant sein. Der Likör kann etwas länger gelagert werden.

**HINWEIS**

Engelwurz kann mit einigen giftigen Pflanzen, wie Schierling und Riesenbärenklau, verwechselt werden. Daher ist es ratsam, das erste Mal, wenn man Engelwurz sammeln möchte, mit einem Pflanzenkenner loszuziehen.

# ENGELWURZ

Februar
März
September
Oktober

Echte Engelwurz. Botanisch: *Angelica archangelica*
Die Stängel werden im frühen Frühjahr oder späten Herbst gesammelt, vor oder nach der Blüte im Juni und Juli.

Es war eine Köchin, die vor vielen Jahren mein Interesse für die Engelwurz weckte. Sie verwendete sie in ihrem Restaurant und ich nahm eine Pflanze mit nach Hause. In meinem Garten wuchs sie, wurde groß und ging leider ein, da sie nur einmal blüht. Heute habe ich eine neue große Pflanze in meinem Blumenkasten auf dem Balkon. Oder ich »jage« die begehrte Pflanze in der Natur – es ist nämlich nicht so leicht, sie zu finden.

## WO GIBT ES ENGELWURZ?

Engelwurz wächst hier und da wild in der Natur und in kultivierter Form in Küchengärten. Man findet die Pflanze in feuchten Wäldern, in küstennahen Gebieten und an Wasserläufen und Seen, wo es etwas feucht ist. Engelwurz ist eine zwei- bis vierjährige kräuterartige Pflanze, mit einem kräftigen aufrechten Wachstum. Die runden Stängel sind haarlos, gerillt und löchrig. Die grob gezackten Fiederblätter sind hellgrün und über die Zweige verteilt. Die halbkugeligen Blütendolden bestehen aus 20–40 Doldenstrahlen mit vielen nach Honig duftenden kleinen Schirmblüten. Die einzelnen Blüten sind anfangs grün, später weiß oder rosa.

## KOCHEN

Engelwurz ist vielleicht das älteste nordische Küchenkraut. Sie soll früher in eingezäunten Engelwurzgärten angepflanzt worden sein, genauso wie man später Kohlgärten anlegte. Die Stängel kann man roh oder eingemacht essen und als Gemüse, in Marmelade und in Kompott verwenden. Sie schmecken herrlich in Erdbeer- und Rhabarbergrütze. Blätter, Samen und Wurzeln lassen sich trocknen und als Kräuter für Branntwein benutzen. Die jungen Stängel früh im Frühjahr oder spät im Herbst sammeln. Gebratene Stängel mit Zwiebeln haben einen recht milden Geschmack und machen sich gut als Beilage zu Schweinefleisch, während gedämpfte Stängel mit Butter zu Fisch passen. Als Dessert die frischen Stängel schälen, kochen und mit Schlagsahne, Dickmilch oder Butter servieren. Die Wurzeln sind besonders wohlschmeckend, wenn man sie im Herbst ausgräbt, denn dann enthalten sie viel Zucker. Denken Sie daran, etwas von den Pflanzen stehen zu lassen, damit sie nicht ausgerottet werden.

### GUT ZU WISSEN

Der lateinische Name *archangelica* bedeutet »Erzengel«. Die Engelwurz soll den von Seuchen bedrängten Menschen vom Erzengel Gabriel gebracht worden sein. Die Echte Engelwurz, auch »Heiliggeistwurzel« genannt, ist ein Symbol für die Dreifaltigkeit und den Heiligen Geist.

## GESUNDHEIT

Engelwurz bzw. Arznei-Engelwurz enthält sehr viel Bitterstoffe und Vitamin C – die reiselustigen Wikinger verwendeten sie, um Skorbut vorzubeugen. Es heißt auch, dass Engelwurz den Appetit anregt, dass sie gut für die Verdauung sowie ein mildes Mittel gegen Magenkrämpfe und Blähungen, Lungenkrankheiten und Fieber ist. Im Mittelalter galt sie als Pestkraut.

**TIPP** Aus Engelwurzblättern einen Tee herstellen: 1 Teelöffel getrocknete Engelwurzblätter in eine kleine Tasse geben, mit heißem Wasser aufgießen und alles 10 Minuten ziehen lassen. Der Tee regt den Appetit an, wenn man ihn eine halbe Stunde vor dem Essen trinkt.

## KANDIERTE ENGELWURZSTÄNGEL

Kandierte Engelwurzstängel sind süß, knusprig und unglaublich lecker. Sie schmecken einfach fantastisch – entweder pur oder mit Eis.

**Engelwurzstängel, so viele, wie möglich**
**1 Vanilleschote**
**400 g Zucker**

Feine und frische Engelwurzstängel ernten. Große dicke Stängel gehen auch, diese aber vorher schälen und der Länge nach halbieren. Aus 1 l Wasser, aufgeschlitzter Vanilleschote und Zucker einen Zuckersirup kochen und die Stängel darin kochen, bis sie ganz zart sind. Dabei aufpassen, dass die Stiele in dem kochenden Zuckersirup nicht verbrennen. Wenn die Masse zu blubbern beginnt, Herd ausschalten und alles einige Stunden ziehen lassen. Die Stängel sind fertig, wenn sie hell sind.

Stängel zum Trocknen auf ein mit Backpapier ausgelegtes Backblech legen. Dazu eine Pinzette verwenden und die Stängel gut abtropfen lassen. Das Backblech in einen trockenen Raum stellen und die Stängel trocknen lassen. Wenn sie ganz trocken sind, in ein gut schließendes Glas füllen.

**TIPP** Falls der Zuckersirup zu karamellisieren beginnt und goldfarben wird, noch etwas Wasser hinzufügen.

**TIPP** Verwenden Sie die fertigen Stängel für Gebäck und Kuchen als eine Art Zitronat. Servieren Sie sie in dunkle Schokolade eingetaucht als Leckerei zum Kaffee. Nehmen Sie sie als Verzierung für Weihnachtskuchen und Weihnachtsplätzchen.

### GUT ZU WISSEN

Ist eine Erkältung im Anflug, einfach ein Engelwurzblatt kauen. Engelwurz kann alle Kreislauf- und Ausscheidungsprozesse des Körpers stimulieren.

## ENGELWURZEIS

Wenn Sie gerade Engelwurzstängel kandiert haben, können Sie aus dem übrig gebliebenen Sirup noch ein Eis machen und mit den kandierten Stängeln garnieren.

**FÜR 4 PERSONEN**
**4 Eigelb, ganz frisch**
**2 EL Engelwurzsirup + Sirup zum Servieren**
**300 g Schlagsahne**
**4 kandierte Engelwurzstängel**

Eigelb mit dem Zuckersirup im Wasserbad zu einer dickschaumigen Masse aufschlagen. Den Topf in kaltes Wasser stellen und weiterschlagen, bis der Schaum abgekühlt ist. Sahne steif schlagen, unter den Ei-Sirup-Schaum heben und alles in eine Form füllen. Die Form für 3–4 Stunden in die Tiefkühltruhe stellen, bis die Masse gefroren ist. Während des Gefrierens bitte nicht umrühren. Zum Servieren Eiskugeln in Schüsselchen füllen, etwas Zuckersirup darübergießen und mit kandierter Engelwurz garnieren.

## ENGELWURZZUCKER

Ein raffiniert gewürzter Zucker, der sehr leicht herzustellen ist. Schmeckt göttlich – am besten auf reife Erdbeeren gestreut.

Junge weiche Stängel schälen, in kleine Stücke schneiden und mit Zucker in eine Küchenmaschine geben – oder einen Stabmixer verwenden. Beides gut miteinander mixen und zwischendurch probieren, ob noch mehr Engelwurzstängel benötigt werden. Die grüne Masse auf einem mit Backpapier ausgelegten Backblech verteilen. Dabei so dünn wie möglich aufstreichen, am besten mit einer Kuchenpalette. Die Zuckermasse stehen lassen, bis sie vollständig getrocknet ist. Wenn dabei Klumpen entstehen, nach dem Trocknen alles nochmals in den Mixer geben und erneut miteinander mixen, bis der Zucker ganz fein ist. Zum Aufbewahren in ein gut schließendes Glas füllen.

**TIPP** Lassen Sie zusätzlich eine halbe ausgekratzte Vanilleschote im Engelwurzzucker ziehen.

KVANSUKKER

**QUELLER ODER GLASSCHMALZ** schmeckt – roh oder blanchiert – in allen Arten von Salat.

# QUELLER

Juli
August

Botanisch: *Salicornia europaea*

Gemeiner Queller, Passepierre oder Friesenkraut, wie er auch genannt wird, ist eine etwas merkwürdige und in jedem Fall wunderbare Pflanze. Das erste Mal aß ich Queller in einem Restaurant und seitdem habe ich Queller gelegentlich bei einem Fischhändler gekauft, der ihn ab und zu anbot. Aber schließlich wollte ich ihn selbst draußen in der Natur sammeln. Daher führte mich eine meiner Sommertouren ins Wattenmeer, um dieses Naturphänomen von Gemüse zu erleben.

## WO GIBT ES QUELLER?

Queller kann 15–25 cm hoch werden und wächst vor allem an den Meeresküsten der Nordhalbkugel. Man findet ihn besonders im Schlickwatt, im Sumpf des Wattenmeeres und in Wasserlöchern auf Strandwiesen, wo er direkt unter dem Meeresspiegel wächst. Queller mag es, wenn er aufgrund der Gezeiten zweimal am Tag mit Salzwasser überschwemmt wird. Auf den ersten Blick erinnert er an einen Minikaktus ohne Dornen, die kleine Pflanze ist sehr charakteristisch und leicht wiederzuerkennen. Queller ist ein fleischiges und haarloses Gänsefußgewächs mit saftigen grünen, schuppenförmigen und gegliederten Stängeln ohne Blätter. Die Pflanze sieht zuerst frisch grün aus und später in der Saison geht dieses Grün über ins Rötliche.

## GUT ZU WISSEN

Seit Jahrhunderten heißt Queller auch »Glasschmalz« – seine Asche diente nämlich früher zur Glasherstellung.

## KOCHEN

Queller hat einen delikaten, mild salzigen Geschmack – so als ob man Meer essen würde. Queller wird auch als Meeresspargel bezeichnet. In der Hochsaison gibt es viele, die meinen, dass man ihn mit grünem Spargel vergleichen kann, während andere der Meinung sind, dass man ihn mit kleinen grünen, in Salz gekochten Bohnen vergleichen kann. Queller gehört zur gleichen Familie wie Spinat und Mangold und hat eine Konsistenz, die leicht an Spinatstängel erinnern. Das grüne Meeresgemüse kann roh in Salaten oder nur blanchiert und in Butter gedünstet z. B. als Beilage zu Fisch serviert werden. Im Juli und August ist Queller am delikatesten, v. a. zu Beginn der Saison haben die jungen Triebe und Knospen einen sehr feinen Geschmack. Je weiter die Saison fortschreitet, desto dicker, zäher und holziger werden die Stängel.

### AMÜSANTES

Der lateinische Name *salicornia* geht zurück auf *sal* »Salz« und *cornu* »Horn« – Letzteres weist auf das oft krumme, hornähnliche Ende der Pflanze hin.

**TIPP** Frischen Queller kurz unter fließendem Wasser abspülen. 10 Sekunden in kochendem Wasser blanchieren und danach in eiskaltem Wasser abschrecken. In Pastagerichten und Risotto verwenden oder als Füllung bzw. Einlage in Tartes, Quiches und Suppen. Queller in der Pfanne zusammen mit fein gehackten Zwiebeln und Butter anschwitzen. Mit Pfeffer und Zitronensaft abschmecken und zu Lamm- oder Kalbfleisch servieren. Schmeckt auch in einer Fischfarce für Fischfrikadellen. Queller kann Oliven in einem Gericht ersetzen, außerdem lässt sich die Pflanze mit Essig einkochen oder mit Öl und Kräutern konservieren und ist in jedem Gericht sehr dekorativ.

**TIPP** Ein Gericht mit Queller immer erst probieren, bevor man zusätzliches Salz hinzufügt!

## GESUNDHEIT

Queller ist nicht nur sehr delikat, sondern auch sehr gesund und bekannt dafür, dass er alle wichtigen Spurenelemente aus dem Wasser saugt. So ist er reich an Jod, Eisen, Vitaminen und Mineralien, besonders Natrium, einem essenziellen Mineralstoff für den Menschen. Im Mittelalter aß man Queller vor allem aufgrund seines Salzgehalts. Damals war Salz sehr kostbar und so sammelte man Queller und salzte das Essen damit. Heutzutage ist Queller eine supergesunde Alternative zu gewöhnlichem Salz, da sein Salzgehalt natürlich und moderat ist, er liegt zwischen 15 und 29 Prozent.

## QUELLERESSIG & -ÖL

Eingelegter Queller ist eine leichte und leckere Zutat zu Fisch und Fleisch. Den gewaschenen, gereinigten Queller mit Kräutern nach Wahl, z. B. rosa Pfeffer, Lorbeerblätter, Knoblauch, Estragon, Thymian und Paprika, in ein sauberes Glas geben.

Quelleressig: Milden Apfel- oder Weinessig über die Queller-Kräuter-Gewürzmischung gießen und 1 Woche ziehen lassen.

Quelleröl: Rapsöl über die Gewürzmischung gießen – das konserviert den Queller sehr lange.

**TIPP** Frischer roher Queller macht sich gut als salziger Snack zu einem kalten Bier oder einem Glas Wein.

## KARTOFFELSALAT MIT QUELLER

**500 g kleine neue Kartoffeln**
**200 ml Queller, eingemacht in Essig oder Öl**
**150 g grüne Erbsen**
**gemischte Kräuter, z. B. Giersch, Estragon, Thymian, Rosmarin und Dill**

Dressing:
**Saft und fein gehackte Schale von 1 Bio-Zitrone**
**100 ml Queller- oder Rapsöl**
**1 TL Rohrzucker**
**Pfeffer**

Kartoffeln schälen und in ungesalzenem Wasser 6 Minuten kochen – oder etwas länger, je nach Größe. Herd ausschalten und Kartoffeln noch 6 Minuten ziehen lassen. Wasser abschütten und Kartoffeln abkühlen lassen. Kartoffeln in Scheiben schneiden und in einer Schüssel zusammen mit Queller, Erbsen und Gewürzen anrichten. Dressingzutaten miteinander vermischen und über den Salat gießen. Salat 10 Minuten ziehen lassen, dann servieren.

## QUELLERSALZ

Queller lässt sich in einem Trockengerät oder im Ofen bei niedriger Hitze trocknen. Das dauert einige Zeit, aber man erhält im Gegenzug feinste, fast korallenförmige Salzzweige. Diese in einem Mörser zu Salz zerstoßen oder im Ganzen als witzige Überraschung auf dem Essen verwenden.

Queller auf einem mit Backpapier ausgelegten Backblech verteilen. In 4–5 Stunden bei 60 °C im Ofen trocknen. Immer wieder kontrollieren – man weiß nie, wie hoch der Wassergehalt des Quellers ist. Verwendet man ein Trockengerät, den Queller in dem Gefäß der Maschine verteilen und trocknen lassen. Zuerst 1 Stunden trocknen, außerdem die Anweisung der Maschine beachten. Die getrockneten Stängel in einem Mörser zu Salz zerstoßen.

# LINDE

Juni
Juli

Botanisch: *Tilia*

Während der Lindenblüte werde ich von einem fantastisch massiven und feinen Duft getroffen, wenn ich in einer Gegend mit vielen Linden Rad fahre. Der Duft gibt meinen Sinnen einen einzigartigen Kick, und ich bekomme ein ganz euphorisches Glücksgefühl im Magen. Ich habe versucht, den schönen Duft und den Nektar der Blüten mit meinen Rezepten einzufangen, besonders im Mittsommerpunsch. Im Tee genieße ich den einzigartigen Honiggeschmack der Linde.

## WO GIBT ES LINDEN?

Die große schmucke Linde ist ein sehr beliebter Baum, den man hier und da am Waldrand, in Eichen- und Mischwäldern findet. Der Baum ist auch an vielen Orten als Alleebaum populär, in Parks und entlang der Straßen. Die Blätter sind leicht zu erkennen, sie sind herzförmig mit gezackten Rändern. Die Lindenblüten sind limettengrün bis honiggelb und sitzen auf einem kleinen Stängel, in kleinen Trauben zusammen mit länglichen Blättern. Diese Blätter haben die Form von kleinen Flügeln, sehr nützlich für die Verbreitung der Samen. Der Baum blüht lange Zeit nach dem Ausschlagen, oft von Mitte Juni bis Ende Juli.

## GUT ZU WISSEN

Man sollte sein Auto nicht unter einem Lindenbaum parken. Die Blätter der Linde sind mit einem zuckerartigen Saft überzogen, der klebrig ist. Den Saft nennt man Honigtau, er tropft herunter und verklebt den Bereich unter dem Baum. Früher dachte man, dass die Linde vor Blitzeinschlägen schützt. Daher pflanzte man immer Lindenbäume um Kirchen und Marktplätze. Aus diesem Grund sollte man vielleicht doch unter einem Lindenbaum parken!

## KOCHEN

Sowohl Menschen als auch Bienen mögen die kleinen, intensiv riechenden Blüten, die ihren süßen Duft im Juni und Juli entfalten. Sie ziehen viele Insekten und Bienen an, die Nektar für ihren Honig saugen möchten. Man kann aus den Blüten Saft und Sirup machen und selbstverständlich auch Schnaps und süßen Likör. Sie lassen sich auch sehr gut trocknen.

## GESUNDHEIT

Lindenblütentee war früher ein Teil der Hausapotheke, denn er wirkt schweißtreibend und löst Schleim in Luft- und Atemwegen und ist daher gut bei Husten und Erkältung. Es gebietet also der gesunde Menschenverstand, Lindenblüten zu sammeln, zu trocknen und in einem Glas aufzubewahren, um im Winter daraus Tee brühen zu können.

## AMÜSANTES

Linden wachsen in Nordeuropa seit vielen Jahren, weshalb sie eine große Bedeutung in der nordischen Mythologie und im Volksglauben haben. Der Lindenbaum war aufgrund der Herzform seiner Blätter mit der Liebe verbunden, auch deswegen, weil er eine herzförmige Krone haben kann. Daher wurde die Linde auch als »Frejas Baum« bezeichnet, nach Freja, der Göttin der Fruchtbarkeit und Liebe in der nordischen Mythologie. Der Baum symbolisiert weibliche Anmut, Schönheit, Glück und eheliche Liebe.

**GUT ZU WISSEN**
Direkt unter der Rinde der Linde liegt eine Lage Bast in Form von langen Fasern, die weich und gleichzeitig fest sind. Aus diesen stellte man z. B. Schiffstaue her. Außerdem knüpfte man früher Fischernetze, Matten und Körbe aus Lindenbast. Alle Teile der Linde wurden zur Herstellung von Alltags- und Küchengeräten, Schuhen, Wägen, Musikinstrumenten, Spielzeug und Wikinger-Schiffen verwendet.

## LINDENBLÜTENTEE

Lindenblütentee hat einen herrlichen, behaglichen Duft, ist sehr wohlschmeckend und wirkt entspannend. 1 Tasse kochendes Wasser über 1 Esslöffel frisch gepflückte oder getrocknete Lindenblüten gießen und ca. 10 Minuten ziehen lassen.

**TIPP** Soll Tee für eine Schwitzkur bei Erkältung getrunken werden, muss er sehr stark sein. Dafür 3–4 Teelöffel getrocknete Blüten in eine Tasse geben, kochendes Wasser darübergießen und 10 Minuten ziehen lassen. Den Tee so heiß wie möglich trinken. Für einen Entspannungstee am Abend benötigt man 1–2 Teelöffel pro Tasse. Der Tee kann mit Honig gesüßt werden. Besonders der Tee aus frisch aufgegangenen Lindenblüten schmeckt wunderbar.

**TIPP** Möglichst nie mehr als fünf Tassen Lindenblütentee pro Tag trinken, wenn eine Erkältung vor der Tür steht. Der Tee kann über längere Zeit getrunken das Herz beeinflussen.

**TIPP** Lindenblüten sind voller Nektar und haben einen feinen Geschmack. Pflücken Sie die Blüten mit den grünen Flügeln und lassen Sie sie auf einem geflochtenen Tablett in einem trockenen Raum trocknen oder verwenden Sie ein Trockengerät. Wenn die Blüten ganz trocken sind, in einem luftdichten Behälter aufbewahren, damit man auch im Winter Lindenblütentee hat.

## LINDENBLÜTENSCHNAPS

1 große Handvoll frischer Lindenblüten mit »Flügeln« in eine Bügelflasche geben. Wodka darübergießen und alles 1 Woche ziehen lassen. Filtern und eventuell mit weiterem Wodka verdünnen. Der Geschmack wird durch Lagerung noch besser.

## AMÜSANTES

Das schwedische Wort für Linde *lind* bedeutet »Band«. Das isländische *lindi* meint »Band« oder »Gürtel«. Der lateinische Name *tilia* kommt vielleicht von *tela*, das bedeutet »etwas Gewebtes«.

## PANNA COTTA MIT LINDENBLÜTEN

Panna cotta ist ein klassisches italienisches Dessert – hier nun mit einem neuen Kniff: Lindenblüten parfümieren die Panna cotta sanft und lassen sie sommerlich erscheinen.

**FÜR 4–6 PORTIONEN**
**3 Blatt Gelatine**
**300 g Schlagsahne**
**2 Hanvoll Lindenblüten, nur die kleinen Köpfe ohne Stängel / Blätter**
**50 g Zucker**
**1 Vanilleschote**
**Ahornsirup nach Belieben**

Die Gelatine in kaltem Wasser einweichen. Sahne, gereinigte Lindenblüten, Zucker, ausgekratztes Vanillemark und übrige Vanilleschote in einen Topf geben und langsam unter Rühren zum Kochen bringen. 5 Minuten leicht kochen lassen, dann vom Herd nehmen und die Mischung etwa 15 Minuten ziehen lassen. Zuerst in eine Schüssel, dann durch ein feinmaschiges Sieb zurück in den Topf gießen, noch einmal bis zum Siedepunkt erhitzen. Die Gelatine ausdrücken, den Topf vom Herd nehmen und die Gelatine in die heiße Milchmischung einrühren. So lange rühren, bis die Gelatine ganz aufgelöst ist. Die Sahnemischung auf sechs kleine oder vier große Kaffeegläser verteilen. Die Gläser mit Frischhaltefolie abdecken und mindestens für 4 Stunden im Kühlschrank kühlen – besser noch über Nacht.

LINDENBLÜTENTEE

LINDENBLÜTENSCHNAPS

Barón

**TIPP** Zum Servieren nach Belieben etwas Ahornsirup auf die Panna cotta geben. Der goldfarbene Sirup schmeckt herrlich zu Lindenblüten. Die Panna cotta mit Lindenblüten garnieren.

**TIPP** Die ausgekratzte Vanilleschote können Sie nach dem Kochen trocknen und in einem Glas mit Zucker mischen. Auf diese Weise geht nichts verloren und man bekommt einen herrlichen, selbst gemachten Vanillezucker.

## MITTSOMMERPUNSCH MIT LINDENBLÜTEN

Dieser »Hexentrank« wurde bei einem Johanni-Fest erfunden, als die Lindenbäume in voller Blüte standen. Das Rezept verlangt Improvisation. Das Wichtigste sind die Lindenblüten und eine große Glasschüssel. Verwenden Sie außerdem noch Blüten und Beeren der Saison. Beginnen Sie am Vormittag und stellen Sie die Bowle fertig, wenn die Gäste da sind.

**WILLKOMMENSTRUNK**
**FÜR 12 PERSONEN**

- 2 Limetten
- 2 Bio-Zitronen
- 3–4 Handvoll Lindenblüten, ohne Stängel/Blätter
- 100–150 g Zucker, Ahornsirup oder anderer Sirup
- 2 Flaschen trockener Weißwein
- 1 Handvoll Blütenblätter der Apfel-Rose
- Kirschen mit Stiel
- 1 Schuss Lindenblütenschnaps nach Belieben
- Eiswürfel
- Cava oder anderer guter Sekt mit Flaschengärung

Einige Stunden bevor die Gäste kommen, mit den Vorbereitungen beginnen. Limetten und Zitronen waschen und in Scheiben schneiden. Lindenblüten, Zitrusfrüchte, Zucker und Weißwein in eine große Schüssel geben. Umrühren, bis der Zucker aufgelöst ist, kühl stellen und immer wieder umrühren. Kurz vor dem Servieren Blütenblätter und Kirschen in die Bowle geben, nach Belieben auch 1 Schuss Lindenblütenschnaps. Mit etwas Sirup und/oder Zitronensaft abschmecken. Eiswürfel in hohe Gläser verteilen und jeweils zu drei Vierteln mit Punsch füllen. Mit dem Sekt oder Mineralwasser auffüllen und servieren.

**TIPP** Sie können den Punsch auch mit Holunderblüten und Holundersaft zubereiten.

**INTERESSANTES**
Der Volksmund sagt, dass ein Lindenbaum 300 Jahre wächst, 300 Jahre steht und 300 Jahre vergeht.

**INTERESSANTES**

Knoblauchsrauke gehört zur Familie der Korbblütengewächse, wie auch Raps, Kohl, Rucola oder Senf.

# KNOBLAUCHSRAUKE

April–August

Botanisch: *Alliaria petiolata*

Die Gewöhnliche Knoblauchsrauke, früher auch Lauchhederich oder Lauchkraut genannt, ist eine schöne Pflanze, die ich oft beim Fahrradfahren sehe. Sie wächst häufig in Massen, daher muss ich nur lospflücken. Man kann sie gut mit anderen Wildkräutern mischen, da sie intensiv schmeckt. Die Blüten sind eine nette Verzierung für Gerichte.

## WO GIBT ES KNOBLAUCHSRAUKE?

Die Knoblauchsrauke ist in fast ganz Europa verbreitet, mit Ausnahme von Gegenden mit sandigem Boden. Die Knoblauchsrauke verlangt nämlich guten Boden und wächst gerne in Wäldern, an Waldrändern, in Gehölzen, auf Weiden und in Gärten. Man findet sie oft in Gesellschaft von großen Nesseln und anderen Pflanzen, die Stickstoff benötigen. Die Knoblauchsrauke ist eine 40–70 cm hohe, einjährige, nach Knoblauch duftende Pflanze mit einem aufrechten Wachstum und herzförmigen, gezackten Blättern. Die weiße Blüte hat vier Blütenblätter.

## KOCHEN

Die Knoblauchsrauke riecht und schmeckt nach Knoblauch, daher ihr Name. Pflücken Sie ein Stück von der Pflanze und reiben Sie es zwischen den Fingern, Sie werden es sofort merken. Im Volksmund wird die Knoblauchsrauke oft auch als »Frikadellenpflanze« bezeichnet, und das mit Recht, denn gehackt macht sie Frikadellen sehr schmackhaft. Sie gibt aber auch Frühlingssalaten den richtigen würzigen Pfiff. Verwenden Sie Knoblauchsrauke in dem Salat, den Sie normalerweise mit Rucola, Kresse und Knoblauch würzen. Blätter, Blüten, Samen und Wurzeln werden in Suppen und hellen Saucen, zu Kartoffeln und Kohl, in Marinaden, zu Gebratenem und in Wildgerichten verwendet. Der Geschmack passt zu Eiern, die Knoblauchsrauke macht sich gut als Verzierung auf allen Arten von belegten Roggenbroten. Probieren Sie Knoblauchsrauke auch in Kräuterbutter und Mayonnaise. Die Blüten dienen als Verzierung, die Samen haben einen pikanten, senfartigen Geschmack.

## GESUNDHEIT

Die Knoblauchsrauke hat einen hohen Gehalt an Vitamin C. Seit dem Mittelalter wird die Pflanze bei Gicht verwendet. Es heißt, sie sei verdauungsfördernd, harntreibend, reinigend und gut bei Halsentzündungen, Bronchitis und Menstruationsschmerzen. Die Pflanze nicht während der Schwangerschaft oder bei Nierenkrankheiten essen.

## CRÈME NINON – FRANZÖSISCHE ERBSENSUPPE MIT KNOBLAUCHSRAUKE

**VORSPEISE FÜR 4 PERSONEN**
**5 kleine Schalotten**
**1 gute Handvoll Knoblauchsrauke**
**25 g Butter**
**1 kg grüne Erbsen**
**1 l Hühnerbrühe**
**Salz, Pfeffer**
**Zitronensaft**

Schalotten in feine Würfel schneiden. Knoblauchsrauke grob hacken. Schalotten in der Butter in einem Topf andünsten und Knoblauchsrauke und Erbsen dazugeben. Bouillon angießen und die Suppe köcheln lassen, bis die Erbsen weich sind. Die Suppe pürieren, zurück in den Topf gießen und nochmals erhitzen. Mit Salz, Pfeffer und Zitronensaft abschmecken. In einer Suppenschüssel, garniert mit etwas Schlagsahne, Knoblauchsraukeblüten und gehackten Blättern, servieren.

# LÖWENZAHN

April–Juni
August

Botanisch: *Taraxacum*
Löwenzahn blüht von April bis Mai und oft bis in den September hinein.

Was ist schöner als eine Wiese voll blühenden Löwenzahns? Das schreiende Gelb ist so energiegeladen, dass man nicht umhin kann, gute Laune zu bekommen. Ich bin fasziniert davon, dass Löwenzahn so viele gute Eigenschaften hat und dass alles an der Pflanze essbar ist.

## WO GIBT ES LÖWENZAHN?

Der Gewöhnliche Löwenzahn ist eine verbreitete Pflanze, die fast überall an Straßen, auf Wiesen und Weiden, an Mauern und Zäunen wächst. Es handelt sich um eine 10–30 cm hohe, mehrjährige Pflanze mit einer kräftigen Pfahlwurzel. Die Blätter, die in einer Rosette stehen, sind gezackt und umgeben den hohlen Blütenstiel, der an seinem Ende die wohlbekannte gelbe Blüte trägt. Die gesamte Pflanze enthält bitteren Milchsaft. Die schönen gelben Blüten der Pflanze bringen ganze Wiesen zum Leuchten. Heutzutage wird Löwenzahn aufgrund seiner nützlichen Eigenschaften und der vielen Anwendungsmöglichkeiten auch kommerziell angebaut, unter anderem in Deutschland, Frankreich und Dänemark.

### AMÜSANTES

In Dänemark heißt der Löwenzahn eigentlich *mælkebøtten*, »Milchkübel«. Löwenzahn ist dort der zweite Name, den die Pflanze aufgrund der markanten gezackten Blätter, die an die Zähne eines Löwen erinnern, erhalten hat.

## KOCHEN

Löwenzahn, der für viele Gartenbesitzer eine Plage darstellt, ist eine sehr vielseitig verwendbare Pflanze mit einem schönen, leicht bitteren Geschmack. Die Franzosen erklären mit Recht den Löwenzahn zur Königin der Wildpflanzen. Löwenzahn schmeckt am besten im Frühjahr. Später in der Saison sollte man nur die hellgrünen Blätter pflücken, sie sind zart und weich im Geschmack. Die Blütenknospen kann man in Butter oder Öl in der Pfanne zusammen mit Karotten, Kartoffeln und anderen Gemüsen anschwitzen und als Beilage zu Fleischgerichten servieren. Die Blätter machen sich gut in Salaten und Sandwiches. Aus den Blütenblättern kann man Schnaps brauen und Saft machen, oder man kocht sie zu einem goldenen, wohlschmeckenden Sirup ein. Sie lassen sich auch trocknen und als Teemischung verwenden. Mit den Blüten können Sie Salate und Desserts garnieren. Die Wurzeln des Löwenzahns wurden früher wie Zichorien als Kaffeeersatz verwendet. Dazu wurden die Wurzeln ausgegraben, getrocknet und geröstet und anschließend wie Kaffee aufgebrüht.

## GESUNDHEIT

Der Löwenzahn ist eine blutreinigende Pflanze. Der Saft der Wurzeln wurde zur Entgiftung der Leber und bei Gallenbeschwerden verwendet. Äußerlich soll der Saft gut sein, um Warzen zu entfernen und unreine Haut und andere Hautkrankheiten zu behandeln. Es heißt, dass Löwenzahn gegen Verstopfung wirkt, früher wurde er auch bei Gicht eingesetzt. Die Pflanze ist reich an Vitamin C, Kalium und Mineralien sowie Bitterstoffen, außerdem enthält sie doppelt so viel Vitamin A wie Spinat.

### GUT ZU WISSEN

Frische Pflanzen wirken harntreibend und vielleicht heißen die Pflanzen daher auf Französisch *pissenlit* – »Bettnässer«.

## GEBRATENE LÖWENZAHNKNOSPEN

Die Knospen von den Löwenzahnstängeln knipsen und in einer Pfanne zusammen mit anderem Gemüse anschwitzen. Mit Salz und Pfeffer abschmecken und zu Fleisch oder Fisch servieren. Zwiebel, Butter und Speck geben den Knospen noch mehr Geschmack. Nach Belieben etwas Essig darüberträufeln.

## LÖWENZAHNSCHNAPS

Aus den Pfahlwurzeln des Löwenzahns lässt sich ein leicht bitterer, jedoch sehr delikater Schnaps ansetzen. Die Wurzeln im frühen Frühjahr ausgraben, wenn sie Saft und Kraft gesammelt haben. Für eine Flasche Wodka braucht man sechs Löwenzahnwurzeln.

Mit einem langen scharfen Messer senkrecht in die Erde stechen und die Wurzel so weit unten wie möglich abschneiden. Die Wurzeln gründlich reinigen, in Stücke schneiden und in ein Bügelglas geben. Wodka darübergießen und 1 Woche ziehen lassen. Den Schnaps mehrere Male filtern, um ganz sicherzugehen, dass keine Erde mehr darin ist.

**TIPP*** Sie können auch aus den Blütenblättern Schnaps brauen. Das ergibt einen würzigen Schnaps mit einem leicht säuerlichen, honigartigen Geschmack. Den Schnaps 1 Woche ziehen lassen. Nicht zu viel davon herstellen, er verliert schnell seinen Geschmack.

## LÖWENZAHNSALZ

Stellen Sie ein würziges Kräutersalz her, das perfekt zu Fleisch passt oder einfach nur als Tischsalz zu verwenden ist. Dazu einige getrocknete Löwenzahnblätter und einige Blütenblätter mit Meersalz mischen. Mehr muss man nicht machen, um ein gesundes Kräutersalz herzustellen.

## LÖWENZAHNTEE

Blütenblätter von den Löwenzahnblüten abzupfen und trocknen lassen. Die getrockneten Blütenblätter mit anderen Tees vermischen. Man kann auch die grünen Blätter trocknen und einen Kräutertee daraus machen, der sehr gut bei übersäuertem Magen hilft. Löwenzahn soll außerdem ein gutes Mittel gegen Hautkrankheiten sein.

## LÖWENZAHNSALAT MIT SPIEGELEI UND SPECK

Ein klassischer französischer Frühjahrssalat, der mit Löwenzahnblättern und Räucherspeck zubereitet wird.

**FÜR 4 PERSONEN**

**2 Handvoll Löwenzahnblätter + einige Blüten zur Deko**
**250 g Speck**
**1 kleine Schalotte**
**1 Knoblauchzehe**
**4 große Eier**
**Rapsöl**
**Salz, Pfeffer**
**8 kleine Tomaten**
**getoastetes Roggenbrot**

Löwenzahn waschen, trocken tupfen und auf vier Tellern anrichten. Speck in Würfel oder Streifen schneiden und in einer heißen Pfanne auslassen. Schalotten in dünne Ringe schneiden, Knoblauch fein hacken. Alles zusammen mit dem Speck in der Pfanne braten, bis es knusprig und gar ist. Die Mischung über die Löwenzahnblätter verteilen. Etwas Öl in die Pfanne geben und vier Spiegeleier darin braten. Die Spiegeleier auf die Teller legen, mit Salz und Pfeffer würzen und mit Tomaten und Löwenzahnblüten garnieren. Nach Belieben etwas Fett aus der Pfanne über den Salat träufeln und sofort mit geröstetem Roggenbrot servieren.

**TIPP*** Die kleinsten Löwenzahnblätter sind die mildesten, während die großen etwas bitter sind. Was einem am besten schmeckt, muss jeder selbst entscheiden. Die bitteren Löwenzahnblätter können Sie mit anderen Salaten mischen.

**LÖWENZAHNSIRUP** schmeckt genial zu kräftigem Blauschimmelkäse.

## LÖWENZAHNSIRUP

Flüssig wie Honig, unglaublich lecker und mit einer tollen Farbe. Wenn man dem Nektar in den Löwenzahnblütenblättern Zucker hinzufügt, gibt es fast nichts, was noch leckerer wäre. Probieren Sie den Sirup zu Joghurt, Blauschimmelkäse, Salatsaucen und Marinaden.

**ca. 50 Löwenzahnblüten, nur die gelben Blütenblätter**
**500 g grüne unreife Äpfel**
**1 Rhabarberstange nach Belieben**
**Saft von 1 Zitrone + Saft zum Abschmecken**
**ca. 500 g Zucker**

Löwenzahnblüten pflücken, wenn sie in voller Blüte stehen. Kleine Tiere entfernen und Blütenblätter abzupfen. Es darf nichts Grünes und auch kein Stiel mehr dabei sein, sonst wird der Sirup bitter. Die Blätter zusammen mit geviertelten Äpfeln und in Würfel geschnittenem Rhabarber in einen Topf geben. Zitronensaft und 1 l Wasser hinzufügen und alles etwa 30 Minuten leicht köcheln lassen. Den Saft durch ein sauberes Tuch gießen und abwiegen. Zurück in den Topf füllen und die gleiche Menge Zucker hinzufügen. Den Saft zum Kochen bringen und so lange kochen, bis er etwas eindickt. Aufpassen, dass der Sirup nicht bei zu hoher Temperatur und nicht zu lange kocht, er darf nicht karamellisieren oder braun werden. Den Topf vom Herd nehmen, falls die Temperatur zu hoch wird. Den Sirup in saubere Flaschen gießen, gut verschließen und kühl aufbewahren.

**TIPP** Machen Sie mit dem heißen Sirup immer mal wieder einen Siruptest, um die Konsistenz zu kontrollieren, denn heißer Sirup ist flüssiger als abgekühlter. Geben Sie dafür ein wenig Sirup auf eine Untertasse und stellen Sie sie in den Kühlschrank. Nach 10 Minuten können Sie die Sirupkonsistenz beurteilen.

## JOGHURT MIT LÖWENZAHNSIRUP UND PINIENKERNEN

Hat man ein paar Flaschen Löwenzahnsirup hergestellt, muss man ihn nur noch verwenden. Ein kleines Glas mit Joghurt füllen, den goldenen Löwenzahnsirup darüberträufeln und einige geröstete Pinienkerne daraufstreuen. Einfacher geht's nicht!

## LÖWENZAHNSAFT

**100 Löwenzahnblüten, nur die Blütenblätter**
**Zucker oder Honig**
**Zitronensaft**

Die Löwenzahnköpfe vom Stiel entfernen, die Stiele dürfen nicht in den Saft gelangen, das macht diesen bitter. Die Blüten mit 1,5 l Wasser in einen Topf geben und 15 Minuten kochen. Die Blüten abseihen und den Saft mit Zucker oder Honig und Zitronensaft abschmecken. Löwenzahnsaft wird schnell dunkelgelb und kann je nach Geschmack verdünnt werden.

## OFENGEMÜSE MIT LÖWENZAHNSIRUP

Ein schnelles und einfaches Gericht, das zu allen Arten von Fleisch passt.

**FÜR 4 PERSONEN**
**1 Bund junge Karotten**
**1 Bund grüner Spargel**
**4 neue Zwiebeln**
**4 Lorbeerblätter**
**1 Schuss Löwenzahnsirup**
**Salz, Pfeffer**
**essbare Blüten als Deko, z. B. Löwenzahn und Meerrettich**

Den Ofen auf 200 °C vorheizen. Karotten putzen und dabei 1 cm des Grüns dranlassen. Die unteren Enden des grünen Spargels abschneiden. Zwiebeln schälen und in Würfel schneiden. Das Gemüse zusammen mit Lorbeer, 100 ml Wasser und Löwenzahnsirup in eine ofenfeste Pfanne geben und mit Salz und Pfeffer würzen. Das Gemüse 20 Minuten im vorgeheizten Ofen dünsten, bis die Karotten weich sind. Mit essbaren Blüten servieren.

**TIPP** Eventuell die Pfanne während der ersten 10 Minuten mit Alufolie abdecken.

**MEERRETTICH** wirkt wie ein Konservierungsmittel. Sie können beim Einmachen daher immer jeweils eine Scheibe Meerrettich mit in das Glas geben.

# MEERRETTICH

Juni
August–
Oktober

Botanisch: *Armoracia rusticana*
Meerrettich blüht im Juni, die Wurzel wird von August bis September geerntet.

Wenn ich eine Stelle in der Natur entdeckt habe, wo wilder Meerrettich wächst, kehre ich später dorthin zurück – ausgerüstet mit einem Spaten. Denn freiwillig kommt diese Wurzel nicht heraus! Meerrettich verwende ich vor allem in Eingemachtem und in kalten Dressings, worin er einen passenden Aroma-Kick z. B. zu Ofengemüse gibt.

### WO GIBT ES MEERRETTICH?

Meerrettich ist eine mehrjährige Gewürzpflanze, die wild an vielen Orten wächst. Sie hat lange kräftige, zylindrische Pfahlwurzeln mit einem scharfen Geschmack und einem interessanten Duft. Die Blätter sind länglich, kräftig, gezackt und dunkelgrün mit deutlichen Blattsträngen. Die Pflanze kann bis zu 80 cm hoch werden, sie fällt also ins Auge. Die weißen Wurzeln selbst sind unter der Erde, daher muss man nach den Blättern Ausschau halten, wenn man diese Wildpflanze sucht. Es ist schwierig, Meerrettich auszugraben, denn die Wurzeln sind oft gekrümmt und miteinander verknotet oder wachsen in andere Pflanzen hinein. Frisch ausgegrabener Meerrettich ist bissfest, weiß und riecht aufgrund der enthaltenen Senföle sehr scharf.

### GESUNDHEIT

Meerrettich wird seit Jahrhunderten angebaut und in der Volksmedizin aufgrund seiner Heilkräfte verwendet, er ist bakterienhemmend und hat reinigende Eigenschaften. Meerrettich enthält dreimal so viel Vitamin C wie Zitronen, daher verwendete man ihn früher auch bei Skorbut. Meerrettich hilft unter anderem, die Leber zu entgiften.

### KOCHEN

Der Wert des Meerrettichs liegt in seinen Wurzeln, weshalb er auch als »Ingwer des Nordens« bezeichnet wird. Der Geschmack ist stark, scharf wie Pfeffer und senfartig. Die Geschmacksstoffe sind flüchtig, daher sollte die Wurzel erst kurz vor Gebrauch geschält, gerieben oder dünn gehobelt werden. Frischer Meerrettich war immer ein wichtiger Geschmacksgeber in der nordischen Küche und ist ein Klassiker in Saucen zu gebratener Ochsenbrust oder gekochtem Huhn. Auf dänischen Butterbroten findet man ihn gehobelt oder gerieben und mit Sahne gemischt. Verwenden Sie ihn in heißen und kalten Saucen, in Kräuterbutter, Dressings, als Beilage zu Wurst und eingemachter Roter Bete. Die weißen Blüten können Sie essen oder als Deko verwenden.

**TIPP** Meerrettich nicht kochen, sonst verschwindet der Geschmack. Meerrettich immer erst kurz vor dem Servieren über das Gericht streuen oder einrühren.

### EINGEMACHTER MEERRETTICH

Der Geschmack des Meerrettichs ist sehr flüchtig, aber mit dieser Einmachart kann man den Geschmack »einfangen« und in Öl konservieren.

**300 g Meerrettichwurzeln**
**ca. 500 ml Rapsöl**
**Saft von 2 Zitronen**
**100 g Zucker**

Meerrettich waschen, schälen und in einer Schüssel fein reiben. Sofort Öl darübergießen, sodass der Meerrettich komplett bedeckt ist. Zitronensaft und Zucker dazugeben und umrühren, bis der Zucker aufgelöst ist. Das kann einige Zeit dauern – eventuell stehen lassen, bis der gesamte Zucker aufgelöst ist, regelmäßig umrühren. In einem sauberen Einmachglas aufbewahren. Ist das Glas einmal geöffnet, schnell aufbrauchen.

# PALMWEIDE

März
April

Botanisch: *Salix caprea*

Ich bin fasziniert von den Eigenschaften der Palmweide und den vielen dekorativen Dingen, zu denen man die Zweige verwenden kann, z. B. als Weidenkranz.

## WO GIBT ES PALMWEIDEN?

Weiden gehören zur großen Familie der *Salicaceae*, zu denen vier Gattungen mit etwa 400 Arten zählen. Die häufigste Waldweide ist die Palm- oder Salweide. Sie gehört zu den Laubbäumen und wächst zu einem großen Busch oder kleinen Baum heran. Sie wird bis zu 10 m hoch und 50 cm im Durchmesser. Die Rinde ist grau mit kantigen Poren. Die Kätzchen sind kurzstielig und blühen früh. Die Blüten, die so genannten »Palmkätzchen«, werden während des Blühens im frühen Frühjahr von Honigbienen und Sommervögeln aufgesucht, die ihren süßen Nektar in sich einsaugen.

## KOCHEN

Mit Weiden kann man in der Küche nicht allzu viel anfangen, aber ein guter Schnaps lässt sich daraus immer bereiten, sowohl aus den Kätzchen als auch aus den Zweigen.

## GESUNDHEIT

Palmweiden wurden in der Volksmedizin vor allem aufgrund ihres Salicingehalts verwendet, der z. B. als Acetylsäure in Kopfschmerztabletten bekannt ist. Die antiken Griechen kannten scheinbar die Eigenschaft der Palmweiden, Schmerzen zu lindern. Verletzte sich ein Sportler an Muskeln oder Sehnen, schnitt er sich ein Stück Palmweidenrinde ab und kaute diese, bis der Schaden behoben war. Heutzutage weiß man, dass Salicin für die Blutverdünnung verantwortlich ist.

## AMÜSANTES

Weidenzweige werden seit Urzeiten als Wünschelruten zum Aufspüren von Wasseradern und Schätzen verwendet. Und angeblich lässt sich die Treffsicherheit erhöhen, indem man den Gewehrlauf mit Palmweidenrinde einreibt.

## GUT ZU WISSEN

Einem Symbollexikon zufolge ist die Palmweide ein verzauberter, der Mondgöttin geweihter Baum. Die Trauerweide symbolisiert Trauer und unglückliche Liebe und hat einen Bezug zu Begräbnissen. Innerhalb des Buddhismus symbolisiert die Weide Demut, während sie im Daoismus für Stärke in der Schwachheit steht – die Weide beugt sich, gibt nach, erhebt sich wieder und überlebt. Früher verwendete man die Weide zu vielen verschiedenen Dingen. Besonders die langen dünnen Weidentriebe wurden für alles mögliche Flechtwerk verwendet.

## INTERESSANTES

Der Name kommt vom althochdeutschen *wida*, was »winden, drehen, biegen« bedeutet – entsprechend der Verwendung von Weidenruten.

## WEIDENKRANZ

Wenn Sie sowieso draußen in der Natur unterwegs sind, um Weiden für die Schnapsherstellung zu schneiden, können Sie auch gleich ein paar lange Zweige für einen Frühjahrskranz mitnehmen.

## WEIDENSCHNAPS

Weidenschnaps soll ein schmerzstillender Schnaps sein, denn Weiderinde und -blätter enthalten Salicin. Kräuterschnaps aus Weiden wirkt also schon gegen Kopfschmerzen, bevor man diese bekommt! Wenn die Weide mit Tausenden von gelben Palmkätzchen blüht, ist es an der Zeit, sie abzuschneiden und einen Schnaps daraus herzustellen. Schnaps kann sowohl aus den Zweigen als auch aus den Palmkätzchen gemacht werden – oder aus beidem.
Die Palmkätzchen im frühen Frühjahr pflücken, wenn sie viele gelbe Staubgefäße haben, und in ein Glas geben. Mit Wodka übergießen, 1 Woche ziehen lassen und abfiltern. Verdünnen ist nicht notwendig.

10–15 Stück der äußersten Zweige etwa 15 cm lang abschneiden und in ein Bügelglas geben. Mit Wodka übergießen und 6 Monate ziehen lassen. Filtern und mit Wodka nach Geschmack verdünnen.

**TIPP*** Der Geschmack von Palmkätzchen ist in der Hauptsache nussartig, während die Zweige einen bitteren Schnaps ergeben. Wenn man die beiden Varianten miteinander vermischt, erhält man einen neuen Geschmack.

**OSTERSCHMUCK**

Binden Sie einen Kranz aus Palmkätzchen und legen Sie diesen über einen hübschen Vogelkäfig. Stecken Sie Federn in den Kranz und legen Sie ausgeblasene Eier in den Vogelkäfig und um den Kranz herum. Oder den Kranz einfach auf einen großen Teller legen und mit Eiern und Federn dekorieren.

# BIRNE

Mai
August
September

Botanisch: Pyrus communis
Der Birnbaum blüht im Mai, die Birnen werden von August bis September geerntet.

Wenn es ein obstreiches Jahr ist und die Bäume sich unter den Früchten biegen, gibt es reichlich Gelegenheit, Birnen in der Natur zu pflücken – man muss nur die richtigen Orte kennen. Stoppen Sie einfach zwischendurch, fahren Sie auf einen Feldweg, machen Sie einen Spaziergang und halten Sie die Augen offen. An vielen Orten sind die Bäume verwildert oder wachsen an einer Stelle, wo früher eine ganze Obstplantage war. Wilde Birnen sind oft klein und hart, aber Sie können auch Glück haben und einen Baum mit sehr saftigen Früchten finden.

## WO GIBT ES BIRNBÄUME?

Wilde Birnbäume wachsen an Grundstücksgrenzen und auf Feldern, an Waldrändern und in Laubwäldern. Der Ursprung der Birnbäume ist unsicher, aber sie sollen seit der Zeit des antiken Griechenlands angebaut worden sein. An vielen Orten in West-Asien und Europa gibt es wilde Birnbäume. Im Mai blüht der Baum mit weißen Blüten, angeordnet in Schirmblüten mit den charakteristischen dunkelroten Staubgefäßen in der Mitte. Die Blüten ziehen viele Insekten an, die auf der Jagd nach Pollen und Nektar sind. Die Birne ist ein leckeres Obst, das in Größe, Form, Farbe und Geschmack sehr stark variieren kann. Das Fruchtfleisch ist weiß bis cremefarben, und wenn die Birne reif ist, schmeckt es in der Regel saftig und süß. Vor der Reife ist die Birne sauer und hart und hat einen herben Geschmack. Birnen können allerdings auch hart und spröde sein, obwohl sie reif sind.

## KOCHEN

Birnen schmecken gut in Salaten mit geräuchertem Fleisch und Nüssen, in Grützen und in Obstsalaten. Mischen Sie eine Birne in Ihren Morgen-Smoothie oder führen Sie einen Grützetag ein und servieren Sie einen klassischen Birnenbrei. Geben Sie auch rohe Birnenstücke in eine gewöhnliche grobe Grütze. Früher trocknete man die Frucht auf dem Kachelofen und aß dann die getrockneten Birnen. Das können Sie weiterhin machen und die getrockneten Birnenstücke in die Müsli-Mischung mischen. Verwenden Sie zum Trocknen einen Ofen oder einen Dörrapparat. Servieren Sie Birnen auch zu Käse, gerne Blauschimmel- oder Ziegenkäse. Birnen kann man kochen, einmachen, zu Püree und in Kuchen und Torten verarbeiten. Außerdem lässt sich natürlich Saft aus den Blüten herstellen – auf die gleiche Art, wie man dies aus Holunderblüten macht.

### AMÜSANTES

In Frankreich hängt man eine Flasche um die erste kleine Birne am Baum, die Birne wächst dann in der Flasche weiter. Um Birnenbrandwein zu erhalten, wird einfach Alkohol über die Birne in der Flasche gegossen.

**TIPP** Birnen können Sie den Winter über aufbewahren. Dazu muss man sie pflücken, wenn sie gerade reif, noch etwas fest und ohne schlechte Stellen und Kratzer sind. Legen Sie die Birnen zwischen zwei Lagen Zeitungspapier in eine Obstkiste aus Holz mit Schlitzen zur Luftzirkulation und bewahren Sie sie frostfrei bei etwa null Grad und niedriger Luftfeuchtigkeit auf. Ein Schuppen oder ein kalter Keller sind dafür perfekt. Gucken Sie ab und zu in die Kiste und entfernen Sie Früchte mit braunen Stellen. Passen Sie auf Mäuse auf – auch die essen gerne Birnen.

## GESUNDHEIT

Birnen zählen aufgrund ihres hohen Gehalts an Fruktose und Glukose zu den energiereichen Früchten. Sie sind außerdem reich an Vitamin C und haben antioxidative Eigenschaften. Die vielen Ballaststoffe in der Birne helfen bei Verstopfung, aufgrund ihres hohen Pektingehalts senken sie den Blutdruck und haben angeblich einen guten Einfluss auf den Cholesterinspiegel. Der Stoff Bor, den es in vielen Früchten gibt, besonders in Birnen, hilft dem Körper, Kalzium zu halten und damit das Risiko für Osteoporose zu senken.

**TIPP** Birnen sollte man erst ernten, wenn sich die Frucht leicht vom Zweig löst. Denken Sie daran, heruntergefallene Früchte einzusammeln (Fallobst). Wurmlöcher, faule und angestoßene Stellen wegschneiden – der Rest des Fruchtfleischs ist in Ordnung.

## BIRNENMUS

Birnenmus ist ein Leibgericht aus meiner Kindheit. Nein, was schmeckte das gut! Einfach und lecker. Genau richtig für Kinder – vor allem, wenn man Zimt und Zucker darüberstreut. Servieren Sie Birnenmus zum Frühstück, nach der Schule oder als Hauptgericht an einem Grützetag.

**FÜR 4 PORTIONEN**

**4 reife, feste Birnen**
**1 ½ l Milch**
**180 g feine Gerstengraupen**
**1 Prise Salz**
**Zucker, Zimt und/oder Vanillezucker**

Birnen schälen, entkernen und in Würfel schneiden. Milch zum Kochen bringen und Gerstengraupen unter Rühren einstreuen. 10–15 Minuten kochen lassen, dann die Birnen dazugeben. Weitere 10–15 Minuten kochen, dabei ständig umrühren. Topf vom Herd nehmen und mit etwas Salz abschmecken. Das Birnenmus in tiefen Tellern servieren, nach Belieben mit Zucker, Zimt oder Vanillezucker bestreuen.

### GUT ZU WISSEN

Birnen enthalten wenig Fruchtsäure, aber etwa so viel Zucker wie Äpfel. Daher sind sie für säureempfindliche Menschen bekömmlicher.

## BIRNENBLÜTENSAFT

In einem Frühsommer mit Millionen blühender Obstbäume entstand die Idee, aus Birnenblüten Saft herzustellen. Die Technik ist die gleiche wie bei Holunderblütensaft: Birnenblüten mit so wenig Grün wie möglich pflücken. Etwa 2 l sind passend – vielleicht etwas weniger, vielleicht etwas mehr – bitte ausprobieren.

**1 kg Zucker**
**Schale und Saft von 2 Bio-Zitronen**
**2 l Birnenblüten, geputzt, frei von kleinen Tieren**
**2 EL Zitronensäure nach Belieben**

In einen großen Topf 1 l Wasser, Zucker, Zitronenabrieb und -saft geben. Alles aufkochen, bis der Zucker aufgelöst ist. Schaum abheben und die Flüssigkeit abkühlen lassen, am besten über Nacht. Die Blüten in eine große Schale geben und die kalte Zuckerflüssigkeit zusammen mit der Zitronensäure darübergießen. Den Saft 1 Tag ziehen lassen – immer wieder abschmecken. Normalerweise beträgt die Ziehzeit 12–24 Stunden, danach wird der Saft bitter. Den Saft durch ein Stück Tuch, das ohne Waschmittel gewaschen wurde, seihen. Dann in ein sauberes Einmachglas füllen. Den Saft kühl aufbewahren.

**TIPP** Den Saft nach Belieben mit Weißwein oder Champagner verdünnen!

**TIPP** Wenn sehr viele Blüten am Baum sitzen, ruhig lospflücken! Birnen werden nicht sehr groß, wenn sie dicht hängen.

**TIPP** Birnenblüten sind eine zauberhafte Verzierung, z. B. auf Muffins oder auf Geburtstagskuchen.

# BÄRLAUCH

März–
Juni

Botanisch: *Allium ursinum*

Bärlauch, der Knoblauch des Waldes, treibt im frühen Frühjahr aus, oft bereits im März, wenn es noch nicht so viele andere Pflanzen gibt. Ich werde immer ganz aufgeregt, wenn am Waldboden die ersten Triebe als Zeichen für den Saisonstart zu sehen sind. Ich habe meine ganz eigene Stelle mit Tausenden von Blättern und später Massen von weißen Blüten. Sowohl die Blüten als auch die schönen tulpenartigen Blätter machen sich sehr gut in einem Blumenstrauß.

## WO GIBT ES BÄRLAUCH?

Bärlauch ist ein echter Frühlingsbote, der wild in Laubwäldern, Gehölzen und kleinen Wäldern wächst und mit seinen saftig grünen Blättern den Waldboden bedeckt. Bärlauch ist ein Zwiebelgewächs mit zwei grundständigen, elliptischen Blättern und einem dreikantigen Stängel, der 15–45 cm hoch wird. Bärlauch ist bekannt für seinen charakteristischen Duft, der an Knoblauch erinnert – man riecht ihn, wenn man im Frühjahr durch den Wald geht. Später in der Saison kann der Geruch so heftig werden, dass der ganze Waldboden stinkt. Im Mai blüht Bärlauch mit schönen weißen, sternförmigen Blüten in einem offenen Schirm.

## WARNUNG

Vorsicht: Bärlauch ist leicht mit Maiglöckchen oder Herbstzeitlosen zu verwechseln, die beide giftig sind. Es ist jedoch fast unwahrscheinlich, dass die Pflanzen am gleichen Ort wachsen. Wenn Sie Zweifel haben, verreiben Sie einige Blätter zwischen den Fingern und riechen Sie daran. Knoblauchduft ist auf jeden Fall zu erkennen und Maiglöckchen oder Herbstzeitlose duften nicht nach Knoblauch.

## KOCHEN

»Stinkende Leckerei« – Bärlauch ist der Knoblauch des Waldes und ein herrlich gesundes und aromatisches Frühjahrsgemüse. Die Pflanze wurde zu allen Zeiten in der Küche wie Knoblauch und Zwiebeln verwendet. Wie der Name Bärlauch sagt, besitzt die Pflanze eine Lauchzwiebel unter der Erde. Man kann alles essen, die Zwiebel, die Blätter, die Stängel und die Blüten, roh ebenso wie gekocht. Die Blätter vor dem Verblühen essen, danach wird der Geschmack kräftiger und weniger raffiniert. Die Blätter können Sie wie andere Blattgemüse zubereiten. Die Blüten sind sehr dekorativ in einem Salat, auf Butterbroten usw. Wenn die Blüten Samen tragen, können Sie sie wie Kapern einmachen. Die Stängel abschneiden und wie Schnittlauch geschnitten über Gerichte streuen.

### GUT ZU WISSEN

Bärlauch ist in einigen Regionen gefährdet, daher sollte man zur Schonung der Bestände in solchen Gegenden je Pflanze nur ein Blatt mitnehmen und keine Wurzeln ausgraben.

## GESUNDHEIT

Bärlauch ist aufgrund seines hohen Vitamin-C-Gehalts – tatsächlich mehr als zehnmal so viel wie in Zitronen – sehr gesund. Bärlauch hat viele ähnliche Wirkungen wie Knoblauch. Wie der lateinische Gattungsname *Allium* andeutet, enthält die wild wachsende Zwiebelpflanze ähnlich wie ihr Vetter Knoblauch die Stoffe Alliin und Allicin. Diese Stoffe wirken antibiotisch und stärken gleichzeitig das Immunsystem. Bärlauch ist außerdem gut für Haut, Knochen und Bronchien und wirkt gegen Arterienverkalkung und hohen Blutdruck.

## OLIVEN MIT BÄRLAUCH MARINIERT

Ganz gewöhnliche Oliven können Sie mit einer spannenden Marinade und gehacktem Bärlauch aufpeppen.

**250 g gemischte Oliven**
**Saft und Schale von 1 Bio-Zitrone**
**1 ganze Bio-Zitrone**
**200 ml Bärlauch- oder Olivenöl**
**1 Handvoll fein gehackter Bärlauch + kleine Bärlauchblätter zur Verzierung**
**Pfeffer**

Oliven in eine Schüssel geben, Zitronenschale und -saft dazugeben. Die andere Zitrone heiß waschen, längs vierteln und die Viertel in dünne Scheiben schneiden, eventuelle Kerne entfernen. Die Zitronenscheiben zusammen mit Öl und Bärlauch in die Schüssel dazugeben, alles mit Pfeffer würzen, umrühren und einige Stunden ziehen lassen. Zum Servieren auf Schälchen verteilen und mit kleinen Bärlauchblättern verzieren.

## BRATHERING MIT BÄRLAUCHKAPERN

### FÜR 4 PERSONEN

**8 Heringsfilets**
**8 EL grober Fischsenf**
**ca. 80 g Roggenmehl oder Dinkelmehl**
**Salz, Pfeffer**
**Butter zum Braten**
**Roggenbrot (s. S. 72)**

Marinade:
**500 ml Holunderblütenessig (s. S. 100) oder anderer Essig**
**200 g Zucker**
**1 TL Salz**
**10 ganze Pfefferkörner**
**1 Lorbeerblatt**

Verzierung:
**Bärlauchkapern oder normale kleine Kapern**
**Bärlauchstängel**
**Holunderblüten**

Die Filets unter kaltem Wasser abspülen und mit Küchenpapier trocken tupfen. Senf auf die Innenseiten der Filets streichen und die Fischhälften wieder zusammenlegen. Die Filets in mit Salz und Pfeffer vermischtem Mehl wälzen und in einer Pfanne auf jeder Seite einige Minuten in Butter braten. Die gebratenen Filets auf einen Teller legen und abkühlen lassen.

Alle Zutaten für die Marinade in einen Topf geben und ca. 5 Minuten kochen. Abkühlen lassen und über die gebratenen Heringsfilets gießen. Bis zum nächsten Tag ziehen lassen. Mit Bärlauchkapern, geschnittenen Bärlauchstängeln und Holunderblüten garnieren und mit Roggenbrot servieren.

## BÄRLAUCHKAPERN

Nach der Blüte entwickeln sich am Bärlauch Beeren. Die Beeren kann man von den Stängeln schneiden und wie Kapern einmachen.

**500 g Bärlauchbeeren, auch weniger**
**500 ml Essig**
**1 EL ganze Senfsamen**
**1 EL ganze Pfefferkörner**
**4 Lorbeerblätter, etwas zerkleinert**
**1 EL Salz**
**1 EL Zucker**

Bärlauchbeeren von den Stängeln schneiden und gut abspülen. In ein sauberes Weckglas geben. Essig mit Gewürzen aufkochen und über die Beeren gießen, sofort verschließen. Die abgekühlten Gläser im Kühlschrank aufbewahren.

## MARINIERTE KRABBEN MIT BÄRLAUCHBLÜTEN

Krabben sind ein leckerer Snack vor dem Mittagessen – denken Sie an Zahnstocher, wenn Sie sie servieren.

**200 g Krabben in Salzlake**
**50 ml Holunderblütenöl (s. S. 100)**
**25 ml Holunderblütenessig (s. S. 100)**
**Salz, Pfeffer**

PP* Die weißen sternförmigen Bärlauchblüten
t einer Schere abschneiden. Auch die sehr dekorative
itze des Stängels abschneiden und als Verzierung
wenden. Stängel zu Gerichten mit Ei oder zu allem
oen, dem man mit dem milden Zwiebelgeschmack
en neuen Pfiff verleihen kann.

**TIPP*** Die marinierten Oliven kühl in einem gut schließenden Glas aufbewahren. Sie halten sich nur 3–4 Tage im Kühlschrank, da der Bärlauch schnell verdirbt. Immer einen neuen sauberen Löffel benutzen, wenn man Oliven herausholt.

**GRÜNE SAUCE** ist die perfekte Begleitung zu gekochtem, gebratenem oder gegrilltem Fisch oder einer Fischterrine. Auch lecker zu gegrilltem Kalbfleisch, Huhn oder Lamm. Oder als Dip zu Rohkost.

**VERWENDEN SIE DAS WOHLSCHMECKE DE GRÜNE ÖL** in Dressings und tropfen Sie es au Fisch, Fleisch oder Kartoffeln.

**TIPP*** Diese Mayonnaise schmeckt zu frisch geschälten Fjordkrabben und zu vielen anderen Fischen und Schalentieren. Oder als Dip zu Pommes frites oder knusprig gebratenen Ofenkartoffeln.

Deko:
**Bärlauchblüten**
**Bärlauchstängel**
**Holunderblüten**

Krabben abtropfen lassen, in eine Schüssel geben und Öl und Essig darübergießen. Leicht verrühren und mit Salz und Pfeffer abschmecken. Krabben in eine kleine Schüssel geben und mit Bärlauchstängel und -blüten und eventuell kleinen Holunderblüten bestreuen.

**TIPP** Statt Holunderblütenöl und -essig können Sie auch andere Öl- und Essigsorten verwenden.

## BÄRLAUCHSUPPE

Eine herrliche Frühlingssuppe mit einem leichten Zwiebelgeschmack und eine wunderbare Vorspeise, die gut zu einem Frühlingsessen passt. Die Suppe ist schnell gekocht und kann nach Geschmack mit Einlagen und Beilagen variiert werden. Probieren Sie verschiedene Einlagen in der Suppe, z. B. Krebsschwänze, Krabben, Fischfrikadellen, rohen Lachs, Thunfisch oder gekochtes Hühnchen in kleinen Würfeln.

**VORSPEISE FÜR 4 PERSONEN**
**1 l Bärlauchblätter + einige Bärlauchblätter zur Deko**
**1 l Hühner- oder Gemüsebrühe**
**200 g Schlagsahne**
**Salz, Pfeffer**

Bärlauchblätter waschen und trocken tupfen. Die Brühe bis zum Siedepunkt erhitzen. Bärlauchblätter hinzufügen und aufkochen. Topf vom Herd nehmen und Suppe mit einem Mixer pürieren. Sahne hinzufügen und die Suppe nochmals erhitzen, aber nicht kochen. Mit Salz und Pfeffer abschmecken und mit ganzen Blättern belegt servieren. Nach Belieben Einlagen in tiefe Teller legen und die heiße Suppe darübergießen.

## BÄRLAUCHMAYONNAISE

Servieren Sie die Mayonnaise zu gekochten Eiern oder neuen warmen Kartoffeln – sie schmeckt gut und ist gesund!

**2 Eigelb, ganz frisch**
**Salz**
**Zitronensaft**
**100–200 ml Bärlauch- oder Traubenkernöl**
**2 EL griechischer Joghurt (10 %)**
**fein gehackte Bärlauchblätter**
**Pfeffer**

Eigelb und 1 Teelöffel Salz mit einem Schneebesen verschlagen, Zitronensaft dazugeben. Das Öl in einem sehr dünnen Strahl einrühren, dabei immer weiterschlagen. So lange fortsetzen, bis die Mayonnaise eine cremige Konsistenz hat. Joghurt unterrühren und gehackten Bärlauch dazugeben. Mit Salz, Pfeffer und Zitronensaft abschmecken.

## BÄRLAUCHÖL

**1 l Bärlauchblätter, ohne Stängel**
**1 EL Salz**
**500 ml Raps-, Traubenkern- oder mildes Olivenöl**
**1 EL Zitronensaft**

Bärlauchblätter in kaltem Wasser waschen. In einem Topf Salzwasser aufkochen, Bärlauchblätter hineingeben und 1 Minuten kochen. Danach durch ein Sieb gießen und mit eiskaltem Wasser abschrecken, um die frische grüne Farbe der Blätter zu bewahren. Die Blätter gut ausdrücken, mit Öl und Zitronensaft in einen Mixer geben und zu einer homogenen grünen Masse mixen. Ein Sieb mit einem alten Leintuch auskleiden, über eine Schüssel halten und die Masse hindurchseihen. Bis zum nächsten Tag stehen lassen, damit alles abtropfen kann. Eine Flasche mit kochendem Wasser auswaschen und das abgetropfte Öl hineinfüllen. Das Öl kalt aufbewahren, so hält es sich einige Monate frisch und grün.

## GRÜNE SAUCE MIT BÄRLAUCH

Kalte grüne Sauce – der Geschmack des Sommers, serviert zu frisch geräuchertem Hering auf Roggenbrot mit Radieschen, grünem Spargel und Gurke. Das passt hervorragend zusammen.

**1 gute Handvoll frische Bärlauchblätter, ohne Stängel**
**1 Becher Crème fraîche (20 oder 30 %)**
**etwas Zitronensaft**
**etwas milder Dijonsenf**
**Salz, Pfeffer**

Gewaschene Bärlauchblätter pürieren und mit Crème fraîche vermischen. Mit Zitronensaft, Senf, Salz und Pfeffer abschmecken.

**TIPP** Es ist nur vernünftig, bei den Kalorien etwas aufzupassen. Die fette Crème fraîche können Sie durch griechischen Joghurt, Dickmilch oder Sauermilch ersetzen.

## KRÄUTERBUTTER MIT BÄRLAUCH

**2 Handvoll frische Bärlauchblätter, ohne Stängel**
**250 g weiche Butter**
**Salz, Pfeffer**
**etwas Zitronensaft**
**1 TL scharfer Dijonsenf**

Bärlauchblätter waschen und mit den anderen Zutaten zu einer grünen Masse pürieren. Die Masse in Streifen auf ein Stück Backpapier streichen und kurz kühl stellen. Wenn die Butter fester ist, mithilfe des Backpapiers zu Würsten rollen. Zum Schluss die Butter in ein neues Stück Backpapier einrollen und in einem Gefrierbeutel in den Gefrierschrank legen. So ist die Butter immer servierfertig, wenn Fleisch auf den Tisch kommt.

## TOMATENSALAT MIT BÄRLAUCH

Ein einfacher, traditioneller und unglaublich herrlicher Salat, der ohne Weiteres jeden Tag in der Saison auf dem Tisch stehen kann.

**verschiedene Tomaten**
**Bärlauchblätter**

Dressing:
**2 EL Weinessig**
**6 EL Bärlauch- oder Olivenöl**
**1 TL Rohrzucker**
**etwas Senf**
**Salz, Pfeffer**

Tomaten waschen und in Stücke schneiden. Bärlauchblätter waschen, wie eine Zigarre zusammenrollen und mit einem Messer hacken. Aus den übrigen Zutaten ein Dressing rühren und kurz vor dem Servieren über die Tomaten geben. Mit gehacktem Bärlauch bestreuen.

**TIPP** Die Tomaten mit Feta- oder Mozzarellakäse mischen, das ergibt einen gehaltvollen Frühstückssalat. Oder machen Sie Bruschetta: Ciabatta-Brot rösten oder grillen und den Tomaten-Bärlauch-Salat darauf verteilen. Eine einfache und schnelle Vorspeise!

## BÄRLAUCH-PESTO

Pesto mit Basilikum kennen alle. In dieser Version ist Basilikum durch Bärlauch ersetzt und Knoblauch weggelassen. Probieren Sie Bärlauch-Pesto mit frischen Kartoffeln, auf Pasta, als Buttereratz auf Brot und im Sandwich oder als Dip für Rohkost.

**1 gute Handvoll Bärlauch, ersatzweise Giersch**
**50 g geriebener Parmesan**
**100 g Haselnüsse, Pinienkerne oder Mandeln**
**250 ml Rapsöl**
**etwas Zitronensaft**
**Salz, Pfeffer**

Bärlauch waschen, mit einem Tuch trocken tupfen und in grobe Stücke schneiden. Bärlauch, Parmesan, Nüsse und Öl in einen Mixer geben und zu einer homogenen Masse pürieren. Je nach Geschmack grober oder feiner mixen. Mit Zitronensaft, Salz und Pfeffer abschmecken.

**TIPP** Das Pesto können Sie in einem gut schließenden Glas etwa einen Monat im Kühlschrank aufheben. Bedecken Sie das Pesto mit Öl. Nach dem Öffnen das Pesto innerhalb einer Woche verbrauchen.

## :EFSTEAK MIT BÄRLAUCHBUTTER

ak nach eigenem Geschmack auswählen: Es kann ein abgehangenes Filet sein, gegrillt auf dem Gartengrill, er ein alltägliches Hacksteak. Eine Scheibe gefrorene lauchbutter kurz vor dem Servieren auf das Fleisch en.

### GUT ZU WISSEN

Unter der Erde sind die feinsten kleinen Zwiebeln, sie erinnern an eine Mischung aus Frühlingszwiebeln und Knoblauch.

## EINGEMACHTER BÄRLAUCH

12 kleine Bärlauchpflanzen
100 ml Weißweinessig
1 TL Salz
1 EL Zucker
1 Lorbeerblatt
1 TL rosa Pfefferkörner
1 TL schwarze Pfefferkörner
2 kleine Bärlauchblätter
10 Bärlauchblüten nach Belieben

Bärlauch so schneiden, dass er der Länge nach in ein Einmachglas passt. Alle Zutaten mit 500 ml Wasser in einem Topf vermischen und erhitzen, ca. 5 Minuten köcheln lassen. Den Bärlauch aus der Flüssigkeit holen, diese noch weitere 2 Minuten köcheln lassen. Den Bärlauch in ein sauberes Glas geben, dafür am besten eine Pinzette verwenden. Die warme Flüssigkeit darübergießen und das Glas verschließen. Im Kühlschrank aufbewahren, er hält sich mehrere Monate frisch.

**TIPP** Bärlauch kann wie Knoblauch roh gegessen werden, oder man schneidet ihn klein und streut ihn auf Eier oder Tatar.

ÄRLAUCHBLÄTTER in einem warmen,
ɔckenen Raum zum Trocknen aufhängen oder
einem Trockengerät trocknen.

## BÄRLAUCHSALZ

Ein schönes grünes Salz, das in der Farbe japanischem Wasabi zum Verwechseln ähnlich sieht. Das Salz ist mild aromatisch und kann zu allen Gerichten verwendet werden, zu denen man Salz benötigt. Streuen Sie Bärlauchsalz auf neue Kartoffeln, Rauchkäsecreme oder gekochte Eier.

Getrocknete Bärlauchblätter zusammen mit grobem Meersalz in einem Mörser zu Pulver zerkleinern. In einem gut schließenden Glas aufbewahren.

**TIPP*** Sie können die getrockneten Blätter auch ohne Salz zerkleinern und das Pulver als eine Art Geschmacksverstärker oder nur zur Deko auf ein Gericht streuen.

**TIPP*** Frische Bärlauchblätter und Salz zu einer feuchten Masse vermischen. Dünn auf einem mit Backpapier ausgelegten Backblech verteilen und zum Trocknen an einen warmen Ort stellen.

# RAINFARN

Juli–September

Botanisch: *Tanacetum vulgare*

Rainfarn habe ich in dieses Buch aufgenommen, auch wenn seine kulinarischen Möglichkeiten auf Schnaps begrenzt sind. Ich bin ganz wild auf die frische gelbe Farbe und verwende die Pflanze gerne in Blumensträußen, sowohl frisch als auch getrocknet.

## WO GIBT ES RAINFARN?

Rainfarn ist gewöhnlich an Wegrändern, Rainen, Hecken und in Auwäldern zu finden. Rainfarn wird 50–100 cm hoch, hat viergeteilte Blätter und einen dichten Schirm aus gelben Blüten mit einem starken, bitteren Duft. Die Blüten gleichen kleinen gelben Knöpfen, daher wird die Pflanze von einigen auch als »Goldknopf« bezeichnet. Fliegen und Vögel setzen sich gerne auf diese Goldknöpfe und saugen den Nektar.

## GESUNDHEIT

Rainfarn wurde in vielen Ländern vor allem als wurmtreibendes Mittel verwendet, daher auch die Bezeichnung »Wurmkraut«. Früher verwendete man Rainfarn äußerlich bei Milben und Flöhen, die vermutlich den scharfen Geruch der Pflanze nicht mochten. Als Medizin gegen Keuchhusten wurden die Blüten in Milch gekocht. Im Bettstroh war es gut gegen Milben, außerdem konnte es Fliegen und Wanzen vertreiben. Zwischen der Kleidung verteilt hielt es Motten ab.

### AMÜSANTES

Die Pflanze wurde früher auch zur Teufelsbeschwörung, gegen Zauber und als Aphrodisiakum verwendet. Man dachte außerdem, dass Rainfarn gegen Blitzschlag und Fäulnis hilft.

## RAINFARNBITTER

Seit Generationen wird Rainfarn als Geschmacksgeber in Branntwein verwendet, da sein Aroma so intensiv ist, dass der Geschmack selbst den schlimmsten Fusel überdecken kann.

100 ml Blüten einige Tage trocknen, dann in eine Bügelflasche geben, Wodka darübergießen und alles 1–3 Tage oder länger ziehen lassen, danach die Blüten abfiltern. Mit Wodka verdünnen, z. B. im Verhältnis 1:2. Der Schnaps hat eine grüngelbe Farbe, die sich später zu Braun ändert. Der Geschmack ist frisch und harzartig, was an dem Gehalt des Bitterstoffes Tanacetin liegt. So muss ein echter Schnaps schmecken! Der Schnaps hält lange und wird mit zunehmender Lagerung immer besser.

### GUT ZU WISSEN

Rainfarn enthält den Stoff Thujon, der zwar giftig ist, dies jedoch nur in großen Mengen. Trotzdem sollte man den Rainfarn weder arzneilich noch kulinarisch im Übermaß verwenden.

**TIPP** Vielleicht haben Sie Glück und ein Nachbar oder ein Bekannter hat gerade eine große Fichte gefällt. Dann können Sie leicht an die neuen Triebe des gefällten Baums kommen.

**TIPP** Fichtenschnaps nach Belieben mit kalt geschleudertem Honig süßen.

# FICHTE

**April**
**Mai**

Botanisch: *Picea abies*
Fichtentriebe sind am besten im Mai, je nachdem, wie früh oder spät sich das Frühjahr gemeldet hat. Frieren Sie die zarten Triebe eventuell für einen späteren Gebrauch ein.

Die Gewöhnliche Fichte, oder auch Rotfichte, ist für mich der eigentliche Christbaum – allein der Duft versetzt mich in Weihnachtsstimmung. In Falsled Kro auf Fünen erhielt ich vor 25 Jahren ein Sorbet von frischen Fichtennadeln – exotisch und spannend. Die Inspiration war da und so war es ganz natürlich für mich, im Frühjahr neue, zarte Fichtentriebe zu pflücken, um sie dann zum Kochen zu verwenden.

## WO GIBT ES FICHTEN?

Die Fichte ist ein sehr verbreiteter Waldbaum in Europa. Sie wächst als gerader Nadelbaum, der bis zu 40 m hoch werden kann. Die Krone ist kegelförmig und die Zweige wachsen in Kränzen um den Stamm herum. Die Rinde der jungen Fichten ist rotbraun, ebenso wie die jungen Triebe – daher der Name Rotfichte. Die Nadeln sind grün und gleichmäßig nach allen Seiten verteilt. Die Fichte ist ein genügsamer Baum mit einem starken balsamähnlichen Duft, der anregend und erfrischend wirkt. Der Baum ist der bevorzugte Weihnachtsbaum.

### INTERESSANTES

Der Name »Fichte« ist mit dem lateinischen Wort *pix*, für »Pech, Harz«, verwandt.

## KOCHEN

Frische Fichtentriebe sollte man im Frühjahr pflücken. Den Fichtenduft verbinden viele mit der Weihnachtszeit, aber versuchen Sie beim Kochen das charakteristische Fichtenaroma auch zu anderen Jahreszeiten einzufangen. In Notzeiten stellte man aus Fichtenrinde Mehl her und verlängerte damit das Weizenmehl beim Brotbacken oder braute daraus einen Kaffeeersatz. Die zarten Triebe sind gut zum Schnapsmachen, wunderbar im Saft und unverzichtbar als Geschmacksgeber in Sirup und Sorbet. Verwenden Sie die feinen Nadeln auch als eine Art »Rosmarin des Nordens« zu Wild- und Lammfleisch. Mischen Sie Fichtennadeln und Salz zu einem schmackhaften, leicht bitteren Kräutersalz. Streuen Sie frische Fichtennadeln über Salate oder würzen Sie damit Einleggurken.

### GUT ZU WISSEN

Pflücken Sie nie Triebe von neu gepflanzten, jungen Fichtenbäumen, das blockiert das Wachstum und zerstört den Baum. Nehmen Sie sie von großen Bäumen, die können das gut aushalten und werden so etwas gestutzt. Pflücken Sie nie große Mengen von einem Baum, sondern mal hier, mal dort, damit kein Baum im Wachstum gehemmt wird.

## GESUNDHEIT

Frische Fichtentriebe waren früher die beste Vitamin- und Mineralstoffquelle nach einem langen, vitaminarmen Winter. Man wusste, dass Fichtentriebe voller ätherischer Öle, Mineralien, Beta-Carotine und Vitamin C sind. Ein Auszug aus Fichtennadeln wurde als Mittel gegen Husten und Katarrhe der Luftwege verwendet. Man war auch der Meinung, dass die Nadeln den Krebsverlauf beeinflussen sowie Gicht, Schmerzen und steifen Muskeln abhelfen können. Das Volk der Samen im nördlichen Finnland stellt aus dem Nadelharz eine grüne Salbe her, die Wunden, Hautentzündungen und andere Hautschäden heilen soll. Man kann auf einem Fichtentrieb kauen, das wirkt wie eine Art natürliche Mundspülung.

**TIPP*** Servieren Sie Keulen mit Fichtennadelsirup als Sauce (s. S. 157). Sie können die Keule auch 30 Minuten vor Ende der Garzeit schon mit Sirup beträufeln. Der Sirup gibt dem Gericht einen besonders guten Geschmack.

**FICHTENNADELSALZ**

Fichtennadelsalz ist schnell hergestellt und hat viele verschiedene Anwendungsmöglichkeiten. Eine Handvoll Fichtentriebe waschen und trocken tupfen. Mit Meersalz mixen. Die Salzmischung auf Backpapier verteilen und trocknen lassen. Ab und zu etwas durchmischen. Anschließend in ein gut schließendes Glas geben.

**TIPP** Sie können das Fichtennadelsalz auch mit Curry würzen. Mischen Sie das Salz mit folgenden trockenen Gewürzen in einem Mörser: Bockshornkleesamen, Chili, Fenchelsamen, Senf, Koriander, Kümmel, Wacholder und Pfefferkörner.

## GEBRATENE KEULE MIT FICHTENNADELSALZ

Eine lang gebratene Keule wird weich wie Butter. Und ist ein einfaches Gericht für eine Einladung.

**1 Reh-, Wildschwein- oder Lammkeule (oder andere)**
**Fichtennadelsalz, gerne mit Curry (s. S. 153)**

Ofen auf 140 °C vorheizen. Die Keule gut mit Fichtennadelsalz einreiben, auf einen Rost über die Fettpfanne legen und in den Ofen schieben. Etwas Wasser in die Fettpfanne geben. Die Keule 5–6 Stunden braten. Immer wieder Wasser in die Fettpfanne nachgießen.

**TIPP** Nach der Hälfte der Bratzeit Kartoffeln und Gemüse in die Fettpfanne legen.

**TIPP** Kontrollieren Sie, ob die Keule durchgebraten ist, indem Sie mit einem Metallspieß in die Mitte der Keule stechen. Wenn der austretende Fleischsaft rot ist, muss die Keule noch ein wenig länger braten, ist der Saft klar, ist die Keule gar!

## FICHTENNADELSCHNAPS

Ein beliebter Schnaps beim Weihnachts-Brunch. Authentischer und echter kann es kaum sein!

**200 ml frische Fichtentriebe**
**2 kleine Tannenzapfen nach Belieben, ganz frisch und grün**
**1 Flasche Wodka**

Die Fichtentriebe in eine Bügelflasche füllen und mit Wodka übergießen. Den Schnaps höchstens 14 Tage ziehen lassen. Zwischendurch abschmecken. Je länger der Schnaps zieht, desto bitterer kann er werden. Schließlich den Schnaps filtern und bis Weihnachten in gut schließenden Flaschen lagern.

**TIPP** Sie können den Schnaps auch mit etwas getrocknetem Wermut, getrockneten Wacholderbeeren und getrockneten Orangen- oder Pomeranzenschalen würzen und nach Belieben mit kalt geschlagenem Honig süßen.

### GUT ZU WISSEN

Fichtenschnaps hilft bei Erkältung, hohem Fieber und Halsschmerzen. Alles gute Gründe, ab und zu ein kleines Gläschen Fichtenschnaps zu trinken.

## FLIEGERSAFT – FLYVERSJUS

Flyversjus ist der bekannteste dänische Cocktail überhaupt – ein Drink, der früher strickenden Damen vorbehalten war. Beginnen Sie ein Osterfrühstück mit einem Flyversjus, garniert mit Zitronenschale und Gänseblümchen von der Wiese.

**FÜR 4 GLÄSER**
**4 Eiswürfel**
**4 cl Fichtennadelschnaps**
**1 Flasche gutes, altmodisches Zitronenwasser**
**Schalenstreifen von 1 Bio-Zitrone**
**Gänseblümchen nach Belieben**

Eis und Schnaps in ein Glas geben und mit Zitronenwasser auffüllen, mit Zitronenschale und Gänseblümchen verzieren.

## FICHTEN & TONIC

Der wacholdergewürzte Gin schmeckt leicht nach Fichte. Versuchen Sie, mit frischen Fichtentrieben dem klassischen Cocktail etwas mehr Bittergeschmack zu geben – zubereitet wie der populäre Cocktail Mojito.

**FÜR 4 GLÄSER**
**2 unbehandelte Limetten oder Bio-Zitronen**
**4 kleine Fichtentriebe, ganz frisch und weich**
**4 Eiswürfel**
**4 cl Fichtennadelschnaps oder Gin**
**Mineralwasser, Tonic oder Gingerale**

Limetten oder Zitronen schälen und die Schale in lange Streifen schneiden. Früchte in Scheiben schneiden. Fichtentriebe waschen. Limetten- oder Zitronenscheiben und Fichtentriebe auf die vier Gläser verteilen und jeweils mit einem Mörser zerkleinern. Eiswürfel und Fichtennadelschnaps dazugeben und mit Wasser auffüllen. Mit Streifen von Zitronen- oder Limettenschale verzieren.

## FICHTENNADELSAFT

Erst im Mai ist die Zeit reif, um Saft aus den neuen Fichtentrieben herzustellen. Fichtennadelsaft wird hellgrün, schmeckt herrlich frisch und duftet leicht nach Fichtennadeln.

**1 l Fichtentriebe**
**350 g Zucker**
**Saft von 2 Zitronen**
**etwas Schale einer Bio-Zitrone nach Belieben**

Aufpassen, dass man keine alten, trockenen Fichtennadeln erwischt, sie machen den Saft seifig. Fichtentriebe waschen und trocken tupfen. Mit 3 l Wasser in einen Topf geben und aufkochen, dann ca. 15 Minuten auf kleiner Flamme kochen. Die Fichtentriebe abseihen und den Saft mit Zucker und Zitronensaft nochmals aufkochen. In saubere Flaschen füllen und kühl stellen.

Der Fichtennadelsaft wird mit Wasser verdünnt und mit einer Scheibe Limette oder Zitrone im Glas getrunken. Der Saft hält sich kühl gestellt höchstens 14 Tage. Wenn Sie es nicht schaffen, ihn in dieser Zeit zu trinken, können Sie ihn auch einfrieren.

**TIPP** Unverdünnten Fichtennadelsaft können Sie als Fichtensorbet in einer Eismaschine zubereiten. Das Sorbet zwischen Vorspeise und Hauptspeise mit einem kleinen Schuss Fichtenschnaps servieren. Als Dessert kann das Eis mit Fichtennadelsirup übergossen und mit Fichtennadeln bestreut werden.

**VANILLEEIS MIT FICHTENNADELSIRUP**

Kaufen Sie ein gutes Vanilleeis und garnieren Sie es mit Fichtennadelsirup und gehackten Fichtennadeln. Sofort servieren.

## FICHTENTEE

Der Tee ist leicht zu brühen und gut für die Verdauung. Frische Fichtentriebe mit kochendem Wasser übergießen. Mit kalt geschleudertem Honig und 1 Scheibe Zitrone abschmecken.

## WEIHNACHTSBAD

Fühlen Sie sich zur Weihnachtszeit müde und abgespannt? Dann sollten Sie sich ein Vollbad gönnen. Kochen Sie 1 Handvoll Fichtennadeln oder Fichtentriebe in Wasser auf. Seihen Sie die Zweige ab, gießen Sie das Fichtenwasser in die Badewanne und lassen Sie heißes Wasser nach Belieben dazulaufen. Genießen Sie das beruhigende, den Blutkreislauf stimulierende, nach Fichte duftende Weihnachtsbad.

## FICHTENNADELÖL

Frische, saftige Fichtentriebe in ein Weckglas geben. Mit Raps- oder Traubenkernöl auffüllen. Öl an einem kühlen, dunklen Ort 2–3 Wochen ziehen lassen. Das Fichtennadelöl gibt Marinaden und Dressings einen neuen, andersartigen Geschmack. Probieren Sie auch, eine Mayonnaise aus dem Öl herzustellen.

## FICHTENNADELSIRUP

Schnell gemacht und ganz wunderbar: ein Sirup mit vielen Verwendungsmöglichkeiten. Auf Pfannkuchen, zu Käse oder zu geräuchertem Fleisch, in Drinks und in Kuchen. Und nicht zu vergessen, als Sauce zu einem guten Vanilleeis.

**250 ml Fichtentriebe**
**Saft von ½ Zitrone**
**500 g Zucker**
**100 ml fein gehackte frische Fichtennadeln**

Fichtentriebe waschen und in einem Topf mit 500 ml Wasser und Zitronensaft aufkochen, dann ca. 15 Minuten köcheln lassen. Die Triebe abseihen und den Saft mit Zucker zurück in den Topf geben. Leicht vor sich hin kochen lassen, bis es eine sirupartige Konsistenz hat. Aufpassen: Die Flüssigkeit darf nicht zu heiß werden, sonst beginnt der Sirup zu karamellisieren. Sirup abkühlen und die fein gehackten Fichtennadeln erst unterrühren, wenn er ganz kalt ist. In sauberen Gläsern kühl aufbewahren.

**TIPP** Zwischendurch die Sirupkonsistenz testen: Etwas Sirup auf einen Teller tropfen und für 5–6 Minuten in den Kühlschrank stellen. Anschließend wissen Sie, ob der Sirup die gewünschte Konsistenz hat.

**SCHAFGARBENTEE**

Der Tee ist bei Halsschmerzen zu empfehlen. Die Gerbstoffe der Schafgarbe haben einen adstringierenden Effekt, der die Schleimhäute dazu bringt, sich zusammenzuziehen. 500 ml kochendes Wasser über 1 Esslöffel frische oder getrocknete Schafgarbenblüten/-blätter gießen. Alles 15 Minuten ziehen lassen, dabei einen Deckel auf das Gefäß legen, damit die ätherischen Öle nicht verdampfen.

**TIPP*** Wenn Sie nicht den gesamten Tee trinken, können Sie den Rest zum Haarewaschen verwenden – es beugt Schuppen vor.

# SCHAFGARBE

Juli–Oktober

Botanisch: *Achillea millefolium*

Um die Gewöhnliche Schafgarbe habe ich mich wenig gekümmert, da die Pflanze einen sehr speziellen, kräftigen und würzigen Geruch hat. Aber die weißen Blütenkörbe sind so herrlich, dass ich immer einige in meine Blumensträuße binde. Allmählich habe ich auch gelernt, die Schafgarbe in der Küche einzusetzen.

## WO GIBT ES DIE SCHAFGARBE?

Die Gewöhnliche Schafgarbe wächst in ganz Europa an sonnenreichen Orten, an Straßen und Fahrradwegen, auf trockenen Feldern, an Flurgrenzen und auf größeren Wiesen. Sie ist eine mehrjährige Staude mit einem steifen, aufrechten Wuchs und einem zähen, etwas behaarten Stängel. Schafgarbe hat feingliedrige Blätter und einen dichten Blütenschirm aus kleinen Korbblüten mit weißen Randblüten. Die Pflanze wächst sehr eifrig und kann 15–60 cm hoch werden.

## INTERESSANTES

Nach Plinius kommt der lateinische Pflanzenname *achilleos* vom griechischen Helden Achill. Er soll als Schüler des heilkundigen Kentauren Chiron mit Schafgarbe König Telephos von seinen Wunden geheilt haben. Daher auch der volkstümliche Name »Achilleskraut«.

## GESUNDHEIT

Viele Jahrhunderte hindurch wurde die Pflanze als Heilkraut verwendet. Ihre medizinische Wirkung erhält die Gewöhnliche Schafgarbe durch ätherische Öle und Achillein. Die Mönche des Mittelalters sahen in der Gemeinen Schafgarbe eine Art Universalheilmittel, bereits im 14. Jahrhundert gab es Rezepte über Weinauszüge aus Schafgarbe als Mittel gegen Krämpfe, Appetitlosigkeit, Husten, Chroniken und Blähungen. Außerdem wurde sie in Salben zur Wundbehandlung, gegen Bienenstiche und Entzündungen verwendet. Überlieferungen erzählen von der Anwendung der Schafgarbe als Zauberkraut bei Teufelsaustreibungen.

## KOCHEN

Zerreibt man die Blätter der Schafgarbe zwischen den Fingern, riechen diese stark würzig. Beim Kochen gibt die Schafgarbe dem Essen einen sehr würzigen Geschmack. Damit dieses Aroma nicht zu sehr dominiert, sollte man sie sehr vorsichtig dosieren und nicht in zu großen Mengen verzehren. Die Schafgarbe hat einen kresseartigen, leicht bitteren Geschmack. Die Blüten und jungen Blätter können in Kräuterbutter zu Fisch und Suppen verwendet oder getrocknet z. B. über Lammfleisch gestreut werden.

## SCHAFGARBENBUTTER

Eine besondere Kräuterbutter, eiskalt auf Kotelett, Fleisch oder Fisch geben. Schmeckt auch gut auf einem Stück frisch gebackenem Brot.

**100 ml Schafgarbenblüten**
**125 g weiche Butter**
**1 TL scharfer Dijonsenf**
**50 g Haselnüsse**
**Salz, Pfeffer**
**Schafgarbenblüten und -blätter als Deko**

Schafgarbenblüten waschen und trocken tupfen, fein hacken. Weiche Butter und Senf mit dem Rührgerät weiß und luftig schlagen. Nüsse in einer trockenen Pfanne rösten und fein hacken. Blüten und Haselnüsse unter die Butter rühren und mit Salz und Pfeffer abschmecken. Mit Blüten und Blättern verzieren.

# VOGELBEERE

August
September

Botanisch: *Sorbus aucuparia*
Es gibt viele Arten von Vogelbeeren – alle sind essbar. Man sollte sich jedoch an den Vogelbeerbaum bzw. die Gewöhnliche Eberesche halten.

Eine Allee mit Vogelbeerbäumen führte zum Hof meines Großvaters. Ich mochte die Allee mit den hohen, stattlichen Bäumen, den tollen, hellorangefarbenen Beeren und nicht zuletzt den Baumkronen mit den schönen goldenen Blättern im Herbst. Großvater hat mir damals lang und breit vom Raben erzählt, der gesagt hatte, dass die Beeren sauer seien, und er sie daher nicht mochte. Ich überlegte, wo der Rabe wohl sei. Oben in den Bäumen? War er sauer und zornig? Darum hatte ich auch oft Angst, durch die Allee zu gehen. Ich rannte immer, weil ich mir vorstellte, dass der Rabe hinter mir her war!

**AMÜSANTES**

»Die sind sauer!«, sagte der Rabe über die Vogelbeeren, an die er nicht herankam. Die Geschichte vom Raben und den sauren Vogelbeeren ist sehr alt und wurde in vielen Zusammenhängen zu allen Zeiten in der Literatur verwendet. Das Zitat war eine Methode, um Verachtung für das auszudrücken, an das man selbst nicht herankam.

## WO GIBT ES VOGELBEERBÄUME?

Die Gewöhnliche Eberesche bzw. der Vogelbeerbaum wächst wild in fast ganz Europa als Laubbaum oder Busch, der bis zu 15 m hoch werden kann. Die Eberesche fühlt sich in Wäldern nicht wohl, sie liebt offene sonnige Plätze. Die Wuchsform ist zuerst schlank und kegelförmig, später wird sie buschiger. Die Blätter sind klein, länglich und haben einen gezackten Rand. An der Oberseite sind sie dunkelgrün, an der Unterseite graugrün. Ebereschen blühen von Ende Mai mit einem Blütenschirm aus weißen Blüten. Im Herbst trägt der Baum in einer Dolde kleine kugelförmige Früchte, die kleinen Äpfeln ähneln und Vogelbeeren heißen. Die Farbe der reifen Frucht spannt sich von gelblich über hellorange bis zu dunkelrot und braunrot. Der Geschmack ist gleichzeitig sauer und bitter. Es gibt viele Arten von Vogelbeerbäumen, deren Beeren alle essbar sind.

## KOCHEN

Wenn man es selbst nicht schafft, Vogelbeeren zu sammeln, nehmen sich die Vögel der Früchte an. Leider sitzen die schönsten Dolden ganz oben in den Bäumen, sodass man eine große Leiter und viel Mannesmut benötigt, wenn man diese Vogelbeeren pflücken möchte. »Die sind sauer!«, sagte der Rabe, und da ist etwas Wahres dran. Sie schmecken leicht bitter, aber auf eine raffinierte Weise. Vogelbeeren eignen sich sehr gut als Konfitüre oder für ein leckeres Gelee, das sich als Beilage zu Wild gut macht. Eine alte Volksweisheit besagt, dass man einige Vogelbeeren in fetten Fleischgerichten mitkochen soll – das fördere die Verdauung.

**AMÜSANTES**

Vogelbeeren sind ein wichtiger Bestandteil im dänischen Magenbitter »Gammel Dansk« und im deutschen »Sechsämtertropfen«. Die Beeren werden auch als Geschmacksgeber in Bier und Hochprozentigem verwendet.

VOGELBEERSCHNA

## GESUNDHEIT

Vogelbeeren enthalten viel Fruchtsäure, ätherische Öle, Gerbstoffe, Zucker und Vitamin C. In der Volks- und Naturmedizin werden sie unter anderem bei Herzproblemen angewendet. Ein gutes Mittel gegen Heiserkeit soll das Kauen von getrockneten Vogelbeeren sein. Früher wurden Vogelbeeren als harntreibendes Mittel und bei Nierensteinen, Erkältungsbeschwerden, Herpes, Magen- und Darmproblemen sowie Gicht verwendet.

## AMÜSANTES

Vogelbeeren sind voller Vitamine und Energie, die die Vögel benötigen, um über den Winter zu kommen. Da die Beeren sehr sauer sind, fressen die Vögel sie erst, wenn sie etwas Frost abbekommen haben oder überreif sind. Zu dem Zeitpunkt beginnen die Beeren zu gären, d. h. es bildet sich Alkohol. Manchmal sieht man dann betrunkene Vögel, besonders Amseln, die nach so einer Mahlzeit schlecht fliegen können.

## WARNUNG

Vogelbeeren enthalten den schädlichen Stoff Parasorbinsäure, der in sehr seltenen Fällen zu Magen-Darm-Reizungen führen kann. Daher müssen die Beeren vor dem Verzehr gekocht oder gefroren werden, beides baut die Parasorbinsäure ab. Es heißt auch, dass Menschen mit Leberproblemen sich von Vogelbeeren fernhalten sollten.

## VOGELBEERKUR GEGEN GICHT

Früher verwendete man Vogelbeeren als eine Art Gichtmedikament, die Wirkung ist jedoch nicht wissenschaftlich belegt. Die Vogelbeerkur dauerte etwa einen Monat, danach sollten die schlimmsten Gichtschmerzen weg sein. Man begann die Kur damit, dass man fünf Vogelbeeren pro Tag aß. Die Beeren mussten gut gekaut werden. Jeden Tag nahm man eine Beere mehr, bis man 15 Stück pro Tag erreicht hatte. Danach nahm man pro Tag wieder eine Beere weniger, bis man wieder bei fünf Beeren pro Tag angelangt war. Probieren Sie diese Naturmedizin – vielleicht wirkt die Kur auch in modernen Zeiten.

## VOGELBEERSCHNAPS

Ein säuerlicher Schnaps mit einer feinen zarten Farbe. Vogelbeeren von den Stielen zupfen und für einige Tage in die Gefriertruhe legen. Danach die Beeren in eine Bügelflasche geben und mit Wodka auffüllen. Den Schnaps bis zu 2 Wochen ziehen lassen. Kann nach Geschmack mit Wodka verdünnt werden. Gewinnt ein bisschen durch Lagerung.

## VOGELBEERKONFITÜRE

Eine herrliche Konfitüre zu allen Fleischgerichten, gebratener Scholle, Gerichten mit Schlagsahne, wie Desserts, oder als Beilage zu Pfannkuchen.

**1 kg gefrorene Vogelbeeren, ohne Stiele**
**1 kg Zucker**
**100 ml Zitronensaft**
**1 Bund getrocknete Minze**
**10 cl Cognac**

Vogelbeeren, Zucker und Zitronensaft in einen Topf geben. Aufkochen, bis die Beeren platzen und alles eine einheitliche Masse bildet. Je nach Geschmack etwas mehr Zucker hinzufügen. Minze hacken und zusammen mit dem Cognac zur Konfitüre geben und gut durchrühren. Konfitüre in saubere Einmachgläser füllen.

**TIPP*** Wenn die Vogelbeeren reif sind, muss man sie rasch ernten und einfrieren. Es ist supereinfach, die Beeren für die Gefriertruhe vorzubereiten: Beeren von den Zweigen zupfen, waschen und trocken tupfen, dann in Gefrierbeutel füllen und einfrieren. Am besten in kleinen Portionen einfrieren, dann kann man bei Bedarf eine Konfitüre kochen und hat immer eine frische Portion vorrätig.

## VOGELBEER-DRINK

Gut als Heißgetränk bei Erkältung. Sie können daraus in der Eismaschine auch ein Sorbet machen.

**1 kg saure unreife Äpfel**
**1 kg gefrorene Vogelbeeren, ohne Stiele**
**450 g Zucker pro Liter Saft**
**etwas Zitronensaft**

Äpfel waschen und in Stücke schneiden, ohne das Kerngehäuse zu entfernen. Vogelbeeren, Äpfel und 1 l Wasser in einem Topf so lange kochen, bis Saft entstanden ist. Das dauert ca. 30 Minuten. Den Saft bis zum nächsten Tag durch ein Tuch tropfen lassen. Saft abmessen und entsprechend Zucker hinzufügen, in einem Topf aufkochen. Mit Zucker und Zitronensaft abschmecken. Den Saft heiß in saubere Bügelflaschen füllen.

**TIPP** Sie können dem Saft noch Gewürze hinzufügen – probieren Sie es z. B. mit Vanilleschote, Lakritzwurzel, Sternanis oder Kardamomkapseln.

## VOGELBEER-GELEE

**1 kg gerade reife Vogelbeeren**
**1 kg saure Äpfel, gerne Holzäpfel**
**1 kg Zucker pro Liter Saft**

Vogelbeeren von den Rispen zupfen und waschen. Äpfel waschen und in Stücke schneiden, ohne das Kerngehäuse zu entfernen. Vogelbeeren, Äpfel und 2 l Wasser in einem Topf langsam erhitzen und ca. 30 Minuten köcheln, bis Saft entstanden ist. Den Saft bis zum nächsten Tag durch ein Tuch tropfen lassen. Saft abmessen, wieder aufkochen und entsprechend Zucker hinzufügen, dabei nur leicht köcheln lassen. Eventuellen Schaum abschöpfen. Das Gelee in saubere Einmachgläser füllen, mit einem sauberen Leintuch abdecken und bis zum nächsten Tag stehen lassen, dann dicht verschließen.

**TIPP** Zwischendurch eine Gelierprobe machen. Dabei etwas Gelee auf eine Untertasse geben und für 5 Minuten in den Kühlschrank oder die Gefriertruhe stellen. Wird das Gelee fest, ist es fertig, wenn nicht, noch etwas länger kochen oder Gelierpulver hinzufügen.

### INTERESSANTES

Wenn Sie kein Gelee-Abtropfgestell haben, können Sie auch einen Hocker und ein Leintuch verwenden. Den Hocker auf den Kopf stellen und die vier Ecken des Leintuchs an den Füßen des Hockers gut festbinden. Eine Schüssel darunterstellen und das Vogelbeermus zum Abtropfen in das Leintuch geben. Das Leintuch sollte absolut sauber und ohne Waschmittel gewaschen sein.

**TIPP** Garnieren Sie das Gelee in den Einmachgläsern mit ganzen rohen Vogelbeeren oder Thymianblättern, aber nur, wenn das Gelee schnell gegessen oder als Geschenk am gleichen Tag gebraucht wird. Die rohen Beeren schimmeln schnell, und wenn das geschieht, muss man das Gelee wegwerfen.

### GUT ZU WISSEN

Vogelbeeren benötigen Frost, damit sie essbar sind. Man kann der Natur nachhelfen, indem man die Beeren selbst ein oder zwei Tage einfriert. Das Einfrieren reduziert die Säure und den bitteren Geschmack. Allerdings mindert sich auch der Pektingehalt, das macht diese Beeren wiederum weniger geeignet für Gelee oder Konfitüre. Wenn man aus Vogelbeeren Konfitüre machen möchte, am besten andere pektinhaltige Früchte, wie z. B. saure, unreife Äpfel, dazugeben.

## WALDMEISTERSCHNAPS

Waldmeisterschnaps ist ein bekanntes und geschätztes Frühjahrselixier und ein wundertätiges Heilmittel, oft heißt er auch Maischnaps. Verwenden Sie die frischen grünen Blätter oder Knospen kurz vor dem Sprießen. Füllen Sie eine Bügelflasche mit Waldmeisterblättern und übergießen Sie diese mit Wodka. Lassen Sie alles 1–3 Tage ziehen. Danach die giftgrüne Essenz filtern und nach Geschmack mit Wodka verdünnen. Kann und sollte sofort getrunken werden. Waldmeisterschnaps ist ein guter Aperitif.

# WALDMEISTER

Mai
Juni

Botanisch: *Galium odoratum*

Der feine und feminine Waldmeister lockt mich im Frühjahr immer in den Wald. Nur pflücken, riechen und von Sonne und Sommer träumen. Ein Waldmeistersträußchen oder -kranz kann ein ganzes Zimmer verzaubern.

## WO GIBT ES WALDMEISTER?

Waldmeister ist der anmutigste Frühjahrsbewohner des Buchenwaldes und zusammen mit Anemone, Sternmiere und Gemeinem Sauerklee leicht am Waldboden zu finden, da sie sehr gut duften. Man erkennt Waldmeister an den vierkantigen Stängeln, den acht rosettenartigen Blättern und den kleinen weißen trichterförmigen Blüten an der Spitze. Waldmeister blüht, wenn die Anemonen Samen freisetzen. Dann hat er Platz, seine Schönheit und seinen Duft voll zu entfalten. Waldmeister ist eine mehrjährige Pflanze.

**TIPP** Pflücken Sie einen kleinen Strauß und hängen Sie ihn zum Trocknen auf. Die getrocknete Pflanze duftet nämlich noch mehr, beim Welken werden Duftstoffe freigesetzt.

**AMÜSANTES**
Früher band man Waldmeister unter die Füße einer schwangeren Frau, um die Geburt zu beschleunigen.

## GESUNDHEIT

Waldmeister, *Galium odoratum*, und *Asperula odorata*, Wohlriechendes Labkraut – liebe Kinder haben viele Namen, und die duftende Pflanze hat auch eine spannende Geschichte. Im Norden wurde sie oft mit Hexenkunst in Verbindung gebracht und aufgrund ihrer vielen heilenden Eigenschaften als Heilpflanze verwendet. Man sagt, dass die Pflanze gut für Herz und Leber ist, magenstärkend wirkt und bei Brustleiden hilft. Waldmeister enthält neben Gerb- und Bitterstoffen Cumarin-Glykoside, die sich beim Welken in duftendes Cumarin verwandeln. Zu viel Waldmeister kann Kopfschmerzen und Übelkeit auslösen.

**TIPP** Früher wurde Waldmeister bei müden Füßen angewendet. Geben Sie für ein stärkendes Fußbad einen Büschel Waldmeister in eine Schüssel mit warmem Wasser.

## KOCHEN

Waldmeister ist ein interessantes Gewürz, vor allem in Schnaps, aber auch in Desserts macht sich der parfümierende Geschmack sehr gut. Probieren Sie Waldmeister als Geschmacksgeber in Cremes, Pfannkuchenteig oder Getränken aus. Streuen Sie die Blüten auf Grütze und Kuchen. Das Kraut nicht mitessen, sondern nur kurz in der jeweiligen Flüssigkeit ziehen lassen.

**GUT ZU WISSEN**
Waldmeister wurde auch zur Herstellung von Wein verwendet, unter anderem in Weinanbaugebieten entlang des Rheins und in anderen Weinländern. Zu Omas Zeiten würzte man auch süße Weißweine mit frischem Waldmeister und nannte die Spezialität »Maiwein«.

**TIPP** Waldmeister sollte kurz vor der Blüte gepflückt werden.

## WALDMEISTERKRANZ

Früher gingen arme Leute nachts in den Wald und pflückten Waldmeister. Sie flochten daraus

Kränze, die sie am nächsten Tag auf dem Markt in der Stadt verkauften. Die Kränze wurden unter die Decke der Stuben gehängt, wo sie mit ihrem Duft den »Gestank vertreiben sollten«.

## MAIBOWLE

Gut geeignet für Gartenfeste im Frühsommer.

**125 g Puderzucker**
**2 Flaschen trockener Weißwein, von Rhein oder Mosel**
**4 Stängel Waldmeister, nur die Blätter**
**1 Schuss Waldmeisterschnaps nach Belieben**
**Eiswürfel/zerstoßenes Eis**
**1 Flasche Champagner oder Cava**
**Zitronenscheiben und Waldmeisterstängel zur Deko**

Puderzucker und Wein in eine Bowleschüssel oder einen Topf geben und rühren, bis der Zucker aufgelöst ist. Die Waldmeisterblätter dazugeben und mindestens 20 Minuten darin ziehen lassen. Eventuell einen Schuss Waldmeisterschnaps hinzufügen. Die Waldmeisterblätter herausholen und wegwerfen. Eiswürfel und Bowle in die Gläser geben und mit Champagner auffüllen. Mit Zitronenscheiben und Waldmeisterstängeln verzieren.

**TIPP** Wenn Sie einen schlechten oder sauren Weißwein gekauft haben, können Sie ihn mit Waldmeister nachwürzen.

### AMÜSANTES

Waldmeisterkränze sollten nur vor dem 1. Mai gebunden werden, da die Hexen in der Walpurgisnacht auf die Pflanzen pinkeln. Das ist die Nacht vor dem 1. Mai, danach verschwindet der gute Duft. Heutzutage gibt es aber so wenige Hexen – glauben wir zumindest –, dass man Kränze binden kann, bis die Pflanzen zu blühen anfangen. Denken Sie jedoch daran, dass der Duft vor der Blüte am markantesten ist.

## EIN ETWAS ANDERES HYGROMETER

Waldmeister lässt sich als eine Art natürlicher Feuchtigkeitsmesser verwenden. Bei feuchter Luft intensiviert sich sein Duft. Daher kann man riechen, ob Regen aufzieht oder ein Raum zu feucht ist.

## PORTOBELLO-PILZE MIT WALDMEISTERBUTTER

**VORSPEISE FÜR 4 PERSONEN**
**4 Scheiben Pancetta, italienischer Speck**
**4 Portobello-Pilze**
**Saft von ½ Zitrone**
**6 Bärlauchstängel**
**2 Bärlauchblätter**
**50 g Butter**
**1 EL fein gehackter Gemüsefenchel nach Belieben**
**2 EL Waldmeisterschnaps**
**Salz, Pfeffer**

Ofen auf 200 °C vorheizen. Ein Backblech mit Backpapier auslegen und die Speckscheiben darauflegen. Speck ca. 5 Minuten backen, bis er knusprig und golden ist. Aufpassen, es geht manchmal schneller, als man denkt. Speck auf Küchenpapier abkühlen lassen. Die Pilze putzen, mit Zitronensaft beträufeln und auf einem ofenfesten Teller mit Backpapier im Ofen 5 Minuten backen. Bärlauchstängel schneiden, die Blätter fein hacken. Butter mit Bärlauch, Fenchel, Schnaps, Salz und Pfeffer vermengen. Ein wenig Kräuterbutter auf jeden Pilz geben, etwas Butter für später zurück behalten, und die Pilze im Ofen fertig backen, bis die Butter geschmolzen ist und die Pilze gar sind.

Auf vier Tellern anrichten, mit etwas Kräuterbutter, Speck und Waldmeister garnieren und Brot zum Aufsaugen der aromatischen Butter dazu reichen.

**TIPP** Auch getrocknete Waldmeisterblüten lassen sich für Schnaps verwenden. Das ergibt aufgrund des Cumarin-Gehalts eine starke und süßliche Essenz oder Schnapsvariante.

°C

# WALD-SAUERKLEE

April–August

Botanisch: *Oxalis acetosella*
Waldsauerklee blüht von April bis Juni, die Blätter kann man fast das ganze Jahr hindurch sammeln.

Man muss schon Glück haben, die kleinen Glücksbringer am Waldboden zu finden, wenn man im Wald spazieren geht. Sie können die Pflanze herrlich als Snack kauen. Und zugegeben: Die dekorative Pflanze zieht Stylisten an. Als Verzierung eignet sie sich für fast alle Gerichte, zu denen der säuerliche Geschmack passt.

## WO GIBT ES WALDSAUERKLEE?

Wenn die Anemonen verblühen, ist es Zeit, Waldsauerklee zu pflücken, der fast überall im Land wächst. Die kleine dünne, hellgrüne Pflanze wird nur 5–10 cm hoch und wächst am Waldboden, am liebsten im Schatten. Man findet die Pflanze in Laubwäldern unter Buchen und in Nadelwäldern, wo aufgrund der Dunkelheit nichts anderes mehr wächst. Die kleinen feinen, herzförmigen Blätter setzen einzelne, weiß oder schwach rosa Blüten auf langen, rosa drahtähnlichen Stielen an. Waldsauerklee blüht im April, Mai und Juni, je nach Wind und Wetter. Die Pflanze bestäubt sich selbst und setzt eine hellgrüne Fruchtkapsel frei, aus der die Samen herausgeschleudert werden. Waldsauerklee ist das ganze Jahr über grün und kann daher auch fast das ganze Jahr über gesammelt werden. Im Übrigen ist er eine gute Futterpflanze, z. B. für Rehe.

### INTERESSANTES

Früher nannte man Waldsauerklee aufgrund seines Oxalsäuregehalts auch nur Sauerklee.

## KOCHEN

Mit seinem frischen, säuerlichen Geschmack wird der Waldsauerklee schon lange als Küchenkraut verwendet. In Frankreich ist Waldsauerklee eine echte Delikatesse, er schmeckt ja auch wirklich gut. Im Salat sorgt er für Abwechslung. Verwenden Sie ihn auch in kalten Saucen und als Gewürz in Dressings und Gemüsegerichten. Gehackt macht er sich in Kräuterbutter sehr gut. Probieren Sie die Pflanze auch in einem Burger oder als Omelettfüllung. Ebenso passt der Waldsauerklee perfekt zu Fisch. Hacken Sie die Blätter und rühren Sie sie in eine Mayonnaise, und streuen Sie Waldsauerklee über alle Arten von Gerichten. Da die Pflanze sehr fein und dekorativ ist, macht sie sich bei vielen Gelegenheiten gut. Die Blätter schmecken im Mai und Juni am besten, wenn der Säuregeschmack am intensivsten ist und die Blätter jung, saftig und knusprig sind.

### GUT ZU WISSEN

Es heißt, dass Waldsauerklee ein natürliches Mittel gegen Halsentzündung ist. Kauen Sie ein paar Blätter und schlucken Sie sie dann. Das sollte wirken.

## GESUNDHEIT

Die Pflanze enthält viel Vitamin C und wirkt blutreinigend. Waldsauerklee ist gut zum Kauen, denn er fördert die Speichelbildung, wodurch man weniger Durst hat. Früher verwendete man die Pflanze gegen Entzündungen und Blasen im Mund. Waldsauerklee kann bei Waldspaziergängen als eine Art Snack gegessen werden.

**TIPP** Verwenden Sie eine Schere, wenn Sie Waldsauerklee ernten. Man kann die Pflanze nämlich leicht mit der Wurzel herausziehen, und es wäre schade, den Waldboden der kleinen Pflanze zu berauben.

## JUNGFRAUENHUMMER MIT KARTOFFELN UND WALDSAUERKLEE

**FÜR 4 PERSONEN**
**12 rohe Jungfrauenhummer mit Schalen**
**1 EL Zucker**
**Salz**
**5 cl Waldmeisterschnaps oder Aquavit**
**12 Spargel- oder Frühkartoffeln mit Schale**
**2 EL Rapsöl**
**Meersalz**
**Waldsauerkleeblätter als Deko**

Hummermayonnaise:
**1 Tomate**
**Schalen der 12 Jungfrauenhummer**
**300 ml Rapsöl**
**1 Eigelb**
**4 EL Essig**
**1 TL Salz**

Eingemachter Sellerie:
**½ Knollensellerie**
**1 EL Salz**
**1 Lorbeerblatt**
**500 ml Apfelcidre**

Jungfrauenhummer aus den Schalen brechen, Schalen für die Mayonnaise beiseitelegen, und den schwarzen Darm entfernen. Zucker und 1 Esslöffel Salz vermischen und die Hummer darin wenden. 2–3 Stunden kühl stellen und ziehen lassen. Kurz vor dem Servieren höchstens 5–6 Minuten in Waldmeisterschnaps marinieren.

Hummermayonnaise: Tomate in feine Würfel schneiden. Schalen der Jungfrauenhummer in einem Topf zusammen mit den Tomaten anbräunen. Wenn sie gut Farbe angenommen haben, das Öl in den Topf geben und alles bis zum Siedepunkt erhitzen. Topf vom Herd nehmen und die Schalen im Öl über Nacht kühl stellen. Dann die Schalen aus dem Öl heraussieben. Eigelb zusammen mit Essig und Salz in einen Mixer geben und das Hummerschalenöl in einem dünnen Strahl dazugießen. So lange mixen, bis die Mayonnaise cremig, leicht und luftig ist.

Eingemachter Sellerie: Sellerie schälen und in kleine Würfel schneiden. In Salzwasser zusammen mit Lorbeer 2 Minuten kochen. Wasser abgießen und die Selleriewürfel mit eiskaltem Wasser abschrecken. Mit einem Tuch trocken tupfen, in ein Eigenmachglas geben und mit Apfelcidre auffüllen. Am besten schmeckt der Sellerie, wenn er 1–2 Wochen ziehen konnte, Sie können ihn aber auch gleich am nächsten Tag essen.

Kartoffeln: Kartoffeln mit Schale in reichlich Salzwasser ca. 10 Minuten kochen. Wasser abschütten und die Kartoffeln mit eiskaltem Wasser abschrecken. Kartoffeln in dünne Scheiben schneiden und kurz vor dem Servieren in Rapsöl und Meersalz wenden.

Jungfrauenhummer, Kartoffeln und Sellerie auf einem Teller anrichten, mit Mayonnaise verzieren und etwas Waldsauerklee darüberstreuen. Sofort servieren.

### GUT ZU WISSEN

Waldsauerklee sollte man aufgrund der giftigen Oxalsäure, die auch in Rhabarber und Spinat enthalten, nur in begrenzten Mengen essen. Das ist jedoch kein größeres Problem, wenn man Waldsauerklee nicht kiloweise isst und keine Kalzium-Oxalat-Nierensteine hat.

## TATAR MIT WALDSAUERKLEE

**FÜR 1 PERSON**
**150 g Tatar**
**etwas grobkörniger Pfeffer**
**1 Handvoll Waldsauerkleeblätter**
**1–2 EL Kaviar**
**1 kleine Zwiebel**

**1 Eigelb, ganz frisch**
**etwas Zitronensaft und 1 Zitronenscheibe**

Das Tatarfleisch zu einer Frikadelle formen und in Pfeffer wälzen, auf Waldsauerkleeblättern anrichten. Kaviar darauflegen und mit gehackten Zwiebeln und Eigelb garnieren. Kaviar mit Zitronensaft beträufeln, Zitronenscheibe darauflegen und alles z. B.mit Roggenbrot servieren.

## MUFFINS MIT WALDSAUERKLEE-GLASUR

Kleine, dekorative Kuchen, die einen Zuckerkick geben. Ein feiner, süßer und marzipanartiger Kuchenteig mit dem raffinierten säuerlichen Geschmack des Waldsauerklees.

**FÜR CA. 18 STÜCK**
**3 Eier**
**300 g Zucker**
**Mark von ½ Vanilleschote**
**125 g Weizenmehl**
**125 g Mandelmakronen**
**125 g Butter**

Topping:
**200 g Frischkäse**
**100 g weiche Butter**
**300 g Puderzucker**
**ca. 18 Waldsauerkleepflanzen, mit Stielen**

Ofen auf 200 °C vorheizen. Eier mit Zucker und Vanillemark weiß und luftig schlagen. Das Mehl sieben und mit der Eimasse, den zerkleinerten Makronen und der geschmolzenen, abgekühlten Butter verrühren. 18 Papierformen in die Vertiefungen eines Muffinblechs setzen und den Teig darin verteilen. Die Kuchen 15–20 Minuten backen, auf einem Rost abkühlen lassen.

Die Zutaten für das Topping zu einer cremigen, luftig-leichten Masse schlagen, auf die abgekühlten Kuchen auftragen und mit großen schönen Waldsauerkleeblättern belegen.

**TIPP*** Die Papierförmchen in der Metallform verhindern, dass die Muffins hängen bleiben. Verwendet man keine Papierformen, ist es schier unmöglich, die Muffins nach dem Backen aus den Vertiefungen herauszubekommen.

**TIPP*** Die kleinen süßen Kuchen passen hervorragend zu einem Hochzeitsfest. Die herzförmigen Waldsauerkleeblätter sind sehr dekorativ. Die Muffins können Sie schon vorher backen und einfrieren. Am entsprechenden Tag einfach auftauen und im letzten Augenblick mit Topping und Waldsauerkleeblättern verzieren.

## FISCHSAUCE MIT WALDSAUERKLEE

Eine Sauce mit einer feinen frühlingsgrünen Farbe und einem zarten, säuerlichen Geschmack. Sehr gut geeignet zu Fisch und Schalentieren.

**1 Schalotte**
**25 g Butter**
**100 ml trockener Weißwein**
**150 ml Noilly Prat oder anderer trockener Wermut**
**100 ml Fischbrühe**
**250 g Schlagsahne**
**4 Brennnesseltriebe**
**1 Handvoll Waldsauerklee, mit Stielen**
**Salz, Pfeffer**

Schalotte fein hacken und in der Butter anschwitzen. Weißwein, Wermut und Fischbrühe hinzufügen und alles auf die Hälfte einkochen. Schlagsahne hinzufügen und weiterkochen lassen, bis die Sauce eine cremige Konsistenz hat.

Kurz vor dem Servieren Brennnesseln in kochendem Wasser blanchieren und mit Waldsauerklee hinzufügen. Die Sauce mit einem Stabmixer pürieren, durchsieben und mit Salz und Pfeffer abschmecken.

Sauce nach Belieben in kleine Gläser füllen und an jeden Platz stellen, sodass die Gäste selbst die Sauce über das Essen träufeln können. Die Sauce macht sich auch als Dip prima.

**TIPP*** Die Sauerkleesauce verliert schnell an Farbe und Geschmack – daher am besten sofort servieren.

**HACKBÄLLCHEN MIT GIERSCH** in Muffinformen oder kleinen Tontöpfen backen.

# GIERSCH

April–August

Botanisch: *Aegopodium podagraria*

Den Giersch oder Gemeinen Geißfuß hat wohl der Teufel geschaffen, in den feinen Beeten der Gärten. Jetzt, wo ich keinen eigenen Kräutergarten mehr habe, interessiere ich mich umso mehr für alles, was wild in der Natur wächst. Dort ist der Giersch unglaublich schön, besonders wenn er blüht. Und er schmeckt richtig gut zu vielen Gerichten. Halten Sie Ausschau nach den neuen kleinen Trieben und verwenden Sie davon so viele wie möglich für Salate und dergleichen. Das Gute ist, dass man Giersch vom frühen Frühjahr bis zum späten Herbst pflücken kann.

## WO GIBT ES GIERSCH?

Giersch ist eine mehrjährige, niedrig wachsende Wildstaude mit teppichbildendem Wachstum. Die Pflanze wächst überall in Gärten, Wäldern, Parks, auf Wiesen und Weiden. Die saftig grünen Blätter sind glatt, die untersten sind zwei bis drei Mal dreigeteilt, während die oberen nur einfach dreigeteilt sind. Die Blattstängel sind dreikantig und können 1 m hoch werden. Giersch blüht von Juni bis August mit kleinen weißen Blüten, vereint in Schirmblüten, die sehr dekorativ in Blumensträußen aussehen. Für Gartenbesitzer ist die Pflanze eher eine Pest, da es unmöglich ist, sie loszubekommen. Das Wurzelnetz ist so ausgebreitet, dass es nur schlimmer wird, wenn man versucht, es auszugraben. In trockenen Perioden ist man versucht zu glauben, dass die Pflanze vertrocknet. Aber wenn es regnet, richten sich die Blätter wieder auf und wachsen weiter.

## SPRICHWORT

Giersch – if you can't beat it, eat it!

**TIPP** Pflücken Sie Giersch und schnuppern Sie an ihm. Die Pflanze hat einen sehr speziellen würzigen Duft, der leicht zu erkennen ist.

## GUT ZU WISSEN

Giersch stammt aus Mitteleuropa und wurde vermutlich im Mittelalter von Mönchen nach Dänemark eingeführt. Sie hatten viele Pflanzen bei sich, um verschiedene Krankheiten kurieren zu können. Eine dieser Pflanzen war der Giersch.

### AMÜSANTES

Der botanische Name *aegopodium* kommt aus dem Altgriechischen und bedeutet »Ziegen-Fuß«. Damit wurde auf die Gestalt der Blätter verwiesen. Volkstümliche Namen für Giersch sind auch Geißfuß oder Ziegenkraut.

## KOCHEN

Ehrlich gesagt, Giersch riecht nicht sehr gut, aber er schmeckt gut. Das wussten schon die Mönche, die ihn als Wildgemüse anpflanzten. Sie verwendeten die Blätter wie Kohlgemüse, aber man kann die Blätter und die Blüten essen. Die ersten frischen Triebe sind eine Delikatesse mit pikantem Geschmack und einem Duft nach Pfeffer. Giersch macht sich gut als Gemüse in Béchamelsauce, als Belag auf der Pizza, als Einlage in Suppen und Frikadellen, als Zutat zu Pfannkuchen und Gebäck und natürlich im Salat, den die grünen Blätter und weißen Blüten etwas aufpeppen. Giersch gehört zur Familie der Doldenblütler wie Dill, Petersilie, Sellerie und Kerbel.

**TIPP** Sie können Giersch waschen, trocken schleudern und in einer Plastiktüte im Kühlschrank einige Tage aufbewahren.

## GESUNDHEIT

Giersch ist basenbildend, reich an Mineralien und wirkt reinigend, weshalb er früher als wirksames Mittel gegen Gicht und Gelenkprobleme angesehen wurde. Wie der zweite Teil im Artenname *podagraria* und der volkstümliche Name »Podagra-Kraut« andeuten, wurde Giersch als Umschlag bei der Behandlung von Podagra, d. h. Gicht, angewendet. Vielleicht sollte man einmal versuchen einen empfindlichen Zeh in ein Gierschblatt zu wickeln? Die Pflanze enthält sehr viele Vitamine, daher wurde sie auch zur Behandlung von Skorbut eingesetzt.

## BRESAOLA MIT GIERSCHSALAT

Super einfacher Salat zu Bresaola und Parmesan.

**½ l gemischter Wildkräutersalat, wie Giersch, Löwenzahn, Waldsauerklee, Kerbel, Liebstöckel, Schnittlauch und Rote-Bete-Blätter**
**1 kleine rote Zwiebel**
**Olivenöl**
**Salz, Pfeffer**
**ca. 80 g Bresaola, italienischer Rinderschinken**
**Parmesanspäne**

Die ersten jungen Triebe des Gierschs pflücken und mit anderen kleinen Salatblättern und Wildkräutern vermischen. Zwiebel in dünne Streifen schneiden und mit Öl, Salz und Pfeffer unter den Salat mischen. Die Fleischscheiben auf einem Teller anrichten und den Salat in die Mitte setzen. Mit Parmesanspänen bestreuen und Olivenöl darüberträufeln.

**TIPP** Der Salat kann auch als Beilage zu geräuchertem Fisch serviert werden. Mit einem halben gekochten Wachtelei oder einem normalen in Viertel geschnittenen Ei garnieren.

## GRÜNE PFANNKUCHEN MIT GIERSCH

**FÜR CA. 8 STÜCK**
**½ l Giersch**
**2 Eier**
**250 ml Milch**
**100 g geriebener Parmesan**
**1 EL Rapsöl**
**½ TL Bärlauchsalz oder normales Salz**
**1 TL geriebene Muskatnuss**
**125 g Weizenmehl**
**Butter oder Öl zum Braten**

Mögliche Füllungen:

- **Crème fraîche**
- **geräucherter Lachs in Scheiben**
- **Rauchkäsecreme mit Radieschen und Bärlauch oder Schnittlauch (s. u.)**
- **Raita (s. S. 179)**

Giersch waschen, grob hacken und mit den anderen Zutaten für den Pfannkuchen zu einem flüssigen Teig vermischen. Die Pfannkuchen in Butter ausbacken.

## RAUCHKÄSECREME

Etwas Rauchkäse zusammen mit der gleichen Menge eines Sauermilchprodukts, z. B. Crème fraîche, cremig rühren. Mit Pfeffer abschmecken, Radieschenscheiben unterrühren. Die Käsecreme in die Pfannkuchen füllen und diese zusammenrollen. Mit geschnittenen Bärlauchstängeln oder Schnittlauch bestreuen.

**TIPP** Sie können den Pfannkuchenteig auch mit Brennnesseln oder einer Mischung aus Giersch, Spinat, Basilikum und anderen Kräutern zubereiten. Die Pfannkuchen lassen sich als kleine dicke Pfannkuchen in einer Blini-Pfanne oder ganz dünn in einer größeren Pfanne braten. Es werden ca. 12 Blini, 8 kleine oder 4 große Pfannkuchen.

**TIPP** Lassen Sie den Parmesan weg und ersetzen Sie die Hälfte des Salzes durch Kardamom. Servieren Sie die grünen Pfannkuchen mit Fichtennadelsirup (s. S. 157).

## GIERSCHFRIKADELLEN MIT RAITA

Servieren Sie Gierschfrikadellen als Hauptgericht mit Raita, einem indischen Joghurtdressing, und Quinoa oder braunem Reis. Oder zu einem Sonntags-Brunch mit Roggenbrot.

1 l Giersch
1 Zwiebel
1 Knoblauchzehe
1 EL Butter oder Öl
1 Ei
100 ml Milch
150 g grob gemahlene Hafer- oder
Dinkelflocken
1 EL Weizenmehl
50 g gehackte Kürbiskerne
1 TL gemahlener Kümmel
1 TL geriebene Muskatnuss
Salz, Pfeffer
Butter oder Öl

Raita:
1 TL Korianderkörner
500 g Natur-Joghurt
1 TL Curry
1 Salatgurke
einige Korianderblätter
Saft von 1 Limette
Salz, Pfeffer

Gierschblätter von den Stielen entfernen, waschen und trocken tupfen. Fein hacken, ebenso Zwiebel und Knoblauch. In einem Topf Giersch, Zwiebel und Knoblauch in der Butter anschwitzen, bis die Blätter gar und die Zwiebeln glasig sind. Die Mischung in ein Sieb geben, abtropfen und abkühlen lassen. In einer Schüssel mit Ei, Milch, Getreideflocken, Mehl, Kürbiskernen und Gewürzen vermischen. Die Farce 15 Minuten im Kühlschrank ziehen lassen. Bratlinge daraus formen und in Butter ca. 10 Minuten auf jeder Seite bei niedriger Hitze braten.

Raita: Koriander in einer trockenen Pfanne anrösten, anschließend im Mörser zerkleinern. Joghurt in eine Schüssel geben, Koriander und Curry unterrühren. Gurke schälen, in kleine Würfel schneiden, Korianderblätter grob hacken, und beides unter den Joghurt rühren. Mit Limettensaft, Salz und Pfeffer abschmecken.

**TIPP*** Der blanchierte Giersch kann wie Spinat mit einer Béchamelsauce serviert werden.

## BRÖTCHEN MIT GIERSCH

Diese Brötchen passen zu einem Oster- oder Pfingstpicknick, sind als Butterbrot mit Aufschnitt ebenso wie als Beilage zur Suppe geeignet.

**FÜR CA. 12 STÜCK**
½ l Giersch
50 g Sonnenblumenkerne
25 g frische Hefe
1 TL Salz
2 EL Rapsöl
500 g Weizenmehl
75 g Polentamehl
1 EL grobes oder normales Polentamehl

Giersch waschen und fein hacken. Sonnenblumenkerne in einer Pfanne rösten und grob hacken. 500 ml lauwarmes Wasser, Hefe, Salz und Öl in eine Schüssel geben. Giersch und Sonnenblumenkerne hinzufügen, anschließend nach und nach Mehl und Polenta untermischen. Alles zu einem weichen Teig verarbeiten, der sich leicht von der Tischplatte lösen lässt. Eventuell eine Küchenmaschine verwenden und alles 5 Minuten kneten. Den Teig mit einem feuchten Tuch bedeckt an einem warmen Ort bis zur doppelten Größe gehen lassen.

Ofen auf 200 °C vorheizen und ein Backblech mit Backpapier auslegen. Grobes Polentamehl auf das Backpapier streuen. Aus dem Teig 12 Brötchen formen und auf das Backblech setzen. Nochmals ein feuchtes Tuch darüberlegen und 30 Minuten gehen lassen. Dann mit Wasser bestreichen und ca. 20 Minuten backen.

**TIPP*** Nehmen Sie ein 1-Liter-Maß mit, wenn Sie Giersch pflücken. Dann sehen Sie sofort, wie viele Blätter Sie pflücken müssen, um 1 Liter zu erhalten. Die Blätter in ein Sieb geben und gut unter kaltem Wasser abspülen. Danach mit kochendem Wasser übergießen und anschließend nochmals unter kaltem Wasser abschrecken. Die Feuchtigkeit vollständig herausdrücken, bevor Sie die Blätter grob hacken und zum Teig geben.

**BRESAOLA** ist italienisches, gesalzenes und luftgetrocknetes Ochsennackenfleisch, das 2–3 Monate reift, bis es fest wird und eine dunkle Farbe erhält. Das Fleisch ist eine echte Delikatesse.

# SCHLEHE

April
Oktober
November

Botanisch: *Prunus spinosa*
Schlehdorn blüht im April, die Beeren kann man im Oktober und November sammeln.

Im April wird die Landschaft bei mir oft in eine Wolke weißer Blüten eingehüllt. Das sind die Schlehensträucher, die die Landschaft wie ein »weißes Abenteuer« erleuchten. Schlehen kenne ich seit meiner Kindheit. Schlehenschnaps ist sicher der Sieger unter meinen Schnäpsen.
Der neueste Hit: Die kleinen schwarzen Beeren als Snack zu Käse wie eine Art »nordischer Oliven« essen.

## WO GIBT ES SCHLEHDORN?

Der Schlehdorn oder Schwarzdorn ist ein großer Laubstrauch von einigen Metern Höhe. Er wächst überall in Europa, Nordamerika und Vorderasien. Der Strauch hat steife dichte Äste und Zweige, die mit langen Dornen besetzt sind. Schlehensträucher blühen vor dem Blattaustrieb im April mit Millionen weißer Blüten, den ersten Frühlingsboten. Die weißen Blüten bleiben bis zum Herbst, wenn sie von den kugelrunden Steinfrüchten mit blau-schwarzer Haut, von denen immer mehrere zusammen auf einem kurzen Stiel sitzen, abgelöst werden. Vor allem Drosseln mögen diese Früchte, sie verwenden die Schlehensträucher als Speisekammer. Wenn die Vögel die Beeren noch nicht geschnappt haben, kann man sie leicht bis in den Winter hinein an den Zweigen finden – lange nachdem die Blätter abgefallen sind.

### AMÜSANTES

Für Sebastian Kneipp war der Schlehenblütentee »das schuldloseste Abführmittel«.

## KOCHEN

Die den Mund zusammenziehende, bittere Frucht ändert ihren Geschmack und wird süßer, wenn man sie nach dem ersten Frost pflückt. Anstatt auf den ersten Frost zu warten, können Sie die Beeren auch einige Zeit einfrieren, bevor Sie sie weiterverarbeiten. Nach einer Woche haben sich die Bitterstoffe zu Zuckerstoffen umgewandelt. Die Beeren müssen im Oktober oder Anfang November gesammelt werden, wenn sie reif und fast schwarz sind und am meisten Geschmack haben. Die Früchte können dann zu Saft, Gelee und Likör verarbeitet werden. Sie sind sehr gut für Kräuterschnaps geeignet, nach dem Filtern des Schnapses kann man die Beeren wie Oliven essen.

### GUT ZU WISSEN

Essen Sie Schlehenbeeren niemals roh, denn der hohe Gerbsäuregehalt zieht den Mund auf unangenehme Weise zusammen.

## GESUNDHEIT

Sowohl Blätter und Holz als auch Blüten und Früchte wurden früher in der Naturmedizin als Heilmittel unter anderem bei Hals- und Harnwegsinfektionen, Magen-Darm-Leiden sowie bei unreiner Haut verwendet. Der Saft der Schlehenfrüchte vermischt mit Öl soll gut gegen Magenbeschwerden sein.

## SCHLEHENJAHR

In manchen Jahren gibt es extrem viele Schlehen. Man kann dann von einem »Schlehenjahr« sprechen, ebenso wie von einem »Mastjahr« die Rede ist, wenn es besonders viele Bucheckern gibt.
In solchen Jahren sollte man besonders viele Schlehenbeeren pflücken und einfrieren.

## SCHLEHENLIKÖR

Dieser Likör mit seinem leichten Mandelgeschmack ist der perfekte Begleiter zu Weihnachtsdesserts. Oder servieren Sie den Likör auf Eis und mit Champagner oder Cava aufgefüllt.

**500 g gefrorene Schlehenbeeren**
**500 g Zucker**
**1 Flasche Gin**

Die gefrorenen Schlehenbeeren in ein Bügelglas geben. Zucker darüberschütten und mit Gin auffüllen. Mindestens 3 Monate ziehen lassen. Zwischendurch das Glas schütteln und den Likör probieren. Wenn der Geschmack am besten ist, Mischung durch einen Kaffeefilter geben.

**TIPP** Für diesen Likör benötigt man Zeit und Geduld. Wenn man den Likör im Oktober angesetzt hat, muss man bis Weihnachten mit dem Trinken bzw. Servieren warten.

**TIPP** Sie können noch einige Esslöffel Honig zum Schlehenlikör geben. Probieren Sie auch, einige der harten Kerne zu zermalmen und dem Likör beizusetzen. Das schmeckt dann etwas nach Bittermandel aufgrund des Stoffes Amygdalin, der sich in die stark giftige Blausäure spaltet. Aber mit nur ein paar kleinen Kernen besteht keine Vergiftungsgefahr!

**TIPP** Je nach Geschmack können Sie den Schlehenlikör auch mit anderen Zutaten würzen: Vanilleschote, Zimtstange, Lakritzwurzel, Sternanis, Zitronenschale, Lorbeerblatt oder ein paar Wacholderbeeren.

## SCHLEHENSCHNAPS

Einer der wohlschmeckendsten Schnäpse überhaupt. Er hat einen leichten Mandelgeschmack und eine tolle tiefrote Farbe. Sowohl Geschmack als auch Farbe passen unglaublich gut in die Weihnachtszeit. Mit etwas Glück ist der Schnaps an Weihnachten fertig.

Gefrorene Schlehenbeeren in ein Bügelglas geben und Wodka darübergießen. Alles mindestens 1 Monat ziehen lassen, gerne aber länger, wenn man die Geduld hat – bis Weihnachten! Je länger der Schnaps lagert, desto mehr tritt der Mandelgeschmack der Kerne hervor. Schnaps filtern und eventuell verdünnen. Er kann jahrelang aufbewahrt und gelagert werden.

**TIPP** Das Ergebnis wird am besten, wenn die Schlehenbeeren im Schnaps auftauen; tun sie das nicht, verlieren sie einen Teil ihres Geschmacks.

**TIPP** Geben Sie einen Schuss Schlehenschnaps in die Bratensauce am Weihnachtsabend.

**TIPP** Auch aus Schlehenblüten lässt sich Schnaps herstellen. Diesen Schnaps nur einige Stunden ziehen lassen, ansonsten wird er bitter, eventuell so bitter, dass man ihn nicht mehr trinken kann.

## SCHLEHENOLIVEN

Haben Sie den Schnaps gefiltert, werfen Sie die Schlehenbeeren nicht weg. Sie haben zwar nicht viel Fruchtfleisch an den kleinen Steinen, aber das, was dran ist, schmeckt himmlisch.

Die abgefilterten Schlehenbeeren in ein gut schließendes Glas geben und mit Rapsöl übergießen. Stellen Sie das Glas verschlossen in den Kühlschrank, dort halten sich diese »Oliven« sehr lange.

## SCHLEHENBLÜTENSAFT

Dieses Rezept ist vom Holunderblütensaft inspiriert. Es ist ziemlich viel Arbeit, die kleinen Blütenköpfe von den stechenden Schlehenzweigen zu entfernen. Verwenden Sie dazu Handschuhe. Aber wenn man fertig ist, erhält man im Gegenzug einen fantastischen, nach Mandel schmeckenden Saft, der auch zu Sirup verkocht werden kann. Mit Alkohol zusätzlich erhält man eine Art Mandellikör.

Slåen likør
Slåen snaps

**TIPP** Servieren Sie Schlehenoliven zu einer Käseauswahl.

**TIPP** Werfen Sie ein Auge auf die Backzeit – kein Ofen ist wie der andere. Eine Faustregel besagt, dass die Mandelkörbchen bei 200 °C im Heißluftofen backen sollen und bei 225 °C in Öfen mit Ober-/Unterhitze.

**1 kg Zucker**
**Saft und Schale von 4 Bio-Zitronen**
**½–1 l Schlehenblüten, ohne Stiele**
**1 Tütchen Zitronensäure nach Belieben**

Zucker, 1 l Wasser, Zitronensaft und -schale zusammen aufkochen. Alles abkühlen lassen und über die Blüten gießen. Die Mischung sehr kalt stellen und kurz ziehen lassen – etwa 6 Stunden Dabei immer wieder probieren, der Saft wird schnell bitter. Wenn der Geschmack perfekt ist, Blüten abseihen. Saft in saubere Flaschen füllen und zum Aufbewahren in den Kühlschrank stellen.

## SCHLEHENBLÜTENSIRUP

600 ml Schlehenblütensaft bei schwacher Hitze zu einem dickflüssigen Sirup einkochen. Aufpassen, dass der Sirup nicht karamellisiert. Zwischendurch probieren: Einen Klecks Sirup auf einen Teller geben und kalt stellen. Wenn die Probe kalt ist, Konsistenz kontrollieren. Ist der Sirup zu fest, etwas Saft nachgießen.

## MANDELKÖRBCHEN MIT ZITRONENCREME UND SCHLEHENSIRUP

**DESSERT FÜR 6 PERSONEN**
**75 g Mandeln**
**100 g Butter**
**75 ml heller Sirup**
**75 g Zucker**
**75 g Weizenmehl**
**1 Prise Salz**
**Schlehenblütensirup**
**Schlehenblüten zur Deko**

Zitronencreme:
**6 EL Lemon Curd**
**6 EL Crème fraîche (30 %) oder griechischer Joghurt (10 %)**
**½ Vanilleschote**
**etwas Zitronensaft**
**250 g Schlagsahne**

Ofen auf 200 °C vorheizen. Mandeln klein hacken. Butter in einem Topf schmelzen und Sirup, Zucker und Mandeln hinzufügen. Unter Rühren Mehl und Salz dazugeben und so lange rühren, bis eine gleichmäßige Masse daraus entstanden ist. Den Teig abkühlen lassen, danach in sechs Teile teilen. Backblech mit Backpapier auslegen und die Kugeln mit großem Abstand darauflegen. Die Kugeln flach klopfen, bis sie nur noch einige Millimeter dick sind, und dann 4–6 Minuten im Ofen hellbraun backen. Sechs kleinen Schüsselchen mit dem Boden nach oben bereitstellen.

Die Teigböden auf dem Blech abkühlen lassen, bis sie sich mit einem Pfannenwender leicht vom Blech lösen lassen. Vorsicht, die Teigböden dürfen nicht zerbrechen! Einen Teigboden anheben und prüfen, ob er elastisch ist und nicht auseinanderbricht. Wenn das der Fall ist, den Teigboden vorsichtig vom Backblech heben, über eine umgedrehte Schale legen und leicht andrücken. Sobald der Teigboden ganz abgekühlt ist und das Körbchen hält, kann es abgenommen werden.

Jedes Mandelkörbchen auf einen Teller setzen. Lemon Curd mit Crème fraîche und Vanillemark verrühren und mit Zitronensaft abschmecken. Sahne schlagen und unter die Creme heben. Die Zitronencreme auf die Körbchen verteilen. Mit Schlehenblütensirup beträufeln und mit Schlehenblüten verzieren. Sofort servieren.

**TIPP** Übung macht den Meister. Sie können solche Mandelkörbchen aber auch fertig beim Bäcker kaufen.

**TIPP** Die Mandelkörbchen lassen sich in einer luftdichten Kuchendose 1 Woche aufbewahren.

**TIPP** Lemon Curd erhalten Sie in Feinkostläden oder gut sortierten Supermärkten.

# MEERKOHL

April–
Juli

Botanisch: *Crambe maritima*

Der Echte Meerkohl ist die schönste Pflanze, die man sich vorstellen kann. Das erste Mal, als ich entdeckte, wie gut diese wilde Kohlpflanze schmeckt, war am Strand von Kerteminde. Ich war total gerührt und euphorisch, als ich die große, gewaltige Pflanze sah. Man muss allerdings behutsam sein, denn die Pflanze ist gefährdet und man sollte keinen Raubbau an ihr treiben.

## WO GIBT ES MEERKOHL?

Meerkohl ist eine Staudenpflanze, die an Stränden mit Steinen, Sand und angespültem Tang wächst. Im Frühjahr schießt die Pflanze mit dicken, fleischigen Trieben hervor, die zu Blütenständen und großen, welligen und ebenso dicken, glatten und fleischigen Kohlblättern werden. Die Blätter sind eher grau und von einer dünnen bläulichen Wachsschicht überzogen. Meerkohl wächst in Gruppen und kann bis zu 60 cm hoch werden. Der Blütenstand erinnert an Brokkoli, er trägt weiße Blüten.

## PROBIEREN SIE MAL

Meerkohl ist der Stammvater unseres kultivierten Kohls. Versuchen Sie, die Samen der Pflanze am Strand zu sammeln und im eigenen Garten anzubauen. Es heißt, die Samen keimen leicht und benötigen einen lockeren Sandboden. Die Pflanze sollte in einem Garten mit sandiger Erde oder in einem Blumentopf oder direkt am Strand angebaut werden. Häufen Sie Sand um die Stängel herum auf, dann werden die Triebe bleich und delikat. In den viktorianischen Küchengärten setzte man einen umgedrehten Topf auf die Kohlpflanzen, um helle Stängel zu erhalten.

**TIPP*** Die runden grünen Früchte des Meerkohls erinnern an Erbsen. Trocknen Sie die Früchte und versuchen Sie, sie im Garten oder im Blumentopf mit sandiger Erde anzupflanzen.

## KOCHEN

Meerkohl steht in Deutschland unter Naturschutz und darf hier nicht gepflückt werden – in Dänemark können Sie pro Pflanze einige Blätter entnehmen. Meerkohl hat einen raffinierten Kohlgeschmack. Pflücken Sie nur frische Triebe, am besten im frühen Sommer. Suchen Sie nach Pflanzen, die sich unter angespültem Tang verstecken, denn diese Triebe sind hell und schmecken besonders gut – wie eine Mischung aus Spargel und Brokkoli. Der junge Blütenstand kann auf die gleiche Art wie Brokkoli genossen werden. Später im Sommer hat das Sonnenlicht die Blätter bitter werden lassen, und am Ende der Saison wird der Meerkohl hart und zäh. Geben Sie die Stängel in eine Terrine oder braten Sie sie im Wok mit Öl, Knoblauch und Zitrone. Sie können die Blätter auch in Béchamelsauce geben, oder dämpfen und mit einem guten Olivenöl beträufelt servieren.

## GESUNDHEIT

In Nordeuropa war Kohl viele Jahrhunderte hindurch ein Hauptnahrungsmittel. Kohl ist heute den Krebsforschern zufolge eine der wichtigsten Gemüsesorten, die Krebs aufgrund ihrer sekundären Pflanzenstoffe vorbeugen können. Viele preisen die Eigenschaften des Kohls und vermuten, dass dessen antioxidative Wirkung Herz-Kreislauf-Erkrankungen und vielleicht auch Asthma und andere Leiden verhindern kann. Kohl enthält die Vitamine B, C, K, und E sowie die Mineralien Kalium und Kalzium. Aufgrund seines hohen Vitamin-C-Gehalts wurde Meerkohl gegen Skorbut eingesetzt.

## MEERKOHLTERRINE MIT GRÜNER SAUCE

Das Rezept ergibt eine große Portion, die für zwölf Personen als Vorspeise reicht. Man kann selbst-

**INTERESSANTES**

Nach der Blüte bildet Meerkohl kleine, runde Früchte aus, die trocknen und dann sofort ins Wasser fallen.

verständlich die Zutaten des Rezeptes halbieren und statt einer großen eine kleine Terrine backen.

**500 g Meerkohl, Blätter und Stiele**
**Salz**
**1 EL Butter + Butter für die Form**
**250 g Lauch, nur den weißen Teil**
**250 g Karotten**
**250 g Pastinaken**
**6 mittelgroße Eier**
**500 g Schlagsahne**
**etwas geriebene Muskatnuss**
**Pfeffer**

Grüne Sauce:
**zu gleichen Teilen Mayonnaise, Frischkäse und Crème fraiche (20 %)**
**etwas Senf**
**Salz, Pfeffer**
**etwas Rohrzucker**
**gemischte, gehackte Kräuter, z. B. Bärlauch, Brennnessel und Giersch**
**etwas Zitronensaft**

Ofen auf 160 °C vorheizen. Eine zusammengefaltete Zeitung auf den Boden der Fettpfanne des Ofens legen. Eine große Brotform gut mit Butter einstreichen. Die Form mit Backpapier auskleiden, unter Umständen etwas beschneiden, damit das Papier in die Form passt. Blätter von den Stängeln schneiden und einige Minuten in Salzwasser blanchieren. Danach in ein Sieb geben und unter kaltem Wasser abschrecken, trocken tupfen. Stängel auf die gleiche Art blanchieren und trocken tupfen.

Lauch in kleine Stücke schneiden, Karotten und Pastinaken schälen und beides grob reiben. Das Gemüse in Butter dünsten, bis es gar ist, danach abkühlen lassen. Eier verschlagen und Sahne, Muskatnuss, Salz und Pfeffer hinzufügen. Das abgekühlte Gemüse unter die Eiermischung heben. Die Form innen mit Kohlblättern auskleiden. Etwas Eiermasse in die Form gießen, dann eine Lage Kohlstängel und -blätter darauflegen. Wieder etwas Eiermasse in die Form gießen und so schichtweise fortfahren, bis alles aufgebraucht ist. Mit einer Lage Kohlblätter abschließen, soweit genügend übrig sind. Die Form in die Fettpfanne auf die Zeitung stellen und Wasser hineinfüllen, sodass die Form bis zur Hälfte in Wasser steht. Das Ganze in den Ofen stellen und 1 Stunde 45 Minuten backen. Zwischendurch Wasser nachfüllen. Die fertige Terrine aus dem Ofen nehmen und abkühlen lassen.

Grüne Sauce: Alle Zutaten miteinander vermischen und mit etwas Zitronensaft abschmecken. Die Terrine vorsichtig auf ein großes Brett stürzen. Mit einem scharfen Messer in Scheiben schneiden, auf Tellern mit grüner Sauce anrichten und servieren.

## MEERKOHL MIT CURRY UND BEURRE BLANC

Die Inspiration zu diesem Rezept war ein klassisches Rezept für ein Curry mit Kohl. Curry passt hervorragend zu Kohl, genauso wie Butter.

**VORSPEISE FÜR 4 PERSONEN**
**12 Stängel Meerkohl mit Blättern**
**2 EL Meersalz**

Beurre blanc:
**3 EL Weißweinessig**
**3 EL trockener Weißwein**
**1 Schalotte**
**½ TL Salz**
**5 Pfefferkörner**
**1 TL Curry**
**250 g kalte Butter**

Kohl gründlich mehrmals in kaltem Wasser waschen. In Salzwasser kochen, bis er gar ist – ca. 10 Minuten, je nachdem, wie groß die Stängel sind. Stechen Sie mit der Spitze eines Küchenmessers in die Mitte eines Stängels – lässt sich das Messer leicht herausziehen, ist der Kohl fertig. Für die Beurre blanc Weinessig, Wein, fein gehackte Schalotte, Salz und Pfefferkörner in einen Topf geben und leicht köcheln lassen, bis die Flüssigkeit auf etwa 2 Esslöffel reduziert ist. Alles in ein Sieb geben, Schalotten abseihen und die Flüssigkeit vollständig herausdrücken. Die reduzierte Flüssigkeit mit Curry zurück in den Topf geben. Die kalte Butter in kleinen Würfeln bei niedrigster Hitze unter ständigem Rühren in die Sauce geben.

## GUT ZU WISSEN

*Beurre blanc* bedeutet »geklärte Butter« und wird oft zu Fisch serviert.

**TIPP*** Probieren Sie Beurre blanc mit Thaigewürzen: Würzen Sie Essig und Wein mit 1 Stängel fein gehacktem Zitronengras, 10 ganzen Koriandersamen und 2 Zitronengrasblättern.

**GUT ZU WISSEN**

Es ist erlaubt, Pilze für den Eigenverzehr in allen öffentlichen Wäldern zu sammeln. In Privatwäldern sollte man sich vor dem Sammeln die Erlaubnis des Eigentümers sichern.

# PILZE

Juni–Oktober

Pilze kann man zwar ab Mitte des Sommers sammeln, die Hochsaison ist allerdings von August bis Oktober.

Pilze sammeln ist meine Leidenschaft – ich gehe hinaus in den Wald mit einem Korb, einem Messer und einer Bürste sowie kleinen Behältern für die Ernte und Kakao in der Thermoskanne ... und natürlich etwas Glück. Ich vergesse Zeit und Ort, wenn ich herumstreune wie ein Spürhund, den Blick auf den Waldboden gerichtet. Und verlaufe mich und finde oft nicht wieder heim. Es ist eine hervorragende Gelegenheit, frische Luft zu tanken und viel Bewegung zu bekommen, wenn man so durch einen Wald irrt – ganz weit weg vom wirklichen Leben!

### WO GIBT ES PILZE?

Das ist eine sehr komplizierte Frage. Es kommt auf Zeit und Ort an, auf Wind und Wetter und darauf, ob man ein Gespür für die richtigen Stellen hat. Die besten Fundstellen wird man nie verraten, es sind oft die eigenen Erfahrungen, die einen weiterführen. Machen Sie im Wald ganz einfach die Augen auf! Man muss lernen, gute und schlechte Pilze zu unterscheiden, das ist kein Wissen, das sich anlesen lässt. Ein neues Pilzbuch ist zwar wichtig, aber ein Buch kann nicht das Wissen ersetzen, das man von erfahrenen Pilzsammlern erhält. Es dauert einige Zeit, bis man gelernt hat, die kleinen und wichtigen Unterschiede zu erkennen. Andererseits wird niemand mit Interesse an Kochen und Wildpflanzen auf dieses Wissen und dieses Hobby verzichten wollen. Wild wachsende Pilze sammeln heißt, die Natur auf eine neue Art zu erleben. In guten Pilzjahren kann man unglaublich viele Pilze in der Natur sammeln.

### WANN GIBT ES PILZE?

Ab der Sommermitte – mit einigen Ausnahmen, die es bereits früher gibt – und hauptsächlich im Herbst, dann wimmelt der Waldboden von mehreren Arten essbarer Pilze. Hochsaison ist von August bis Oktober.

**TIPP*** Es ist wichtig, dass man als Anfänger zuerst einen Kurs zum Pilzsammeln besucht. Im Herbst laden erfahrene Pilzsammler zu solchen Kursen ein, in denen man lernt, wie man essbare von giftigen Pilzen unterscheidet oder gute Sammelstellen findet.

### GUT ZU WISSEN

- Essen Sie nur Pilze, die Sie hundertprozentig kennen!
- Essen Sie nur eindeutig essbare Pilze!
- Essen Sie nur frische, unbeschädigte Pilze!

### DIE DREI SICHEREN PILZARTEN

Es gibt glücklicherweise einige Arten, die leicht zu erkennen und ganz ungefährlich sind. Es können bittere Exemplare dazwischen sein, von denen man heftige Magenschmerzen bekommt, die aber nach dem Verzehr nicht direkt tödlich sind. Sind Sie Anfänger, dann suchen Sie nach den drei verbreitetsten und sichersten Pilzen. Es sind leicht wiederzuerkennende und wohlschmeckende wilde Pilzarten: Steinpilze (Dickröhrlinge), Pfifferlinge und Herbsttrompeten.

### KOCHEN

Ich kann generell empfehlen, alle Pilzgerichte mit Salz, Pfeffer und einem Spritzer Zitronensaft oder Weinessig zu würzen, um den besten Geschmack zu erreichen. Frische Petersilie, Majoran, Thymian, Basilikum und Rosmarin passen sehr gut zu Pilzgerichten, ebenso wie etwas Butter oder Öl.

## BEVOR SIE LOSZIEHEN

Besorgen Sie sich einen offenen Korb mit flachem Boden. Stellen Sie leere Joghurtbecher und/oder Salatbehälter nebeneinander in den Korb. Dazu noch braune Papiertüten zur Aufbewahrung. Legen Sie eventuell Zeitungspapier zwischen die Lagen. Ein gutes scharfes Küchenmesser und eine feste Bürste sollten auch mit im Korb sein, oder kaufen Sie ein Pilzmesser mit Bürste. Suchen Sie ein neues Pilzbuch ... und dann kann's losgehen.

**TIPP*** Stecken Sie die Pilzernte nie in Plastiktüten, wo Bakterien sich in der feuchten Umgebung leicht vermehren können. Bewahren Sie die Pilze auch nie in einem warmen Auto auf. Pilze benötigen trockene Luft um sich herum. Zuhause müssen die Pilze so schnell wie möglich verarbeitet und gegessen werden. Rohe, frische und gesunde Pilze kann man in geputztem Zustand höchstens 1–2 Tage im Kühlschrank aufbewahren. Ich wärme Pilzgerichte nie auf, sondern werfe Reste sofort weg.

## DICKRÖHRLINGE

Botanisch: *Boletus*

Ich bin verrückt nach Dickröhrlingen und habe schnell gelernt, zwischen guten und schlechten Pilzen zu unterscheiden. Außerdem sind Dickröhrlinge fantastisch, weil sie am fleischigsten von allen Pilzen sind. Besonders die kleinen »Champagnerkorken« lassen sich wunderbar im Ganzen oder eingemacht servieren.

Dickröhrlinge sind generell leicht zu erkennen, da sie keine Lamellen unter dem Hut haben, sondern stattdessen eine Art Pilzschwamm mit vielen kleinen Röhrenmündungen. Unter den Dickröhrlingen sind der Maronenröhrling und der in kulinarischen Kreisen am meisten anerkannten Fichten-Steinpilz hervorzuheben. Diese beiden Pilze ähneln einander und sind gute Speisepilze.

**TIPP*** Probieren Sie Röhrlinge, bevor Sie sie in den Korb legen. Viele Exemplare des Fichten-Steinpilzes können mit jungen Exemplaren des Gallen-Röhrlings bzw. Bitterlings verwechselt werden. Der Fichten-Steinpilz ist etwas schmierig an der Oberseite, während diese beim Gallen-Röhrling trocken ist. Schneiden Sie ein kleines Stück mit dem Messer ab und probieren Sie es. Das ist nicht gefährlich, der Gallen-Röhrling ist nicht giftig, er schmeckt nur etwas bitter, pfefferartig und brennend und man hat den Geschmack noch Stunden später auf der Zunge. Ein einzelner Gallen-Röhrling kann einem das ganze Essen vermiesen.

### GUT ZU WISSEN

Es gibt glücklicherweise nur einige Dickröhrlinge, die giftig oder schwach giftig sind. Man erkennt sie daran, dass die Röhren rote Mündungen haben. Der Satans-Röhrling ist sehr giftig, selbst in verarbeitetem Zustand. Schönfuß-Röhrling und Wurzelnder Bitter-Röhrling sind bitter, Birkenpilz und Netzstieliger Hexen-Röhrling sind roh giftig. Lassen Sie grundsätzlich Pilze immer stehen, wenn Sie sich unsicher sind!

**TIPP*** Waschen Sie rohe Pilze nicht mit Wasser das verwässert die Pilze und den Geschmack. Entfernen Sie stattdessen Erde, Sand und Moos mit einer kleinen Bürste oder wischen Sie die Pilze mit einem feuchten Küchentuch ab.

### GUT ZU WISSEN

In Röhrlingsgruppen findet man meistens mehrere, die sich einander sehr ähnlich sehen und auch im Geschmack nicht stark unterscheiden. Die beiden verbreitetsten sind essbare Röhrlinge, mit einer oft schmierigen und dicken Huthaut, und der Sommer-Röhrling, bei dem die Haut dünner und trockener ist.

**TIPP*** Röhrlinge lassen sich gut in Olivenöl zubereiten, aber Sie können sie auch roh, eingemacht, gegrillt, gebraten oder gekocht essen.

## FLOCKENSTIELIGER HEXEN-RÖHRLING

Botanisch: *Boletus luridiformis, B. erythropus*
Saison: Mai–Oktober

### WO GIBT ES DEN FLOCKENSTIELIGEN HEXEN-RÖHRLING?

Einer der besten Röhrlinge und einer meiner Favoriten ist der Flockenstielige Hexen-Röhrling, der nährstoffarme Böden bevorzugt und oft in Laubwäldern wächst, gerne auf windigen Anhöhen oder in tieferen Lagen in Buchenwäldern. Man sieht ihn vereinzelt in kleinen Gruppen von 3–6 Pilzen, seine Hochsaison ist im August und September. Der Hut hat normalerweise einen Durchmesser von 5–15 cm, ist leicht genoppt und trocken. Die Röhrenmündungen sind blutrot bis rostfarben, fast orange. Die Röhren selbst sind gelb, fein und rund und werden bei Berührung blau. Der Stil ist unten oft verdickt, von gelber Farbe und mehr oder minder mit roten Punkten bedeckt, die dem Stiel häufig eine bräunliche Farbe geben. Das Fleisch ist gelb, aber wird bei Durchschneiden blau. Das sieht gefährlich aus, ist es aber nicht. Der Pilz ist nur schwach giftig, wenn man ihn im rohen Zustand isst, gekocht ist er essbar.

**TIPP*** Das Blau des Fleischs und die Farbe der Röhrenmündungen sind die besten Kennzeichen dafür, dass man einen Flockenstieligen Hexen-Röhrling vor sich hat.

### KOCHEN

Der Flockenstielige Hexen-Röhrling hat eine schöne rostrote Farbe und herrliches festes Fleisch. In der Pfanne gebraten schmeckt er fast wie geräuchert und hat eine fleischartige Konsistenz. Man kann ihn knusprig braten wie Speck.

**GUT ZU WISSEN**

Der Pilz ist in rohem Zustand schwach giftig, daher sollte man ihn nicht roh essen. Er muss gut erhitzt und lange genug gekocht werden zum Verzehr.

## FICHTEN-STEINPILZ

Botanisch: *Boletus edulis*
Saison: Juli–Oktober

### WO GIBT ES DEN FICHTEN-STEINPILZ?

Der Fichten-Steinpilz oder Herrenpilz ist ein fantastischer essbarer Pilz. Er wächst gerne unter großen Bäumen an offenen Plätzen, die nicht von vielen Blättern bedeckt sind, z. B. Lichtungen und Waldrändern. Der Pilz kann nämlich sehr groß werden. Normalerweise ist der Hut, der von oben einem großen Brötchen ähnelt, 10–15 cm im Durchmesser, in seltenen Fällen kann er bis zu 25 cm im Durchmesser werden. Der Pilz hat einen braunen oder graubraunen Hut mit einer schmierigen Oberfläche. Auf der Unterseite sieht man die feinen weißen Röhren deutlich. Bei jungen Exemplaren ist die Unterseite weiß. Später, wenn der Pilz älter wird, ändern die Röhren ihre Farbe von gelblich zu einer grünen Nuance. Der Stiel ist weiß oder hellbraun und an der Oberfläche hat er eine feine, braune Zeichnung, die einem Netz ähnelt.

**GUT ZU WISSEN**

Gründliches Waschen allein schützt nicht vor Fuchsbandwurm. Die Eier sterben aber über 70 °C ab, daher Pilze gut braten bzw. kochen.

### KOCHEN

Der Fichten-Steinpilz schmeckt am besten, wenn er jung ist, das Fleisch fest ist und die Röhren trocken und fest sind. Große Pilze kann man essen, wenn sie gleichmäßig fest sind. Wenn die Röhren gelb und weich werden, sollte man sie wegschneiden, da sie sonst bei der Zubereitung schleimig werden. Machen Sie das gleich im Wald und werfen Sie die Röhren sofort weg. Befreien Sie den Hut mit einer Bürste von Blättern und Verschmutzungen. Schneiden Sie den Stielschaft an und prüfen Sie, ob der Rest des Pilzes in Ordnung ist. Das Fleisch des Fichten-Steinpilzes ist weiß, der Geschmack delikat, mild und nussartig – er ist einer der gefragtesten wild wachsenden Speisepilze in Europa.

FICHTEN-STEINPILZ

FLOCKENSTIELIGER HEXEN-RÖHRLING

### PILZE EINFRIEREN

Wenn man mehr Pilze gesammelt hat, als man essen kann, den Überschuss am besten einfrieren. Die gereinigten Pilze in Portionsbeuteln einfrieren und erst kurz vor Gebrauch auftauen.

**TIPP** Gießen Sie zuerst etwas von dem warmen Öl i ein Glas und warten Sie ein paar Minuten. Dann geben etwas mehr Öl hinein und so weiter. Auf diese Weise vermeiden Sie, dass das Glas zerspringt.

## PILZBRÜHE

Pilzreste in einen Topf mit Lorbeerblatt, Pfefferkörnern, Thymian und Wasser geben, aufkochen und etwa 10 Minuten leicht köcheln lassen. Die Brühe durch ein Tuch abseihen und zurück in den Topf schütten, noch einmal aufkochen.

## IN ÖL EINGELEGTE RÖHRLINGE

Die Pilze werden unglaublich lecker und können sich so jahrelang halten – wenn man sich von ihnen fernhalten kann. Und gleichzeitig wird das Öl sehr wohlschmeckend und äußerst vielseitig verwendbar. Es dauert einige Zeit, bis man die Gläser gefüllt hat, aber es lohnt sich. Besonders in einem Jahr mit vielen Röhrlingen ist es eine gute Methode, Pilze für den späteren Gebrauch haltbar zu machen.

**frische Pilze**
**rote Paprikaschote**
**Zitronenschale**
**Thymianstängel**
**Rosmarinzweige**
**ganze ungeschälte Knoblauchzehen**
**ganze Chilischote**
**gutes Olivenöl**

Pilze putzen und in Scheiben oder passende Stücke schneiden. Paprika waschen und vierteln. Zitronen mit einem Kartoffelschäler schälen. Thymianstiele und Rosmarinzweige abspülen. Pilze und Paprika auf beiden Seiten in einer heißen Pfanne braten. Danach in ein großes sauberes trockenes Weckglas geben und schichtweise mit Zitronenschale, Thymian, Marinade, Knoblauch und Chili bedecken – je nach Geschmack improvisieren! Das Öl vorsichtig in einem Topf erhitzen, bis es fast kocht. Das heiße Olivenöl in das Glas füllen, sodass die Pilze und Gewürze vollkommen bedeckt sind – wenn sie aus dem Öl herausschauen, können sie schlecht werden und schimmeln. Pilze vor dem Verzehr einige Wochen ziehen lassen.

Die Pilze sind perfekt als eine Art Antipasti. Man kann sie mit Würstchen, Oliven und einem guten Brot wie in Italien servieren. Probieren Sie auch eine große Scheibe Landbrot oder Ciabatta mit den Pilzen und frisch gehackter Petersilie.

## IN ESSIG EINGELEGTE RÖHRLINGE

**1 kg Pilze, gerne kleine feste Champagnerkorken**
**Salz**

Für die Lake:
**5 Schalotten**
**2 Zwiebeln**
**500 ml Essig**
**60 g Salz**
**130 g Zucker**
**3 Lorbeerblätter**
**1 EL gemischte Pfefferkörner**
**1 EL Senfkörner**

Pilze von kleinen Blättern und Erde befreien. Große Exemplare halbieren. In einen Topf geben, mit Wasser bedecken und etwas Salz hinzufügen. Pilze 10 Minuten kochen, danach gut abtropfen und abkühlen lassen. Schalotten schälen und halbieren, Zwiebeln schälen und in Scheiben schneiden. Alle Zutaten für die Lake in einen Topf geben, aufkochen und ca. 10 Minuten köcheln lassen. Die abgetropften Pilze in ein sauberes Glas füllen und die warme Flüssigkeit über die Pilze gießen. Die Gläser abkühlen lassen, dann verschließen.

## PILZ-PICKLES

**500 g feste Pilze**
**3 Paprikaschoten (rot, gelb und grün)**
**1 kleine feste grüne oder gelbe Zucchini**
**1 große Karotten**
**100 g Salz**
**500 ml Essig**
**350 g Zucker**
**3 EL Weizenmehl**
**3 EL Senfpulver**

Pilze und Gemüse putzen und in kleine Würfel schneiden. Alles in einer großen Schüssel in Salz wenden und einige Stunden ziehen lassen. Die Salzlake abseihen. Essig und Zucker in einem Topf aufkochen. Mehl und Senfpulver mit 100 ml Wasser anrühren und unter Rühren in den Topf gießen. Die Lake 5 Minuten kochen. Die Pilz-Gemüse-Mischung mit der Lake in saubere Gläser füllen. Mindestens 1 Monat ziehen lassen. An einem kühlen Ort, am besten im Kühlschrank, aufbewahren.

## PILZ-TIMBALE

Pilz-Timbale als Vorspeise oder als Beilage zu einem Hauptgericht servieren. Zum Brunch schmecken Schinken oder gebratene kleine Würstchen gut dazu.

**FÜR 8 KLEINE FÖRMCHEN**

**1 Scheibe Weißbrot vom Vortag**
**100 ml Milch**
**25 g Butter**
**500 g Pilze**
**1 Ei**
**500 g Schlagsahne**
**etwas geriebene Muskatnuss**
**Salz, Pfeffer**
**8 kleine Förmchen, mit Butter eingefettet**

Zum Servieren:
**glatte Petersilie oder Thymian**
**8 eingemachte Pilze nach Belieben**
**Balsamico-Creme**

Ofen auf 150 °C vorheizen. Brot in der Milch einweichen. Die Hälfte der Butter in einem Topf schmelzen und die fein gehackten Pilze darin anschwitzen, bis sie goldbraun sind, abkühlen lassen.

Das Brot ausdrücken und zur Pilzmischung geben. Ei und Sahne verschlagen und ebenfalls hinzufügen. Mit Muskatnuss, Salz und Pfeffer abschmecken. Die Mischung in den 8 Formen verteilen und mit Alufolie abdecken. Die Fettpfanne des Ofens mit Zeitung auslegen und die Formen hineinstellen. Wasser bis zum Rand in die Fettpfanne füllen. In der Mitte des Ofens 30–35 Minuten backen.

Timbale auf den Teller stürzen. Nach Belieben mit Petersilie verzieren und einen eingemachten Pilz darauflegen. Mit einem Ring aus Balsamico-Creme umkränzen.

**TIPP** Achten Sie auf die Backzeit und prüfen Sie immer mal wieder eine der Förmchen. Sie backen vermutlich nicht gleichmäßig, daher kann es schwer sein zu entscheiden, wann das Ei fest und durchgebacken ist. Ein Timbale darf nicht kochen, sondern soll im Ofen ruhig vor sich hin backen.

## ECHTER PFIFFERLING

Botanisch: *Cantharellus cibarius*
Saison: Juni–November, Hochsaison im August

## WO GIBT ES ECHTE PFIFFERLINGE?

Die wohlschmeckenden und sehr populären Echten Pfifferlinge oder Eierschwämme kennen die meisten. Sie haben eine weiche dotter- bis orangegelbe Farbe und die Lamellen verzweigen sich in die Stiele. Der Hut ist normalerweise gelb und nur 3–8 cm im Durchmesser, mit einer guten festen Konsistenz und einem welligen, eingerollten Rand. Der Hut ist in der Regel leicht schmierig. Der Stiel ist weißgelb mit einer guten festen Konsistenz, oft etwa 2–3 cm hoch. Pfifferlinge wachsen nur auf sauren Böden und nur unter Bäumen, besonders unter Eichen und Fichten. Man findet sie in Nadelwäldern und an Wegrändern. Pfifferlinge können plötzlich sowohl im Sommer als auch im frühen Herbst in großen Mengen auftauchen. Es ist schwierig, sie zu finden, und diejenigen, die eine gute Stelle erkennen, verraten diese selten anderen.

## KOCHEN

Pfifferlinge werden von vielen als sehr feiner Speisepilz geschätzt. Der Pilz duftet ganz schwach nach Aprikosen, aber schmeckt in rohem Zustand nicht besonders gut. Bei der Zubereitung ändert sich der Geschmack markant, er wird aromatisch und wohlschmeckend, mild bis pfeffrig. Der bittere Geschmack des rohen Pfifferlings soll Würmer und Schnecken auf Abstand halten, daher findet man selten beschädigte Pfifferlinge. Die Pilze reinigt man am besten mit einem scharfen Messer und einer kleinen festen Bürste. Man sollte nie Wasser zum Reinigen nehmen, wenn es sich irgendwie vermeiden lässt. Pfifferlinge müssen sehr vorsichtig zubereitet werden und dürfen nicht allzu hohen Temperaturen ausgesetzt werden, dann verschwindet der feine Geschmack. Sie können in Sahnesauce gegessen oder im Ganzen gebraten werden – in einer Pfanne mit etwas Zwiebeln, einem Schuss Sahne, Zitrone oder einem Tropfen Sherry und serviert zu einem Stück gerösteten Weißbrot.

## PFIFFERLING-SCHNAPS

Eine gute Handvoll Pfifferlinge mit einer kleinen Bürste reinigen. Pilze dürfen nicht gewaschen werden. Die Pilze in ein Bügelglas geben und mit Wodka übergießen. Den Pilzschnaps 1 Monat oder etwas länger ziehen lassen. Der Schnaps kann pur getrunken oder nach Geschmack verdünnt werden. Auch gut zum Kochen, z. B. in Saucen und Marinaden.

## PASTA MIT PFIFFERLINGEN

**HAUPTGERICHT FÜR 4 PERSONEN**
**400 g frische Pfifferlinge**
**400 g Vollkornspaghetti oder andere Pasta**
**250 g Speck in dünnen Scheiben**
**Butter oder Olivenöl**
**1 Schalotte**
**1 Knoblauchzehe**
**1 rote Chilischote**
**Salz, Pfeffer**
**Zitronensaft**
**1 Zucchini**
**200 g Schlagsahne**
**glatte Petersilie**
**geriebener Parmesan nach Belieben**

Pilze putzen, große Exemplare halbieren. Spaghetti nach Packungsanweisung bissfest kochen. Speck in kleine Stücke schneiden. Eine Pfanne erhitzen und darin Speck, fein gehackte Zwiebel, Knoblauch und Chili in Butter anbraten. Pfifferlinge hinzufügen und ca. 5 Minuten braten. Mit Salz und Pfeffer würzen, nach Geschmack noch 1 Spritzer Zitronensaft hinzufügen. Grob geriebene Zucchini und Sahne hinzufügen und alles zusammen kochen, bis die Sauce etwas eindickt.

Kurz vor dem Servieren die Spaghetti in der Pilzsauce wenden. Auf warmen Tellern anrichten und mit grob gehackter Petersilie bestreut servieren. Nach Belieben geriebenen Parmesan dazu reichen.

**TIPP** Für dieses Rezept können Sie alle wilden Pilzsorten verwenden. Das Gericht kann auch ohne Sahne zubereitet werden.

FIFFERLINGE

**WENN ES IM HERBST VIEL REGNET** und gleichzeitig warm ist, dann tummeln sich besonders viele Röhrlinge auf dem Waldboden. Man nennt das in Dänemark ein »Karl-Johan-Jahr« – benannt nach dem schwedischen König Karl Johan, der die Fichten-Steinpilze besonders gerne aß. Nun gilt es, sich aufzumachen und die Pilze einzusammeln.

GETROCKNETE HERBST-TROMPETEN

## PILZE TROCKNEN

Pilze lassen sich am besten getrocknet lagern. Sie halten sich jahrelang, wenn sie dunkel und kühl in einem gut schließenden Glas aufbewahrt werden. Aus 10 kg rohen Pilzen erhält man ca. 500 g getrocknete.

Zuerst die Pilze gründlich reinigen: Gut abbürsten und von kleinen Blättern, Zweigen und Tieren befreien, eventuell mit einem feuchten Tuch abwischen. Große feuchte Röhrenschwämme entfernen. Danach die Pilze in möglichst dünne Scheiben schneiden.

## PILZE KANN MAN AUF FOLGENDE ARTEN TROCKNEN:

- Scheiben auf eine Zeitung oder ein Tuch legen und in einem trockenen Raum aufbewahren. Die Zeitung jeden Tag wechseln, da sehr schnell viel Flüssigkeit aus den Pilzen kommt. Wenn die Pilze trocken und spröde sind, in ein Glas füllen.
- Die Scheiben in die Schale des Trockengeräts legen und nach Anweisung trocknen. Die elektrische Methode ist die schnellste, aber die Zeitungsmethode ist die nachhaltigste.
- Die Pilze auf eine Schnur fädeln und zum Trocknen in einen trockenen, gut belüfteten Raum hängen.
- Die Pilze können außerdem auf dem Ofengitter ausgebreitet und im Ofen bei ca. 40 °C (max. 70 °C) einige Stunden getrocknet werden. Dabei sollte man möglichst Umluft anwenden und die Ofentür ein wenig offen lassen, damit die Feuchtigkeit entweichen kann.

**TIPP** Getrocknete Pilze vor der Zubereitung einweichen, die Pilze z. B. in Weißwein, Sherry, Portwein, Brühe oder kaltes Wasser legen. Lassen Sie sie darin einige Zeit (ca. 2 Stunden) liegen, sodass Saft und Kraft in die Pilze einziehen können. Die Einweichflüssigkeit in den Saucen oder Marinaden/Dressings des jeweiligen Gerichts verwenden.

## PILZFARCE

Übrige Pilze lassen sich als Farce einfrieren und später sehr gut als Raviolifüllung, als Füllung in Fisch- und Fleischrouladen oder als Bruschetta-Aufstrich verwenden.

**verschiedene Pilze**
**Butter oder Öl**
**Salz, Pfeffer**
**Zitronensaft**

Die gereinigten Pilze in Butter oder Öl anschwitzen. Abkühlen lassen und in einem Mixer oder mit einem großen Messer zu einer Pilzfarce klein hacken. Mit Salz, Pfeffer und etwas Zitronensaft abschmecken. Nach Belieben mit Knoblauch und Kräutern würzen. Die Pilzfarce in einen Eiswürfelbehälter füllen und einfrieren. So kann man ganz einfach einzelne Würfel herausnehmen und damit Suppen, Saucen und Eintöpfe würzen.

## HERBSTTROMPETEN

Botanisch: *Craterellus cornucopioides*
Saison: September–November

## WO GIBT ES HERBSTTROMPETEN?

Der sehr aromatische schwarze Pilz wächst in nährstoffreicher Mulch- oder Tonerde, häufig in kleinen Gruppen unter den Bäumen. Genauso oft sieht man ihn auch in großen Gruppen und auf alten Baumstümpfen, wie es sie in dichten Buchenwäldern gibt. Die Trompeten sind 3–10 cm hoch und schwarz und haben von oben gesehen ein Loch, das einer Trompetenform ähnelt. Der Pilz hat weder Lamellen noch Rippen, ist sehr verbreitet und gehört zur Familie der Pfifferlinge.

## KOCHEN

Aufgrund seiner markanten schwarzen Farbe heißt der Pilz auch Totentrompete. Der Pilz ist nicht gefährlich, sondern ein echter Leckerbissen und ein schmackhafter essbarer Pilz, den man in vielen Gerichten verwenden kann. Sein Duft ist angenehm und etwas fruchtig. Er kann geröstet, eingemacht, in Saucen gelegt oder als Füllung in Tartes, zu Püree, als Pilzmehl oder Pilzsalz und dergleichen sowie in Pasteten und Terrinen verwendet werden und ist damit ein guter Ersatz für teure Trüffel. Auch zum Trocknen ist er sehr gut geeignet.

## LANGSTIELIGER KNOBLAUCH-SCHWINDLING

Botanisch: *Marasmius alliaceus*

Der Langstielige Knoblauch-Schwindling ist ein komischer kleiner Freund, der intensiv nach Knoblauch riecht. Ich schnappe mir immer einen für den Korb und trockne ihn auf der Fahrt, wobei der Duft etwas abnimmt. Der Pilz muss in einem gut schließenden Glas aufbewahrt werden.

### WO GIBT ES DEN KNOBLAUCH-SCHWINDLING?

In lichten Buchenwäldern am Waldboden auf Bruchgehöz von Buchenzweigen oder -ästen. Der Pilz ist aufgrund des langen, samtigen, schwarzbraunen Stiels und des kräftigen und unmissverständlichen Zwiebel- oder Knoblauchdufts leicht wiederzuerkennen.

### KOCHEN

Der Geruch ist sehr markant zwiebelartig, etwas in Richtung Knoblauch, und das gilt auch für den Geschmack. Beim Sammeln den Stiel ganz unten abschneiden und den Pilz separat legen, weil sein Geruch so dominierend ist – wenn man zwei Körbe hat, sollte man diesen Pilz in einen eigenen Korb legen.

**PILZSALZ**

Getrocknete Pilze mit Salz zu einem spannenden aromatischen Gewürz vermischen. Gut in allen Gerichten, in die auch Pilze passen. Auch geeignet als Tischsalz.

**MOHNGEWÄCHSE** enthalten einen giftigen, betäubenden Milchsaft. Der erste Teil *val* des dänischen Namens *valmue* beschreibt genau diese Eigenschaft: »gefühllos«.

# KLATSCH-MOHN

Mai–Juli

Botanisch: *Papaver rhoeas*
Auf der nördlichen Halbkugel blüht der Klatschmohn normalerweise im Juni.

Wenn ich auf einer Sammeltour draußen in der Natur bin und reife Mohnkapseln finde, nehme ich mir die Zeit, den Mohn zu ernten. Er ist eine kleine Delikatesse, die zwar nur einen begrenzten Geschmack und kulinarischen Wert hat, aber es geht mir mehr um die praktische Seite, wenn ich schon einmal da bin. Die Kapseln sind überaus dekorativ in einer Vase.

## WO GIBT ES KLATSCHMOHN?

Klatschmohn ist ein wildes Mohngewächs, das normalerweise zyklamfarben ist und fast durchsichtige Blütenblätter mit etwas Schwarz in der Mitte hat. Meist wird Klatschmohn als Unkraut betrachtet, man sieht ihn oft als schönes dekoratives Unkraut sowohl auf Brachen als auch auf angebauter Erde, an Straßenrändern und in Kornfeldern. Es gibt viele verschiedene Arten von Mohngewächsen. Ihr Ursprung ist nicht mit Sicherheit bekannt. Die Amerikaner glauben, dass der Mohn aus Europa kommt, die Nordeuropäer glauben, er käme aus dem südlichsten Europa. Andere vermuten seinen Ursprung in Eurasien oder Nordafrika.

## KOCHEN

Die Stiele des Klatschmohns sind bitter und schwach giftig, besonders für grasende Tiere. Der nächste Verwandte, der Schlafmohn, *Papaver somniferum*, wird zur Gewinnung des betäubenden Opiums aus dem Saft der Samenkapseln angebaut. Die Samen des Klatschmohns sind glücklicherweise harmlos, und man sagt, dass jede Pflanze bis zu 20.000 Samen pro Saison produzieren kann. Der sehr kleine Samen lässt sich zum Kochen verwenden. Wenn sich die kleinen Löcher über den Samenständen öffnen, muss man schnell sein, damit sich der Samen nicht verstreut, wenn die Stiele vom Wind geschüttelt werden.

## MOHNBRÖTCHEN

**FÜR 8–10 STÜCK**
**100 ml Milch**
**25 g Butter**
**½ Päckchen frische Hefe**
**250 g Weizenmehl**
**100 g Sonnenblumenkerne**
**1 Prise Salz**
**1 TL Zucker**
**Milch zum Bestreichen**
**Mohnsamen zum Bestreuen**

Milch mit der Butter in einem Topf wärmen, bis sie handwarm ist. Hefe in der Milchmischung auflösen. Mehl sieben und die Milchmischung mit Mehl, Sonnenblumenkernen, Salz und Zucker vermischen. Teig gut kneten, bis er geschmeidig ist und sich leicht vom Tisch lösen lässt. Den Teig gehen lassen, bis er doppelte Größe erreicht hat.

Etwas Mehl auf den Tisch streuen und den gegangenen Teig darin wälzen. Noch einmal 30 Minuten ruhen lassen. 8–10 Brötchen formen und auf ein mit Backpapier belegtes Backblech legen. Ofen auf 200 °C vorheizen. Mit einem feuchten Tuch abdecken und noch einmal bis zur doppelten Größe bei Zimmertemperatur gehen lassen.
Die Brötchen mit Milch bestreichen und etwas Mohnsamen darüberstreuen. In der Mitte des Ofens ca. 15 Minuten backen. Herausholen und auf dem Ofengitter abkühlen lassen.

**AMÜSANTES**

Ein altes Sprichwort sagt, dass grüne Walnüsse am 8.8. um 8 Uhr geerntet werden müssen. Damit sollte man nicht mehr rechnen, unter anderem aufgrund der Klimaveränderungen. Fangen Sie schon ab Juli an, danach Ausschau zu halten, wie weit die grünen Nüsse sind.

# WALNUSS

Juli
September
Oktober

Botanisch: *Juglans regia*
Unreife Walnüsse werden im Juli geerntet, reife von September bis Oktober.

Auf meinen Touren in die Natur habe ich oft erlebt, dass plötzlich eine Menge Walnüsse auf dem Weg liegt – herabgefallen von einem Baum, der über die Gartenhecke hängt. Ich frage sofort, ob ich die Nüsse einsammeln darf – die meisten sagen Ja. Für mich waren Walnüsse immer mit der Weihnachtszeit verbunden. Man sitzt da und knackt die großen schönen Nüsse – allein schon dieses Geräusch ist gemütlich. Von den ganz frischen Walnüssen schäle ich vorsichtig die braune, leicht bittere Haut ab. Das ist viel Arbeit, aber was schmecken die gut ohne die Haut, dafür mit einem Glas Portwein! Wenn die Walnüsse trocken sind, ist die Haut kein Problem mehr, sondern Teil des charakteristischen Nussgeschmacks. Die grünen unreifen Walnüsse können Mitte Juni geerntet werden, während die frischen Nüsse erst Ende September oder Anfang Oktober reif sind.

## WO GIBT ES WALNÜSSE?

Walnussbäume wachsen wild in Mischwäldern und in vielen Gärten. Es gibt verschiedene Arten von Walnussbäumen, sie sind seit dem Mittelalter bekannt. Der Baum hat eine regelmäßige, breite Krone, einen Stamm mit einer silbrigen Rinde und dunkelgrüne Blätter. Er kann bis zu 30 m hoch werden. Walnüsse sind botanisch gesehen Steinfrüchte. Sie sind umgeben von dickem grünen Fruchtfleisch, das sich öffnet, wenn die Früchte auf die Erde fallen – dann kommen die hellbraunen Walnüsse ans Tageslicht. Die harte Schale, die die Nüsse umgibt, ist hellbraun, gefurcht und deutlich zweigeteilt. Der Kern oder die Nuss ist innen unregelmäßig, zweihälftig und von einer hellen, leicht silbernen Haut umgeben.

## KOCHEN

Walnüsse lassen sich im Ganzen einmachen, bevor die Schale hart wird – die grünen unreifen Walnüsse sind ganz fantastisch in Schnaps. Die frischen oder getrockneten Nüsse kann man wie einen Snack essen oder auf unzählige Arten in Gebäck, Konfekt, Salaten oder Desserts verwenden. In dem bekannten Waldorfsalat sind Walnüsse ein Muss. Aus Walnüssen gewinnt man auch das aromatische Walnussöl, das es in vielen Supermärkten zu kaufen gibt. In der Toskana verwendet man die hellgrünen Blätter, um den Schafmilchkäse Pecorino Sardo darin einzupacken.

### AMÜSANTES

Walnüsse gelten als königliche Nüsse. Der lateinische Name *juglans* ist zusammengesetzt aus *jovis*, das ist das Gleiche wie »Jupiter«, und *glans*, das heißt »Nuss«, *regius* bedeutet »königlich«. Jupiter war in der römischen Mythologie der König aller anderen Götter, Herrscher über Himmel und Donnerwetter. In alten Zeiten war Jupiter mit Walnüssen verbunden. Die Römer sollen Walnüsse gestreut haben, wenn eine Braut nach der Hochzeit die Brautkammer betrat, damit Jupiter den Frischvermählten Fruchtbarkeit gewährte.

## GESUNDHEIT

Walnüsse gehören zu den »guten« Nüssen, die viele gesättigte Fettsäuren enthalten, aber kein Cholesterin und keine Transfettsäuren. Walnüsse sind sehr energiereich und enthalten sehr viel Alpha-Linolen-Säure, eine essenzielle Omega-3-Fettsäure. Die Nüsse sind auch sehr gute Magnesium-, Phosphor- und Kupferlieferanten.

### INTERESSANTES

Sowohl die Blätter als auch die Früchte wurden früher in der Volksmedizin verwendet. Auszüge aus den Blättern sollen eine gute Wirkung auf Magen-Darm-Katarrhe, Hautleiden, Beulen und Augenentzündungen haben, außerdem wirken sie blutreinigend. Walnüsse werden bei Ekzemen und Hautirritationen eingesetzt, ihr Saft bei Zahnschmerzen angewendet. Es heißt, dass Walnüsse außerdem cholesterinsenkend wirken. Die getrockneten Blätter werden in vielen Teemischungen verwendet. Rinde und Fruchtschale enthalten starke Pigmente und Gerbstoffe. Die unreifen Walnüsse und Blätter wurden daher auch zum Färben von Stoffen und Garnen gebraucht und der Saft der grünen Fruchtschalen, um Haare und Bärte zu färben; außerdem wurde der Saft als Selbstbräuner verwendet.

### ERNTE UND AUFBEWAHRUNG

Walnussbäume wachsen seit den Römern auch nördlich der Alpen. Leider ist hier das Herbstwetter nicht besonders gut, um Walnüsse zu trocknen. Daher kann die Lagerung der Nüsse ein Problem werden, sie faulen bei Feuchtigkeit leicht. Man sollte Walnüsse in so trockenem Zustand wie möglich sammeln, in warmem Wasser waschen und danach zum Trocknen auf Zeitungspapier in einen trockenen Raum mit guter Luftzirkulation legen. Sie können sie auch auf einen Heizkörper oder einen Rost an einen trockenen Ort legen. Füllen Sie die Nüsse in alte Nylonstrümpfe, machen Sie einen Knoten oben hinein und hängen Sie sie an einem kühlen und frostfreien Ort zum Trocknen auf. Passen Sie auf die Mäuse auf – die mögen nämlich die Nüsse auch!

**TIPP*** Ziehen Sie Handschuhe an, wenn Sie die Walnüsse aussortieren. Die grüne Schale ist mit einem schwarzen Farbstoff gefüllt, den man fast nicht mehr von den Händen wegbekommt.

**TIPP*** Denken Sie daran, dass die Nüsse beim Trocknen schrumpfen. Am besten friert man die frischen, geknackten Nüsse daher ein. Die Nüsse einzeln auf Teller legen und diese in den Gefrierschrank stellen. Wenn die Kerne gefroren sind, in einen Beutel umfüllen und zurück in den Gefrierschrank legen.

### WALNUSSSCHNAPS

Walnussschnaps oder -likör ist schwarz wie Lakritze und sehr wohlschmeckend. Probieren Sie ihn kalt zu Desserts oder mit Eis in einem Cocktailglas. Verwenden Sie ihn auch als Geschmacksgeber in Weihnachtskonfekt und in Saucen zu Obstsalat oder Wildbraten.

**10 ganze grüne, unreife Walnüsse**
**1 Vanilleschote nach Belieben**
**1 Flasche Wodka**

Unreife Nüsse in Viertel schneiden und zusammen mit der Vanilleschote in ein großes Weckglas geben. Wodka darübergießen. Nach 6 Monaten den Schnaps filtern und in Flaschen gießen. Nun den Schnaps gut lagern, denn er wird bei der Lagerung immer besser. Mindestens 6 Monate – er hält sich aber auch Jahre. Der Schnaps hat eine feine mahagonibraune Farbe und einen leckeren Duft mit leichtem Lakritzgeschmack.

**TIPP*** Für diese Art von Schnaps sollte man grüne Nüsse verwenden, die Schale darf nicht ausgebildet sein. Suchen Sie für diesen Schnaps die Walnussbäume daher Anfang Juli auf.

**TIPP*** Setzt man dem Schnaps noch etwas flüssigen Zucker hinzu, erhält man einen leckeren Likör, der dem klassischen spanischen Sherry »Walnut Brown« ähnelt.

**TIPP*** Der Walnussschnaps kann mit einer Handvoll großer Rosinen, ein paar Zwetschgen oder anderen Trockenfrüchten, wie Aprikosen und Datteln, aromatisiert werden. Er eignet sich hervorragend für den Weihnachtsabend.

**INTERESSANTES**

Der Name Walnuss kommt vom niederdeutschen Wort *walnut*. *Wal* bedeutet das Gleiche wie *welsch*, ursprünglich die Bezeichnung für die Kelten Westeuropas und vom Stamm der keltischen *Volcae* abgeleitet. Die Walnuss ist also die »Nuss der Welschen«.

In jede eingemachte Walnuss noch eine ganze geschälte Mandel stecken.

## GLYKO KARIDAKI – EINGEMACHTE WALNÜSSE

Dies ist wirklich eine Delikatesse. Zugegeben, das Rezept erfordert sehr viel Grips! Das Ergebnis ist dafür auch göttlich und die ganze Arbeit wert. Die Walnüsse müssen geerntet werden, wenn sie noch unreif sind und sich die holzige Schale noch nicht gebildet hat. Veranschlagen Sie eine ganze Woche für die Zubereitung – wenn Sie an einem Freitag beginnen, können Sie das Ergebnis am Sonntag der Woche darauf genießen.

Servieren Sie die eingemachten Walnüsse als Dessert mit kalter Schlagsahne. Die eingemachten Walnüsse eignen sich auch als Beilage z. B. zu Blauschimmelkäse. Probieren Sie die Nüsse ebenso in Scheiben geschnitten in einem Trifle mit Makronen und Creme. Oder streuen Sie sie klein gehackt über Eiscreme oder Joghurt.

**50 grüne Walnüsse**
**3 EL Zitronensaft**

Zuckerlake:
**2 kg Zucker**
**3 EL Zitronensaft**
**1 EL ganze Nelken**

Walnüsse mit einem Sparschäler so dünn wie möglich schälen. In einen großen sauberen Plastikbehälter füllen und mit kaltem Wasser bedecken. 8 Tage kalt stellen. Das Wasser jeden Tag auswechseln. Nach 8 Tagen die Walnüsse gründlich abspülen und jede einzelne Walnuss ein paar Mal mit einer Fleischnadel anpiksen. Denken Sie daran, dazu Handschuhe zu verwenden, denn die Nüsse färben sehr ab.

Die Walnüsse in einen großen Topf mit reichlich Wasser geben und gut 1 Stunde kochen, bis sie gar sind. Eine Walnuss mit einem Schaschlikspieß o. Ä. anstechen – wenn sie vom Spieß fällt, sind die Nüsse fertig. Kochwasser abgießen und Walnüsse in einen Behälter mit kaltem Wasser und Zitronensaft geben. 2–3 Stunden stehen lassen, dann das Wasser abgießen.

Zuckerlake: Zucker und 600 ml Wasser in einem Topf kochen, bis der Zucker ganz aufgelöst ist. Die Walnüsse hinzufügen und alles etwa 5 Minuten leicht köcheln lassen. Den Topf vom Herd nehmen, einen Deckel darauflegen und alles 12 Stunden stehen lassen. Am nächsten Tag Zitronensaft und Nelken hinzufügen. Alles noch einmal vorsichtig aufkochen. Den Topf vom Herd nehmen und abkühlen lassen. Die Walnüsse und den Sirup in saubere Gläser füllen und gut verschließen. An einem kühlen Ort aufbewahren. Die Nüsse stehn gerne eine Weile, bevor man sie isst. Im Kühlschrank sind sie sehr lange haltbar. Wenn ein Glas allerdings einmal geöffnet ist, sollte man die Nüsse schnell essen.

### INTERESSANTES

Das Glyko-Karidaki-Rezept ist griechisch und stammt angeblich aus Zypern. In Griechenland erhält man gewöhnlich ein Glas kaltes Wasser zum Kaffee serviert. An einigen Orten ist es Tradition, eine eingemachte Walnuss in besagtes Wasserglas zu legen und die kleine Delikatesse zusammen mit dem Kaffee zu genießen.

## WALNUSSBROT MIT TRAUBEN

Ein herrliches Brot, das man als Zwischenmahlzeit zu einer Tasse Tee oder mit Käse essen kann. Auch hervorragend für ein Büfett.

**25 g frische Hefe**
**4 EL + 100 g Rohrzucker**
**350 g Weizenmehl**
**1 Prise Salz**
**2 EL Rapsöl**
**500 g kleine kernlose Weintrauben**
**100 g Walnusskerne**
**Öl zum Bestreichen**
**1 Bund frischer Rosmarin**

Hefe in einer Schüssel mit 150 ml lauwarmem Wasser auflösen. 4 Esslöffel Zucker hinzufügen und die Mischung 15 Minuten auf dem Küchentisch stehen lassen. Mehl und Salz in eine große

Schüssel füllen und die Hefemischung, Öl und nochmals 500 ml lauwarmes Wasser hinzufügen. Alles zu einem geschmeidigen Teig verkneten. Teig stehen lassen, bis er die doppelte Größe erreicht hat, dabei mit einem feuchten Geschirrtuch abdecken. Inzwischen Trauben, Walnüsse und 100 g Zucker mischen.

Den Ofen auf 180 °C vorheizen. Den Teig nochmals durchkneten und in zwei Teile teilen. Den einen Teil auf ein mit Backpapier ausgelegtes Backblech legen, mit der Hand flach drücken und die Hälfte der Trauben-Nuss-Füllung darauf verteilen. Den anderen Teil zu einem Fladen formen, auf den ersten Teil legen und an den Rändern rundherum gut zusammendrücken. Leicht auf den Fladen drücken, mit Öl bestreichen und den Rest der Trauben-Nuss-Mischung darauf verteilen. Einige Rosmarinnadeln daraufstreuen. Noch einmal 10 Minuten gehen lassen. In der Mitte des Ofens etwa 45 Minuten backen

## GEGRILLTER ZIEGENKÄSE MIT WALNÜSSEN

Eine herrliche schnelle Vor- oder Frühstücksspeise, sehr einfach zu machen.

**FÜR 4 PERSONEN**
**500 g grüne Bohnen**
**Salz**
**4 Scheiben Ziegenfrischkäse**
**4 EL Honig oder Sirup**
**1 EL gemahlener Kümmel**
**100 g Walnüsse**
**Pfeffer**
**Walnuss-, Raps- oder Olivenöl**

Grüne Bohnen in Salzwasser knapp gar kochen, höchstens 5–7 Minuten. Zwischendurch probieren. Wenn die Bohnen fertig sind, das Wasser sofort abgießen und das Gemüse mit eiskaltem Wasser abschrecken. Die Bohnen mit einem Tuch trocken tupfen und auf vier Teller verteilen.

Den Ofen auf 180 °C vorheizen. Ein Backblech mit Backpapier auslegen. Vier Scheiben Ziegenkäse auf das Blech legen und je etwas Honig darüberträufeln. Das Blech in den Ofen schieben und den Käse 4–5 Minuten gratinieren. Eine Uhr stellen – der Käse sollte zwar heiß und golden werden, darf aber nicht zerfließen. Dann den Käse auf die Bohnen legen und mit Kümmel, grob gehackten Walnüssen, Salz und Pfeffer bestreuen. Anschließend noch etwas Öl daraufträufeln und sofort servieren.

## RAVIOLI MIT WALNUSSSAUCE

Eine Super-Sauce für alle Arten von Pasta. Kann auch zu gekochtem oder gebratenem Fleisch serviert werden.

**HAUPTGERICHT FÜR 4 PERSONEN**
**1 dicke Scheibe Weißbrot vom Vortag, ohne Rinde**
**150 ml Milch**
**1 Knoblauchzehe**
**100 g Walnüsse, davon 25 g zur Deko**
**Blätter von 10 Stängeln glatter Petersilie**
**1 Schuss Oliven- oder Walnussöl nach Belieben**
**Zitronensaft**
**Salz, Pfeffer**
**100 g Schlagsahne**
**500 g Ravioli mit Käsefüllung oder andere Pasta**
**100 ml Kochwasser von den Ravioli**
**Öl zum Beträufeln**

Das Brot in der Milch 10 Minuten einweichen. Das Brot ausdrücken und in einem Mixer zusammen mit Knoblauch, Walnusskernen und Petersilienblättern vermischen, bis die Masse eine cremige Konsistenz hat. Nach Belieben etwas Öl hinzufügen. Mit Zitronensaft, Salz und Pfeffer abschmecken. Die Sauce zusammen mit der Sahne in einen Topf geben und vorsichtig erhitzen. Ravioli nach Packungsanweisung kochen, etwa 100 ml Kochwasser in die Sauce geben.

Die gekochten Ravioli auf vier Tellern verteilen. Heiße Walnusssauce darübergeben und mit gehackten Walnüssen und Olivenöl garnieren.

## WALNUSSDIP MIT PAPADUM

Ein indisches Rezept, das aus dem Kaschmir-Gebiet stammt. Passt hervorragend zu knusprigen Papadums oder als Dip zu Gemüse. Auch gut zu Fleisch oder angerührt mit etwas Joghurt als Salatdressing.

**100 g Walnüsse + einige zur Deko**
**1 Prise Salz**
**1 TL Cayennepfeffer**
**200 g Natur-Joghurt**
**1 Päckchen Papadum**
**neutrales Öl zum Frittieren**
**rosa Pfefferkörner + Schwarzkümmel nach Belieben**

Walnüsse, Salz und Cayennepfeffer in einem Mörser zerkleinern. Die Nussmasse mit Joghurt verrühren. Nochmals mit Salz und Cayennepfeffer abschmecken. Vor dem Servieren etwas ziehen lassen. Öl in einer Pfanne erhitzen und die Papadums darin nacheinander frittieren. Das dauert jeweils nur ein paar Sekunden. Zum Abkühlen auf Küchen- oder Zeitungspapier legen.

Den Walnussdip in eine schöne Schale füllen, mit Walnusskernen und eventuell rosa Pfefferkörnern und Schwarzkümmel garnieren und mit knusprigen Papadums servieren.

## SCHOKOLADENEIS

**75 g dunkle Schokolade (70 %)**
**4 Eigelb, ganz frisch**
**4 EL Puderzucker**
**2 EL Walnussschnaps oder -likör nach Belieben**
**500 g Schlagsahne**

Schokolade mit einem gezackten Messer grob hacken. In einem Topf im Wasserbad schmelzen, etwas abkühlen lassen. Puderzucker in die Eigelbe sieben und alles weißschaumig schlagen. Nach Belieben etwas Schnaps oder Likör in die Eiermasse geben, die geschmolzene Schokolade unterrühren. Sahne steif schlagen und ebenfalls mit einem Teigschaber unter die Masse heben. Die Eiscreme eine Form füllen und für mindestens 4 Stunden in die Gefriertruhe stellen. 20 Minuten vor dem Servieren aus der Gefriertruhe nehmen. Z. B. mit Pfannkuchen servieren: 1–2 Kugeln Eis darauflegen und mit Walnusskonfitüre (s. u.) garnieren.

## WALNUSSKONFITÜRE MIT BIRNEN UND INGWER

Servieren Sie knusprige Pfannkuchen mit Schokoladeneis und etwas Walnusskonfitüre darauf – schmeckt fantastisch! Die Konfitüre schmeckt auch sehr gut zu Käse.

**150 g Walnüsse**
**1 kg feste reife Birnen**
**10 cm frischer Ingwer**
**200 ml Weißwein oder Wasser**
**400 g Zucker**
**geriebene Schale und Saft von 2 Bio-Zitronen**
**2 Lakritzstangen und 1 EL Anissamen nach Belieben**

Walnüsse grob hacken. Birnen schälen, halbieren, das Kerngehäuse entfernen und die Birnen in kleine Würfel schneiden. Ingwer schälen und fein hacken. Alle Zutaten in einen Topf geben und 15–30 Minuten leicht köcheln, je nachdem, wie weich man die Birnen haben möchte.

## PFANNKUCHEN MIT BIER

Ein super einfaches Rezept für süße, knusprige Pfannkuchen.

**FÜR 12 STÜCK**
**200 g Mehl**
**400 ml Milch**
**50 ml Bier**
**3 Eier**
**1 EL Zucker**
**1 Prise Salz**
**1 TL gemahlener Kardamom**
**Butter zum Ausbacken**

Alle Zutaten zu einem glatten Teig verrühren. Den Teig in eine Kanne füllen und für etwa 1 Stunde kühl stellen. In einer heißen Pfanne 12 dünne Pfannkuchen in Butter ausbacken.

**PAPADUM** ist ein schönes und knuspriges, frittiertes indisches Brot, das man oft vor den Mahlzeiten isst. Man dippt es in Mango-Chutney, Raita, Pickles oder den Walnussdip.

WALNUSSKONFITÜRE

**PFANNKUCHEN** mit Schokoladeneis und Walnusskonfitüre

## WILDKRÄUTERSALAT

junge Blätter, z. B. von Giersch, Löwenzahn, Wiesenkerbel, Waldsauerklee, Roter Bete, Rucola, Spinat oder Feldsalat
½ Netz- oder Honigmelone, in Würfeln
150 g Speck, geröstet und in kleinen Würfeln
1 Bio-Fetakäse, zerkleinert
100 g Himbeeren
Blütenblätter von Ringelblumen
Wiesenkerbel

Dressing:
3 EL Löwenzahnsirup (s. S. 127)
50 ml Apfelessig
150 ml Rapsöl
Salz, Pfeffer

Salatblätter waschen und auf einem großen Teller anrichten. Mit Melone, Speck, Feta und Himbeeren bestreuen. Aus den Zutaten ein Dressing herstellen und über den Salat gießen. Mit Ringelblumenblättern und Wiesenkerbel bestreuen.

# WIESENKERBEL

Mai–August

Botanisch: *Anthriscus sylvestris*

Der Wiesenkerbel ist eine schmucke Pflanze, aus der sich die wenigsten etwas machen. Die Blätter sind schön anzusehen, die Blüten sind wundervoll und machen sich hervorragend in Wiesenblumensträußen. Kulinarisch hat die Pflanze keine große Bedeutung.

## WO GIBT ES WIESENKERBEL?

Wiesenkerbel wächst auf Wiesen, Weiden und Feldern, an Wald- und Straßenrändern. Die Pflanze wird 50–100 cm hoch und hat einen hohlen, gefurchten Stängel. Sie ist eine typische Schirmpflanze mit Pfahlwurzeln. Die Blätter sind dreikantig und gefiedert. Die Schirmblüten sind weiß und dominieren im Juni an vielen Orten die Straßengräben.

## PASSEN SIE AUF

Wiesenkerbel ist leicht mit Schierling zu verwechseln, einer Giftpflanze, die das Gift Coniin enthält, das jedoch flüchtig ist und nach dem Erhitzen verschwindet. Schierling hat einen glatten und rot gefleckten Stängel und verströmt einen unbehaglichen Duft nach Mäuseurin – man kann es riechen, wenn man an Stängeln oder Blattstielen reibt. Heutzutage ist man der Meinung, dass die Giftigkeit in den historischen Quellen übertrieben wird. Aber riechen Sie gut daran, denn Sie brauchen nur den Wiesenkerbel.

## KOCHEN

Wiesenkerbel ist keine besondere Leckerei. Aber seine Blätter sind essbar und früher verwendete man ihn als Suppeneinlage. Hierfür ist jedoch die kultivierte Kerbelart vorzuziehen. Die Pflanze riecht fast gar nicht und hat einen leichten Anisgeschmack. Verwenden Sie sie als Verzierung auf Brot oder als »wildes« Element in Salaten. Zur Garnitur von Desserts, z. B. einer Panna cotta, machen sich die Blattspitzen auch sehr gut.

## FLADENBROT MIT WIESENKERBEL

Ein herrliches Brot, das man sehr gut auf den Tisch bringen kann, wenn viele Gäste kommen.

**25 g frische Hefe**
**150 g getrocknete Tomaten**
**1 EL Salz**
**1 TL Zucker oder Honig**
**300 ml Dickmilch**
**100 ml Rapsöl**
**1 großes Ei, verschlagen, etwas zum Bestreichen aufheben**
**150 g Durum-Mehl**
**ca. 600 g Weizenmehl**
**ca. 20 Wiesenkerbelblätter**

Hefe in 400 ml lauwarmem Wasser auflösen, die getrockneten Tomaten in kleine Würfel schneiden. Alle Zutaten bis auf das Weizenmehl vermischen, dann nach und nach das Weizenmehl hinzufügen. Den Teig auf der mit Mehl bestreuten Arbeitsfläche kneten, bis er elastisch ist und sich leicht vom Tisch löst. Zum Gehen für 12 Stunden in den Kühlschrank stellen.

Ofen auf 200 °C vorheizen. Teig nochmals durchkneten und in der mit Backpapier ausgelegten Fettpfanne des Ofens verteilen. Mit einem Pizzamesser oder einem scharfen Messer in ca. 20 viereckige Stücke einschneiden und diese mit Ei bestreichen. Das Brot 20 Minuten backen, aus dem Ofen nehmen. Wiesenkerbelblätter in das geschlagene Ei tauchen und auf dem Brot verteilen. Das Brot noch einmal 5 Minuten backen.

**VEILCHEN** erzeugen Samenkapseln, die man einsammeln und trocknen kann. Später lassen sie sich dann im Garten unter Hecken und Büschen sowie auf dem Rasen aussäen.

## AMÜSANTES

Früher war es Tradition, dass Kinder kleine Sträuße aus Veilchen pflückten und sie auf der Straße verkauften. Seifen, Cremes und Parfüms werden oft mit Veilchenduft parfümiert, in Frankreich sind Veilchenpastillen sehr populär.

# VEILCHEN

März
April
August
September

Botanisch: *Viola odorata*
Veilchen blühen im März und April, manchmal auch von August bis September.

Ich verbinde mit Veilchen vor allem einen Spruch aus dem in der Kindheit so wichtigen Poesie-Album: »Rosen sind rot, Veilchen sind blau, doch zerstückelt erkennt man dich nicht mehr so genau«. Veilchen bedeuten für mich eine Vorahnung auf Frühling und wie ein Kind auf allen vieren auf dem Rasen herumzukriechen, um Veilchen für meine Mutter zu pflücken. Oder ein Sträußchen von dem Mann im Rollstuhl in Kopenhagen für mein letztes Taschengeld auf meiner Tour durch die Hauptstadt zu kaufen. Veilchen sind auch eine süße Erinnerung an die ersten Veilchenbonbons, gefunden auf einer Reise in mein geliebtes Paris.

### INTERESSANTES

Liebe Kinder haben viele Namen – und da macht das Veilchen keine Ausnahme, es wird auch als Frühlingsveilchen, Heckenveilchen, Märzveilchen, Duftveilchen oder Wohlriechendes Veilchen bezeichnet. Der botanische Namenszusatz *odorata* bedeutet »duftend« und gerade das ist das Schöne an der kleinen Blume.

### WO GIBT ES VEILCHEN?

Veilchen wachsen in kleinen feinen Stauden in den meisten Teilen Europas und sind auf Wiesen, in Wäldern und Gärten heimisch. Die Pflanze wird ca. 10 cm hoch und breitet sich über Ausläufer aus. Das Veilchen hat grüne herzförmige Blätter und zart duftende, blau-violette Blüten. Es blüht im März und April, in warmen Sommern auch im Spätsommer. Nach einem grauen und kalten Winter ist es wunderbar, die ersten Veilchen auf Wiesen oder in Wäldern zu finden. Klein und fein stehen sie fast verborgen im Herbstlaub. Ganz unauffällig machen sie mit ihrer schönen Farbe und natürlich mit dem milden verführerischen Duft nach Frühling auf sich aufmerksam.

### KOCHEN

Machen Sie einen Morgenspaziergang in Ihrem Garten oder im Wald und pflücken Sie taufrische, eben aufgeblühte Veilchen. Die Blüten sind winzig klein, daher lassen sie sich hervorragend als Verzierung auf Fruchtdesserts und Milchprodukten beim Frühstück verwenden. Nehmen Sie auch Blüten ohne Stängel, kandieren Sie sie und garnieren Sie damit Desserts und Kuchen. Versuchen Sie, die süß schmeckenden Blüten über einen Salat zu streuen oder verwenden Sie sie als Geschmacksgeber im Tee. In Frankreich wird Likör aus Veilchen hergestellt und häufig in Drinks und auf Desserts verwendet. *Glace au lait à la violette* ist eine Art Veilcheneis, serviert mit Veilchenlikör und garniert mit frischen Veilchen, das man oft in Restaurants in Südfrankreich bekommt. Aber essen Sie keine Veilchenblätter!

### GESUNDHEIT

Veilchen enthalten Salicylsäure – in Frankreich sagt man, dass Veilchen Husten beruhigen. Veilchen enthalten außerdem Vitamin C. Man muss allerdings sehr viele Veilchen essen, damit der Körper einen Nutzen davon hat. Verwenden Sie Veilchen daher vor allem als kleine dekorative Delikatesse.

## DER SCHÖNSTE TISCHSCHMUCK IM FRÜHLING

Wasser in eine dekorative Schale füllen und Veilchenblüten und -blätter mit langen Stielen in das Wasser legen. Die Schlüssel über Nacht ins Kühle stellen und das Arrangement einmal täglich mit Wasser besprühen. Nach Belieben die Schüssel in das Schlafzimmer stellen und den sanften Veilchenduft genießen.

## ANSTECKSTRÄUSSCHEN

Binden Sie ein nettes Sträußchen aus Veilchen, umkränzt von den herzförmigen Blättern der Pflanze. Früher war es in Frankreich üblich, Veilchen als Ansträußchen zu tragen. Der Veilchenduft sollte den zu diesen Zeiten recht strengen Körpergeruch überdecken. In England waren Veilchen zu Zeiten von Königin Viktoria sehr populär, als jeder Mann und jede Frau im Sommer ein Brust-, Knopfloch- oder Kragen-Bouquet aus süß duftenden Veilchen trug.

**Veilchen mit möglichst langen Stängeln**
**Veilchenblätter**
**Seidenband**
**Küchenpapier und Alufolie**

Veilchenblüten zu einem kleinen dichten Strauß zusammenbinden. Die Blätter um die Blütenköpfe herumlegen. Vorsichtig mit einem Seidenband, eventuell in Lila, zusammenbinden. Ein kleines Stück feuchtes Küchenpapier um die Stiele und darum wiederum etwas Alufolie wickeln. Nun kann man das Sträußchen mit einer kleinen Nadel am Revers oder im Knopfloch befestigen. Wenn der Strauß als Schmuck auf einem Tisch stehen soll, die Stängel in ein Orchideenrohr mit Wasser stellen.

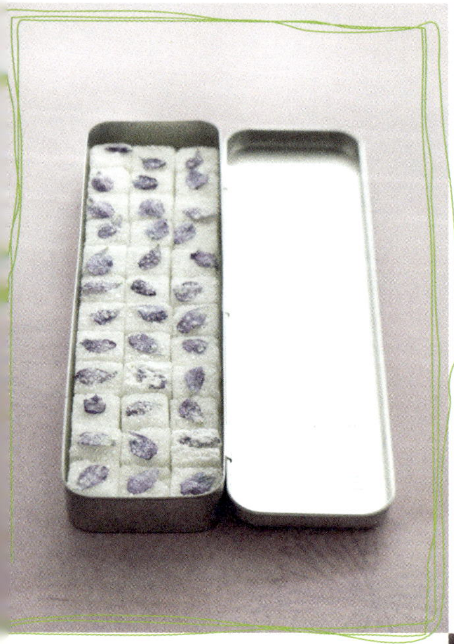

## JASMINTEE MIT VEILCHEN

**5 Kugeln grüner chinesischer Jasmintee**
**1 Kanne 80 °C heißes Wasser**
**½ Limettenscheibe**
**5 Veilchenblüten**

Die Teeperlen in ein Sieb geben und mit dem 80 °C warmen Wasser übergießen. Die geöffneten Teeperlen in eine Tasse geben und mit warmem Wasser auffüllen. Tee 3–4 Minuten ziehen lassen. Die Limettenscheibe in den Tee legen. 2 Minuten vor dem Trinken mit Veilchenblüten verzieren.

**TIPP** Früher verwendete man Veilchen in der Medizin. Abgekochte Blüten wurden mit Honig oder Sirup vermischt und bei Husten eingenommen. Der Tee kann vielleicht auch beruhigend wirken.

**TIPP** Wenn Sie zu viele Veilchen gepflückt haben, können Sie sie trocknen und je nach Geschmack in Teemischungen verwenden.

## KANDIERTE VEILCHEN

Es ist nicht sehr schwierig, Veilchen selbst zu kandieren, und es ist auch günstig. Bewahren Sie die Veilchen in kleinen feinen Schächtelchen oder Gläsern auf – und Sie haben ein Geschenk für viele Gelegenheiten.

**frisch gepflückte Veilchen, ohne Stängel**
**1 Eiweiß, ganz frisch**
**175 g Puderzucker oder feiner Zucker**

Eiweiß mit einer Gabel luftig schlagen, Zucker auf ein Stück Pergamentpapier streuen. Jede Blüte zuerst in Eiweiß – das dient als Leim – und danach in Zucker tauchen. Auf einem Rost trocknen lassen. Etwas zusätzlichen Puderzucker oder Zucker über die Veilchen sieben. Wenn alle Blüten kandiert sind, auf Backpapier legen und zum Trocknen an einen ruhigen trockenen Ort stellen.

**TIPP** Die getrockneten kandierten Veilchen am besten in einem gut schließenden Glas mit Backpapier zwischen den einzelnen Schichten aufbewahren.

## VEILCHENLIKÖR

Veilchenlikör ist nicht sehr bekannt. Versuchen Sie daher, diesen mild schmeckenden Likör selbst herzustellen.

1. Woche:
**100 frisch gepflückte Veilchen**
**1 Vanilleschote**
**1 Flasche Wodka**

2. Woche:
**100 frisch gepflückte Veilchen**

3. Woche:
**430 g Zucker**

100 Veilchenblüten zusammen mit der Vanilleschote in ein Glas geben. Wodka darüber gießen und alles 1 Woche ziehen lassen. Nochmals 100 Veilchen pflücken und in den Krug mit dem Veilchenwodka geben. Die Mischung wiederum 1 Woche ziehen lassen, dann den Likör abseihen. Zucker und 100 ml Wasser aufkochen und abkühlen lassen. Zuckerflüssigkeit zum Veilchenwodka gießen und 1 Woche stehen lassen, bevor der Likör serviert wird.

**TIPP** Der Likör ist sehr süß und schmeckt gut mit Champagner verdünnt.

**TIPP** Der Likör kann mit dem Saft von 100 ml Blaubeeren oder mit ein paar Tropfen roter und blauer Lebensmittelfarbe lila gefärbt werden.

**TIPP** Beträufeln Sie Vanilleeis mit Veilchenlikör und garnieren Sie es mit kandierten Veilchen.

## VEILCHEN ROYAL

Dieser einfache Cocktail stand auf der Cocktailkarte eines Hotels in Paris.

**etwas Veilchenlikör + zerkleinerte kandierte Veilchen zur Deko**
**1 Teil Veilchenlikör**
**5 Teile Champagner**

Auf je eine Untertasse ein wenig Veilchenlikör und zerkleinerte kandierte Veilchen geben. Die Ränder

der Champagnergläser erst in den Likör, dann in die kandierten Blüten tauchen. Je 1 Teil Veilchenlikör in die Gläser füllen und mit je 5 Teilen kaltem Champagner aufgießen.

## VEILCHENZUCKER

Dekorative Zuckerstücke – verziert mit den Blütenblättern der Veilchen. Es ist etwas mühsam, aber es lohnt sich. Verwenden Sie die kleinen Kunstwerke als Geschenk, verpackt in einer netten Schachtel.

**Veilchen**
**1 Eiweiß, ganz frisch**
**Würfelzucker**
**Zucker und Puderzucker**

Die Blütenblätter der frischen Veilchen vorsichtig abzupfen. Eiweiß mit der Gabel leicht schaumig schlagen. Ein Zuckerstück auf einer Seite mit Eiweiß bestreichen. Ein Veilchenblatt darauflegen und noch einmal mit Eiweiß bestreichen. Mit Zucker bestreuen und danach vorsichtig etwas Puderzucker darübersieben. Das Zuckerstück zum Trocknen auf einen Rost legen. Alle Zuckerstücke in einer luftdichten Schachtel oder einem Glas aufbewahren.

## MANDELMUFFINS MIT VEILCHEN

**FÜR 12 STÜCK**
**150 g weiche Butter**
**200 g Rohrzucker**
**3 mittelgroße Eier**
**Mark von ½ Vanilleschote**
**100 g geriebene Mandeln**
**1 reife Banane**
**150 g Weizenmehl**
**1 TL Backpulver**
**Puderzucker**
**Veilchenlikör, Cognac oder kochendes Wasser**
**frische oder kandierte Veilchen**

Ofen auf 200 °C vorheizen. Butter und Zucker weiß und cremig schlagen. Eier und Vanillemark nach und nach hinzufügen. Mandeln und zermuste Banane in die Eiermasse einrühren. Gesiebtes Mehl und Backpulver vorsichtig mit einem Teigschaber unter den Teig heben. Den Teig in die Vertiefungen der Muffinform verteilen und die Küchlein ca. 15 Minuten backen. Auf einem Rost abkühlen lassen. Die Muffins mit einer Glasur aus Puderzucker und Veilchenlikör, Cognac oder kochendem Wasser bestreichen. Frische oder kandierte Veilchen darüberstreuen.

**TIPP** Das beste Ergebnis erhält man, wenn man Papierförmchen in die Vertiefungen des Muffinblechs setzt. Auf diese Weise bewahren die Muffins ihre Form und lassen sich leicht aus der Form herauslösen.

**TIPP** Stechen Sie mit einem Holzstäbchen in die Mitte eines Muffins, um zu testen, ob es fertig ist. Wenn beim Herausziehen noch roher Teig am Stäbchen hängen bleibt, ist das Muffin noch nicht fertig und muss noch ein wenig länger im Ofen bleiben.

## VEILCHEN-VINAIGRETTE

Ein leckeres und dekoratives Dressing für alles – von einfachem Salat bis zu jungen Pellkartoffeln.

**2 Teile Olivenöl**
**1 Teil Veilchenessig oder weißer Balsamico-Essig**
**grober Senf, z. B. Maille A l'Ancienne**
**schwarzer Pfeffer**
**Meersalz**
**Kürbiskerne**
**1 rote Zwiebel**
**Veilchenblüten**

Öl, Essig, Senf, Pfeffer und Salz in einer großen Schüssel mischen. Abschmecken und die Vinaigrette in einen großen tiefen Teller gießen. Kürbiskerne grob hacken, Zwiebel in dünne Scheiben schneiden und auf die Teller verteilen. Kurz vor dem Servieren mit Veilchen verzieren. Die Teller auf den Tisch stellen und einen Löffel dazulegen, sodass jeder Gast sich die Vinaigrette für seinen Salat selbst nehmen kann.

## MANDELMUFFINS MIT VEILCHEN

Muffins gehen einfach und verziert mit weißer Glasur und kandierten Veilchen sehen die kleinen Kuchen ganz unwiderstehlich aus.

VEILCHEN-VINAIGRETTE

## AVOCADODIP

Ein gesunder Dip, der gut zu rohem Gemüse schmeckt. Den grünen Dip mit Veilchen garnieren – wie Blumen auf der grünen Wiese. Probieren Sie auch Grissini, die knusprigen italienischen Brotstangen, mit diesem Avocadodip. Oder servieren Sie den Dip als Beilage zu geräuchertem, gekochtem oder gebratenem Fisch.

**2 reife, aber feste Avocados**
**100 g Schlagsahne**
**Saft von ½ Zitrone**
**Pfeffer, Meersalz**
**eventuell 1 Schuss Milch**
**1 EL Tangkaviar oder Deutscher Kaviar**
**Veilchenblüten und -blätter**

Avocados halbieren, Steine entfernen und beiseitelegen. Fruchtfleisch mit einem Löffel herauslösen und in einen Mixer geben. Mit Schlagsahne, Zitronensaft, Pfeffer und Salz im Mixer so lange pürieren, bis die Masse eine cremige Konsistenz hat. Ist die Creme zu dickflüssig, etwas Milch hinzufügen. Noch einmal durchrühren, danach die Creme in ein Glas füllen. Den Avocadostein dabei auf den Boden des Glases legen, so vermeidet man, dass die Creme die Farbe verliert und braun wird. Mit Tangkaviar und Veilchen garnieren.

## VEILCHENESSIG

Geben Sie 1 Handvoll frisch gepflückter Veilchen in ein Bügelglas und füllen Sie die Flasche mit Balsamico-Essig auf. Lassen Sie alles 1 Woche ziehen. Dann die Veilchen abseihen. Ergibt einen feinen und zarten Essig, der innerhalb eines Monats verbraucht werden sollte.

## KÄSETELLER MIT VEILCHENDUFT

Veilchen passen als Frühjahrsschmuck perfekt zu einem schönen und besonderen Käseteller, wobei man mit Farben und Formen spielen kann. Ein leichter Rotwein begleitet dieses Gericht angenehm.

**PRO PORTION**
**1 Scheibe guter Käse**
**Kürbiskernöl**
**1 TL cremiger Honig**
**Veilchenblüten**

Den Käse auf einem großen Teller anrichten und mit Kürbiskernöl umkränzen. Honig daraufgeben und reichlich frische Veilchen darüberstreuen. Sofort servieren, z. B. mit knusprigen Roggenkeksen.

## SHAKE IT – PICKNICKSALAT

Salat im Glas – versuchen Sie, in Farben und Formen zu denken, und richten Sie den ersten knusprigen Frühlingssalat in einem Weckglas an. Improvisieren Sie mit dem Gemüse, das Sie im Kühlschrank haben. Es kann nichts schiefgehen! Nehmen Sie den Salat mit zum ersten Picknick oder als Brotzeit zur Arbeit.

**Spitzkohl**
**Gurke**
**rote Zwiebel**
**Aubergine nach Belieben**
**rohe grüne Erbsen**
**weißer Spargel**
**Zuckerschoten**
**Veilchen**
**Kürbiskerne**

Dressing:
**2 Teile Kürbiskern- oder Olivenöl**
**1 Teil Veilchenessig, Kirschessig oder normaler Weinessig**
**schwarzer Pfeffer, Meersalz**

Spitzkohl, Gurke und Zwiebel in sehr dünne Scheiben schneiden. Auberginen in dünne Scheiben schneiden und grillen. Erbsen aus den Schoten lösen, weißen Spargel in Stücke schneiden. Die Zuckerschoten in kleine Stücke schneiden. Alles zusammen mit den Veilchen und den Kürbiskernen in ein Weckglas schichten. Dressing herstellen und vorsichtig in das Glas gießen, es soll zunächst nur den Boden des Glases bedecken. Gut verschließen und kühl stellen. Kurz bevor der Salat gegessen wird, das Glas schütteln, sodass sich das Dressing verteilt.

**BRATÄPFEL MIT ZWIEBEL**, Thymian und Speck gefüllt als moderne Bratäpfel mit Roggenbrot.

# ÄPFEL

Mai
September
Oktober

Botanisch: *Malus domestica*
Apfelbäume blühen im Mai, die Äpfel sind im September und Oktober reif.

Es vergeht fast kein Tag, an dem ich nicht wenigstens einen Apfel esse. Ich bin von ihnen schon fast abhängig. Äpfel sind eine sehr beliebte Obstart, weil sie frisch, süß, knackig und saftig sind.

## WO GIBT ES APFELBÄUME?

Es gibt 55 Arten von Apfelbäumen, aber unzählig viele Apfelsorten, von völlig wild wachsenden kleinen Arten bis zu den gezüchteten in unseren Gärten und Plantagen. Wilde Äpfel, auch Holzäpfel genannt, sind verhältnismäßig häufig in Laubwäldern anzutreffen, die Bäume haben oft Dornen. Die Äpfel sind klein, grün und für uns Menschen sauer, aber Tiere und Vögel essen sie gerne. Oft treiben aus den Kernen der Kulturäpfel Wildäpfel aus, auch sie liefern gute Früchte. Die Kulturäpfel haben in der Regel keine Dornen. Sie haben einen festen Stamm und eine runde Krone und finden sich oft an Waldrändern, auf Waldlichtungen und in Wildremisen, in denen sich das Wild versteckt. Die Bäume blühen mit vielen einzelnen Blüten, die weiß, rosa oder fast rot sein können.

### INTERESSANTES

Historische Quellen zeigen, dass Wildäpfel schon von den Menschen in der jüngeren Steinzeit gegessen und als Nutzpflanzen seit dem Mittelalter angebaut wurden, als die Mönche süße und essbare Apfelsorten aus fernen Ländern mitbrachten.

## GESUNDHEIT

»An apple a day keeps the doctor away« – dieses aus dem Englischen bekannte Sprichwort trifft den Nagel auf den Kopf. Äpfel haben nämlich einen hohen Gehalt an Antioxidantien, die so einige Krankheiten vorbeugen können. Vor allem saure Äpfel enthalten große Mengen Pektin, das für seine guten Eigenschaften bekannt ist. Pektin senkt die Aufnahme von Fett und Zucker aus dem Darm und reduziert so hohe Cholesterin- und schwankende Blutzuckerwerte. Außerdem sind Äpfel reich an Ballaststoffen.

### GUT ZU WISSEN

Ein altes Hausmittel bei schwachem Magen: Einen fein geriebenen Apfel in kleineren Portionen löffeln.

**TIPP** In Apfeljahren sollte man seinen Apfelmost selbst pressen. Früher wusste man, dass Apfelmost einen besseren Geschmack bekommt, wenn man einige Wildäpfel daruntermischt. Probieren Sie es – Wildäpfel geben dem Most eine feine Säure.

## GEFÜLLTE BRATÄPFEL

Bratäpfel müssen nicht unbedingt süß sein. Äpfel schmecken auch gut zu Fleisch, besonders zu Schweinefleisch. Der speckgefüllte Bratapfel ist eine schöne Neuerung zum weihnachtlichen Schweinebraten oder zu anderen Braten anstelle von halbweich gekochten Äpfeln mit Gelee. Sie können dafür fast alle Apfelsorten verwenden, sauer oder süß, rot, gelb oder grün.

Äpfel schälen, aushöhlen, in dünne Scheiben schneiden und wieder zusammensetzen. Eventuell etwas Zucker und Salz zwischen die Scheiben streuen. Im vorgeheizten Ofen bei 200 °C 10–15 Minuten backen.

Süße Füllungen:
- **Marzipan**
- **Butter mit Zimt oder Vanillezucker**
- **Zimt-, Vanille- oder Lakritzstangen, mit Butter in den Apfel gesteckt**

Mit Vanillecreme, Schlagsahne oder Crème fraîche servieren.

Salzige Füllungen:
- **Kräuterbutter**
- **Kräuterbutter mit Zwiebeln**
- **zusammengerollte Schinkenscheiben**

Zu Fleischgerichten oder als Vorspeise mit Brot in der Apfelsaison servieren.

**TIPP** In einem Café in Amsterdam werden die herrlichsten Pfannkuchen mit Apfelringen serviert. Versuchen Sie, sie zu Hause herzustellen: Eine Portion Pfannkuchenteig (s. S. 222) anrühren. Äpfel aushöhlen und in dünne Scheiben schneiden. Butter in eine Bratpfanne geben, Apfelscheiben hineinlegen und jeweils etwas Pfannkuchenteig darübergießen. Die Pfannkuchen knusprig braten und mit Sirup, Vanillecreme oder nur Zucker servieren.

## APPLE COOLER

**Eiswürfel**
**Apfelblütensaft**
**Calvados oder Apfelschnaps**
**Weißwein, Champagner oder Cava**
**Limettenscheiben, Minzezweige, Rosen- oder Apfelblüten**

Eiswürfel und 1 Schuss Apfelblütensaft in ein Glas geben. 1 Spritzer Calvados dazugeben und mit trockenem Weißwein, Champagner oder Cava auffüllen. Mit Limettenscheibe, Minzezweige und Apfel- oder Rosenblüten verzieren.

**TIPP** Den gleichen Drink kann man auch mit Birnenblütensaft machen (s. S. 136). Calvados durch 1 Schuss Williamsbirne oder selbst gemachten Birnenschnaps ersetzen.

## APFELBLÜTENSCHNAPS

Versuchen Sie, Schnaps aus frischen Apfelblüten herzustellen. Gießen Sie Wodka über die Blüten und lassen Sie alles 3–4 Tage ziehen.

## APFELSCHNAPS

Die kleinen Holz- bzw. Wildäpfel sind zur Schnapsherstellung am besten geeignet. Äpfel inklusive Kerngehäuse in Viertel schneiden. Mit 1 Vanilleschote in ein Bügelglas geben, mit Wodka auffüllen. Einige Zeit ziehen lassen, bis der Geschmack angenehm ist. Schnaps filtern und nach Belieben mit Honig süßen. Er wird besser, wenn er etwas gelagert ist.

### GUT ZU WISSEN

Es gibt fantastische Apfelschälmaschinen, die gut von Daniel Düsentrieb erfunden worden sein könnten. Die Maschinen entfernen Schale und Kerngehäuse und schneiden gleichzeitig die Äpfel in Scheiben. Kann ich nur wärmstens empfehlen ... (s. Leserservice S. 244).

## WILDAPFELGELEE

Wildäpfel enthalten viel Pektin und sind daher sehr gut für Gelee geeignet. Essen Sie dieses Gelee zu allen Wildgerichten, auf Brot, zu Fleisch und garnieren Sie damit einen klassischen Apfelkuchen.

**1 kg Äpfel**
**5 Wildäpfel**
**1 kg Zucker**

Alle Äpfel in Würfel schneiden und in einen Topf mit 300 ml Wasser geben. Vorsichtig zum Kochen bringen und bei schwacher Hitze so lange kochen, bis die Äpfel gar sind. Dann die Masse in einen Saftfilter füllen und 1 Tag lang

## APFELBLÜTENSAFT

Auf die gleiche Art, wie man Saft aus Birnenblüten macht, kann man auch Saft aus Apfelblüten herstellen (s. S. 136). Der Saft ist z. B. für Drinks sehr gut geeignet.

**TIPP*** In einem Umluftofen können Sie gleichzeitig mehrere Bleche trocknen.

**SCHNELLERES TROCKNEN** – Ofen auf 100 °C vorheizen. Versuchen Sie es mit 1 Stunde 30 Minuten. Die Apfelscheiben werden etwas trockener als bei niedriger Temperatur.

abtropfen lassen. Zucker hinzufügen und das Gelee nochmals ca. 15 Minuten kochen. Eventuell Schaum vom Gelee entfernen, das Gelee in saubere Gläser füllen. Ein Tuch darüberlegen und am nächsten Tag verschließen.

## GETROCKNETE APFELRINGE

Apfelringe trocknen auf nicht ganz umweltfreundliche Weise im Ofen. Sie sind herrlich als Snack, im Frühstücksmüsli oder als Deko für Kuchen. Oder tunken Sie die Apfelringe als Weihnachtskonfekt in Schokolade.

**Äpfel**
**Puderzucker**
**Zimt nach Belieben**

Ofen auf 60 °C vorheizen. Ein Backblech mit Backpapier auslegen und mit Puderzucker bestreuen. Äpfel schälen, aushöhlen und in 3 mm dicke Scheiben schneiden. Die Apfelscheiben auf das Blech legen und nochmals Puderzucker darüberstreuen. Das Blech in den Ofen schieben, die Ofentür einen Spalt geöffnet lassen und die Äpfel 5–6 Stunden trocknen.

**TIPP** Klemmen Sie einen Kochlöffel in die Ofentür, damit der Dampf entweichen kann.

**TIPP** Versuchen Sie auch mal, Apfelschalen zu trocknen. Man kann sie leicht zerkleinern und in Müslimischungen, in Teigen oder Farcen verarbeiten oder eine Tasse Tee daraus brühen.

**TIPP** Sie können die Apfelringe auch auf Bambusstöcke aufreihen und zum Trocknen an einen trockenen und warmen Ort hängen, z. B. über den Ofen oder in die Nähe eines Heizkörpers. Es dauert in der Regel einige Tage, die Äpfel auf diese Weise zu trocknen, aber es ist dann ökologisch korrekt.

## GETROCKNETE APFELRINGE ALS GESCHENK

Man kann die herrlichen, getrockneten Apfelringe als kleine Geschenke verwenden. Binden Sie die Apfelringe auf eine Schnur und stecken Sie diese in eine kleine Schachtel. Sie können die Apfelringe auch an den Christbaum hängen – zuerst den Christbaum ansehen, dann die Apfelringe essen.

## APFELBUTTER

Apfelbutter hat nichts mit Butter zu tun, es gehört auch keine Butter in das Rezept. Aber man kann Apfelbutter wie Butter aufs Brot schmieren und es schmeckt ganz hervorragend. Verwenden Sie Apfelbutter auf Roggenbrot unter Salami und anderem Wurstaufschnitt – das ist viel besser als Butter!

**1 kg Äpfel**
**150 g brauner Farinzucker**
**5 cm frischer Ingwer**
**150 ml Apfelcidre oder Wasser**
**1 Zimtstange**
**½ TL Zimt**
**½ TL geriebene Muskatnuss**
**1 Msp. gemahlene Nelke oder Piment**
**1 Sternanis**
**Saft von 1 Zitrone**

Äpfel schälen, Kerngehäuse entfernen und die Äpfel in Würfel schneiden. Ingwer schälen und klein hacken. Alles in einen Topf geben und 1 Stunde bei mittlerer Hitze köcheln. Aufpassen, man muss die Masse immer wieder umrühren, sonst brennt sie an. Äpfel zu Püree kochen. (Es soll keine Klumpen geben, eventuell das Püree zum Schluss in einer Küchenmaschine mixen). Die Apfelmasse nochmals 2–3 Stunden köcheln lassen, ab und zu umrühren. Die Butter ist fertig, wenn die Apfelmasse golden und dick ist. Vom Herd nehmen und abkühlen lassen. In ein gut schließendes Glas füllen.

**TIPP** Apfelbutter hält sich 1 Monat im Kühlschrank. Sie können sie aber auch in kleinen Portionen einfrieren.

**TIPP** Aus den übrig gebliebenen Kerngehäusen, Schalen und Apfelresten lässt sich noch Schnaps machen. Wodka über die Apfelreste gießen und so lange ziehen lassen, bis der Geschmack angenehm ist.

# LESERSERVICE/WWW

**APFELSCHÄLER UND -SCHNEIDER**
Fa. Westmark
www.westmark.de

Fa. Radius
www.radius-design.com

Fa. Rosenstein & Söhne

**BÜGELFLASCHEN, EINMACH- UND AUFBEWAHRUNGSGLÄSER**
Fa. Weck
www.weck.de

Bottles & Glashaus, München
www.bottles.de

Fa. Rosendahl
www.rosendahl-design.de

**TROCKENGERÄTE BZW. DÖRRAUTOMATEN**
Fa. Rommelsbacher
www.rommelsbacher.de

Fa. Severin
www.severin.de

Fa. Bomann
www.bomann.de

**INFOS ZU WILDPFLANZEN UND NATURSCHUTZ**

**Bundesamt für Naturschutz:**

- Daten und Informationen zu Wildpflanzen und zur Vegetation Deutschlands
  www.floraweb.de
- Rote Listen gefährdeter Pflanzenarten, Naturschutzgebiete in Deutschland
  www.bfn.de
- Portal U: Zentrales Umweltportal der Umweltverwaltung von Bund und Ländern (Naturschutzgebiete)
  www.portalu.de

**Informationen und Kurse zum Pilzesammeln:**
Deutsche Gesellschaft für Mykologie (DGfM)
www.dgfm-ev.de

**Informationen zum Thema Fuchsbandwurm:**
Bayerisches Landesamt für Gesundheit und Lebensmittelsicherheit
www.lgl.bayern.de/gesundheit/fuchsbandwurm.htm

**Informationen zum Thema Zecken:**
Robert-Koch-Institut, Bundesministerium für Gesundheit
www.rki.de

Den **Gitfnotruf** finden Sie in den meisten Städten unter der Telefonnummer 1 92 40 oder der Nummer des jeweiligen Krankenhauses.

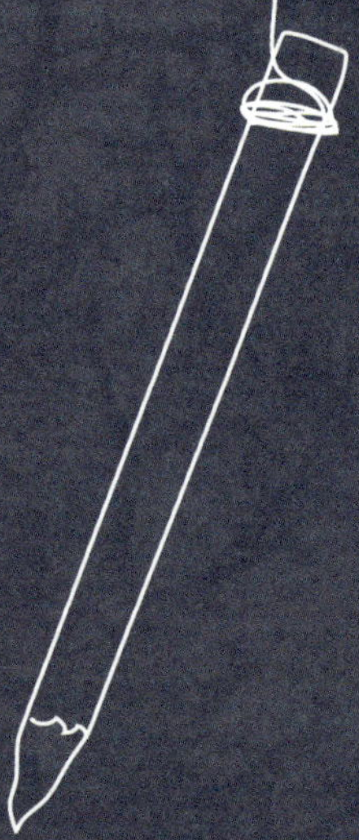

# REGISTER

**Hinweis**
Bei den Temperaturen handelt es sich um Angaben für Backöfen mit Ober-/Unterhitze. Wenn Sie einen Umluftherd besitzen, die Temperaturen entsprechend ca. 20–30° C herunterrechnen und die Herstellerangaben beachten.

## Sachregister



## Rezeptregister

**Rezept für Kräutertees**
Zu fast jeder Wildpflanze finden Sie auf den entsprechenden Seiten auch ein Rezept für einen Tee.

# DANK

**DANKE** – Vor allem möchte ich einen großen Dank an meine Mutter und meinen Vater aussprechen für eine Kindheit auf dem Land, für ein Aufwachsen mit der Natur und für viele Ausflüge hinaus in die dänische Natur.

**DANKE** – An meinen Mann, der mich von Norden nach Süden gefahren hat und mir vertrauensvoll in Marsch und Wälder, an Straßenränder und in Alleen gefolgt ist. Dank an mein Versuchskaninchen und meinen ewig stolzen Ehemann, der jedem erzählt hat, der es hören wollte: »Es gibt nicht ein einziges Gericht in Anettes Kochbuch, das ich nicht probiert habe!«

**DANKE** – An meine Gourmetfreundinnen Tina Scheftelowitz und Brigitte Escherich. Nur ihr beiden wisst, dass man über Essen und Rezepte, Restaurants und Zutaten stundenlang und tagelang – also IMMER – reden kann! Danke für die viele Inspiration, Unterstützung, für Rat und Tat.

**DANKE** – An den Koch Guf, Martin Glad, stellvertretender Direktor im Restaurant »Operaen« in Kopenhagen. Danke für Rat und Tat, Telefonsupport und immer herrliches Essen.

**DANKE** – An Anni, meine liebe pilzkundige Freundin Anni, für lehrreiche Pilztouren und viele herrliche Mahlzeiten in ihrem einzigartigen Restaurant »Vrads Station«.

**DANKE** – An Søren Wulff für deinen Geist, für deine Fähigkeiten, Wissen und Begeisterung zu teilen, und für deinen nicht minder fantastischen Newsletter.

**DANKE** – An meine Freundin Lene, die tüchtigste Amateurköchin, die ich kenne, und eine ganz große Inspirationsquelle für mich.

**DANKE** – An Katerina Kiki Jensen für das Ausleihen ihres original griechischen Rezepts für eingemachte Walnüsse. Eine Delikatesse, die sie seit ihrer Kindheit in Griechenland kennt.

**DANKE** – An Rasmus Daalsgaard für das Grundrezept und den Sauerteig für ein gutes Roggenbrot.

**DANKE** – An Professor Dr. scient. Ole G. Mourotsen. Er inspirierte mich, Tang – das Gemüse des Meeres – einzusetzen.

**DANKE** – An Bolette, Ulla, Jakob & Susanne vom Politikens Verlag, die an die Idee glaubten.

**DANKE** – An meine Cousine Gitte Eckmann und ihren Mann Erik Moes, dem Naturführer und Allwissenden in Sachen essbare Kräuter. Beide haben das Manuskript durchgelesen.

**DANKE** – An Hanne, meine unentbehrliche Redakteurin. Ohne Hanne kein Buch!

**DANKE** – An die Grafikerin Christine Lindbjerg, die trotz ihres gegenwärtigen Wohnsitzes in Sydney, Australien, es vermocht hat, meine Wünsche und Gedanken umzusetzen.

**DANKE** – An einen der tüchtigsten Fotografen Dänemarks, Bjarni B. Jacobsen. Ein Meister in Stil und Stimmung, der nie »Nein« zu einer Herausforderung sagt, die z. B. verlangt, bis zu den Knien im Wasser zu stehen, um einige einzigartige Fotos zu schießen. Und danke dafür, dass du mir erlaubst, selbst Bilder für dieses Buch zu machen, wenn du »gerade nicht zur Hand warst«.

**DANKE** – An meine unentbehrlichen Mitarbeiter vom **ECKMANN STUDIO**. Sie haben es mir ermöglicht, in der Zeit, in der ich das Buch geschrieben habe, nicht in der Firma sein zu müssen. Sie haben probiert, kommentiert und motiviert in den fünf Jahren, in denen ich an diesem Buch geschrieben habe.

Anette Eckmann
**ECKMANN STUDIO**
www.eckmannstudio.com

Unser Verlagsprogramm finden Sie unter
www.christian-verlag.de

Übersetzung aus dem Dänischen: Dr. Annette Hempel
Textredaktion: Kathrin Gritschneder
Korrektur: Petra Tröger
Satz: Martin Feuerstein
Umschlaggestaltung: Caroline Daphne Georgiadis, Daphne Design



Die Originalausgabe mit dem Titel *Naturens Spisekammer* wurde erstmals
2010 im Verlag JP/Politikens Forlagshus A/S, Kopenhagen, veröffentlicht.



Die Deutsche Nationalbibliothek verzeichnet diese Publikation in der
Deutschen Nationalbibliografie; detaillierte bibliografische Daten sind im
Internet über http://dnb.d-nb.de abrufbar.

Printed in Polen



ISBN 978-3-86244-080-1

Alle Angaben in diesem Werk wurden von der Autorin sorgfältig recherchiert und
auf den aktuellen Stand gebracht sowie vom Verlag geprüft. Für die Richtigkeit der
Angaben kann jedoch keinerlei Haftung übernommen werden. Für Hinweise und
Anregungen sind wir jederzeit dankbar. Bitte richten Sie diese an:

Christian Verlag
Postfach 400209
80702 München
E-Mail: lektorat@verlagshaus.de